I0816345

INVENCIBLE

(WORTHY)

Jamie Kern Lima

Bestseller internacional y ganadora de la Medalla de Excelencia de la Universidad de Columbia

INVENCIBLE

(WORTHY)

Rompe con la idea de que no eres suficiente

Pasos simples para cambios extraordinarios

DIANA

Título original: *Worthy: How to Believe You Are Enough and Transform Your Life*

Traducción: Matilde Schoenfeld
Formación: Moisés Arroyo
Diseño de portada: Planeta Arte & Diseño
Fotografía de la autora: Cortesía Jamie Kern Lima

Bajo el sello editorial DIANA M.R.
Avenida Presidente Masarik núm. 111,
Piso 2, Polanco V Sección, Miguel Hidalgo
C.P. 11560, Ciudad de México
www.planetadelibros.com.mx

Primera edición en formato epub: marzo de 2025
ISBN: 978-607-39-2480-1

Primera edición impresa en México: marzo de 2025
ISBN: 978-607-39-1973-9

La autora de este libro no prescinde del consejo médico o receta el uso de alguna de estas técnicas como forma de tratamiento para los problemas físicos, emocionales o médicos sin el consejo de un doctor, ya sea directa o indirectamente.

La intención de la autora es ofrecer únicamente información de carácter general para ayudarle a usted en su búsqueda de bienestar emocional y espiritual. En el caso de que utilice en usted cualquier información que se presenta en este libro, lo que es su derecho constitucional, ni la autora ni los editores asumen responsabilidad alguna por las acciones que tome.

Impreso en los talleres de Litográfica Ingramex, S.A. de C.V.
Centeno núm. 162-1, colonia Granjas Esmeralda, Ciudad de México
Impreso y hecho en México – *Printed and made in Mexico*

Para el 80% de las mujeres que se sienten insuficientes, el 75% de las mujeres en puestos directivos que enfrentan el síndrome de la impostora y el 91% de las niñas y mujeres que no aman su cuerpo. Para el 73% de los hombres que se sienten incompetentes y el 100% de los hombres que provienen de una mujer y probablemente tengan al menos una niña o una mujer en su vida que les importa. Si crees que eres fundamentalmente insuficiente y que no eres valioso como persona, es mentira. Llegó el momento de desaprender esa mentira. ¡Entre todos, no dejemos que ninguna niña, ninguna mujer y ninguna persona se quede sin saber que es invencible!

ÍNDICE

NOTA PARA EL LECTOR

Mi esperanza es que las historias, lecciones e ideas de este libro te brinden la inspiración y las herramientas para transformar tu vida, y quiero pedirte algo: si en algún momento, mientras estás leyendo, sientes que conoces a alguien que podría beneficiarse de los mensajes y las herramientas que contiene, comparte este libro. Juntos, no dejemos que ninguna niña, mujer o persona se quede sin saber que es vista, valiosa y plenamente digna.

Si bien podemos tener diferentes creencias, identidades y experiencias, creo que todos compartimos esta vida juntos, que todos tenemos una conexión divina y que todos merecemos amor incondicional. Este libro está escrito para ti, porque no importa cuán similares o diferentes podamos parecer tú y yo por fuera, creo que hay muchas posibilidades de que compartamos cuantiosas similitudes por dentro. Y para que podamos emprender juntos esta búsqueda de transformación, es indispensable que nos mostremos de manera plena, auténtica y sin pedir disculpas. Eso es lo que voy a hacer en estas páginas, y deseo que ambos realmente hagamos esto juntos.

No creo que sea casualidad que estés leyendo este libro ahora mismo, ¡y quiero honrarte y celebrarte por comenzar este viaje transformador! Y aunque anhelo descubrir en este instante el impacto que tendrá en tu vida, también quiero que sepas que, con solo comprar este libro, ya marcaste una enorme diferencia en la vida de los demás: **el 100% de las ganancias que perciba como autora de este libro**

serán mi donación a Feeding America y a programas dedicados a desarrollar la valía personal en niñas y mujeres.

CUANDO IMAGINO un mundo en el que cada niña y cada mujer cree de verdad que es invencible, concibo la poderosa fuerza para el bien que podemos ser todos juntos, ayudándonos a sanar tanto a nosotros mismos como a las generaciones y a la humanidad entera a través del amor. Si piensas en alguien o en muchas personas que necesiten las historias, las herramientas y las conclusiones de *Invencible* mientras lo lees, compártelo con ellas. Por favor, conviértete en parte de mi equipo y únete a mí para difundir el mensaje e impactar en tantas vidas como sea posible. Yo no puedo hacerlo sola y me siento muy afortunada al contar con tu ayuda y trabajar juntos en este movimiento tan significativo.

También me encantaría invitarte a publicar fotos o tus imágenes, páginas, citas y experiencias favoritas relacionadas con este libro en las redes sociales usando el *hashtag* #WorthyBook o #JamieKernLima para que yo las pueda ver, ¡y luego las publique en mi página! Si deseas inspiración y motivación semanal en tu viaje hacia la valía personal y más allá, me encantaría invitarte a que te suscribas a mi boletín informativo gratuito por correo electrónico en <jamiekernlima.com>.

NOTA VALIOSA: Este libro y los ejercicios que contiene se pueden leer en solitario, en colaboración con un amigo o un profesional de la salud mental, o como parte de un club de lectura. También puedes crear tu propio Círculo de Valía: un grupo de dos o más personas que se reúnen como club de lectura o simplemente como grupo, en vivo o de forma virtual, para celebrar y apoyar la construcción de la valía personal. Consulta <worthybook.com/resources> para obtener recursos [en inglés] sobre cómo unirte a uno o crear el tuyo.

También puedes encontrar más herramientas y recursos gratuitos [en inglés] para complementar tu experiencia al leer este libro, y hacerlo aún más inmersivo, en <worthybook.com/resources> y en <jamiekernlima.com> o escaneando el código QR.

Por favor, toma en cuenta que este libro no pretende remplazar ni a la terapia, ni a la medicación ni al tratamiento de salud mental.

SER INVENCIBLE COMIENZA AQUÍ

TE TRANSFORMAS EN LO QUE CREES MERECER

¿RECUERDAS cuando eras un niño pequeño, sentado en un salón de clases, y por primera vez sabías la respuesta, pero decidiste no levantar la mano? Con un ligero nudo en el estómago, provocado por la nueva y desalentadora conciencia de las opiniones de otras personas, te preguntabas si levantar o no la mano y aventarte... hasta que decidiste no hacerlo. Y así, en un solo momento, comenzaste a vivir de una forma que era incongruente con la expresión más plena de tu alma.

Dudaste y te contuviste. Te escondiste. Elegiste lo seguro. Te preguntaste si estabas equivocado, aunque sabías que estabas en lo correcto. Te cuestionaste si eras lo suficientemente inteligente. Te preguntabas si *tú* estabas completo.

Ahora, avanzando rápidamente hasta el día de hoy: ¿sigues siendo la persona que no levanta la mano cuando sabe la respuesta? ¿Aún te escondes? Por si acaso te equivocas; por si acaso fallas; o porque quieres permanecer en tu zona segura. Ahora eres un adulto que sabe la respuesta, pero ¿sigues siendo por dentro el mismo niño que lo duda? ¿Quizá en las reuniones de trabajo te sientas en silencio o permaneces inmerso en tus ensoñaciones, sabiendo que tienes una idea descabellada que podría ser genial? ¿O sientes que languideces en una amistad o una relación no saludable, sabiendo que mereces más pero sin creértelo lo suficiente como para irte? Quizá eres el jefe, pero evitas correr riesgos porque en el fondo tienes miedo de no ser lo suficientemente fuerte para ser un líder. ¿Obtuviste al fin esa gran oportunidad, ese gran ascenso, ese gran aumento, pero te sientes como un impostor y entonces haces todo en pequeño?

Tal vez te desagrada esa otra mamá del grupo de padres que apoya en las actividades de la escuela, pero te traicionas y pasas tu precioso tiempo libre saliendo con ella. Tal vez estás trabajando a todo lo que das y te sientes agotado mientras ocultas que lo que realmente necesitas es descansar. Tal vez estás luchando con un problema de salud y estás perdiendo la fe en tu cuerpo, tu valor y tu Creador. ¿Te sientes invisible en el fondo y te dices a ti mismo la mentira de que la vida es mejor así? ¿Tal vez estés trabajando *en* una empresa, pero sabes que naciste para *dirigir* una? ¿Tal vez estás en una relación íntima que no reconoce tu valía, pero tienes miedo de estar solo, por lo que oscureces tu luz y te ocultas de tu verdad? ¿Quizá llamas insignia de honor al estar ocupado, cuando en realidad lo utilizas para adormecer tus sentimientos? ¿Quizá has estado viviendo la historia de éxito de otra persona porque confundes aprobación con amor? ¿Quizá decidiste que otras personas ya hicieron lo que tú puedes hacer, y mejor de lo que tú podrías hacerlo, y entonces te has estado cancelando a ti mismo de forma voluntaria? ¿O tal vez te muestras como la persona que el mundo te dice que eres, complaciendo a la gente, y lo has hecho durante tanto tiempo que ya no recuerdas siquiera quién eres?

Dudar de nosotros mismos, pensar que no valemos nada y el miedo provocan que oscurezcamos la luz de nuestra alma y que empecemos a optar solo por lo que es seguro. Esto ocasiona que nos frenemos, nos ocultemos y expresemos solo una parte de nuestra verdad. Provoca que vivamos solo la mitad de nuestra vida, que expresemos solo una parte de la verdadera esencia de nuestra alma, que vivamos con el constante anhelo de percibir la pertenencia que provoca la conexión auténtica. Nos hace anhelar la validación y el reconocimiento en una forma que se define desde nuestro exterior, porque empezamos a creer que estos son los únicos caminos hacia el amor, la pertenencia y la dignidad.

Si algo de esto te suena verdadero, si sabes en lo más profundo de tu ser que vives solamente como una *parte* de quien eres, pero a la vez te contienes y dudas u ocultas el *todo* de la persona que eres, entonces es probable que sientas un vacío constante e inexplicable en tu vida; un doloroso anhelo por algo que falta; un vacío que se crea cuando los demás, o incluso tú mismo, no te conocen y, por lo tanto, no pueden acoger a tu yo auténtico, completo; una desconexión de la alegría cuando, sin importar lo que logres, no te brinda la sensación de plenitud que esperabas; un sentimiento persistente de que eres insuficiente; una falta de sensación de estar realmente vivo que puedes disimular ante el mundo con la facilidad de una sonrisa.

Vives tu vida escondido a plena vista.

Muy bien, quizá estés pensando: «Vaya, ¿entramos tan profundo desde el inicio del libro?». Sí, vamos a entrar ahí porque tu tiempo es muy valioso. Además, esta hermosa vida que cada uno de nosotros tiene es preciosa. No pretendo mostrarte solo una pequeña parte de lo que soy, en especial porque te voy a pedir que también te muestres de forma plena en las siguientes páginas. Escribí este libro con la más pura intención de darte todo lo que tengo, como expresión de amor, desde mi alma hacia la tuya. Cada uno de nosotros está en un viaje hacia la fe y, luego, hacia el conocimiento verdadero, en cada gramo de nuestro ser, de que somos plenamente valiosos tal como somos. Esta es una de las partes más importantes para lograr lo que Oprah Winfrey describe de manera tan poderosa: «la expresión más elevada y verdadera de nosotros mismos».

Estás completo tal como eres. Eres valioso y digno de amor y pertenencia. No hay nada que hayas hecho o puedas hacer para cambiar eso. Pero iremos ahí más adelante, porque lo más probable es que no lo creas del todo si eres como yo fui durante la mayor parte de mi vida.

Hablando de Oprah y de esconderme a plena vista, quiero compartir contigo uno de los mejores momentos de mi vida, un momento que por poco y no sucedía, y que llegó después de cuatro años de esconderme porque, de hecho, no creía que fuera digna de él. Oprah fue mi mentora a distancia, a quien veía en la televisión de forma constante, todos los días de la semana, cuando era niña y después, cuando fui adulta. Soñé con conocerla durante toda mi vida, y tenía esta certeza profunda en mi interior de que de alguna manera lo haría.

Si sientes que el* ser insuficiente *es una especie de gemelo oculto tuyo, entonces podríamos ser trillizos separados hace mucho tiempo.

—Esto es lo que sé con una certeza absoluta —dijo Oprah mientras sostenía mi primer libro, *Believe IT*, en vivo ante la cámara—. No te conviertes en lo que quieres, te conviertes en lo que crees.

Hice todo lo que podía para apretar la mandíbula y no quedar con la boca abierta, para no orinarme en los pantalones y para creer que este momento era real y de verdad estaba sucediendo. Verás, porque por poco y no ocurre. En efecto, muchos de los momentos más importantes de mi vida estuvieron a punto de no acaecer. Porque durante años, mientras mi alma generaba sueños inmensos y audaces e imaginaba momentos como este con Oprah, yo nunca pensé que en realidad pudieran llegar a suceder, ya que no me creía digna de que ocurrieran. De hecho, y tal vez puedas identificarte con esto, **he pasado la mayor parte de mi vida sintiendo que yo no estaba completa y dudando de mi propio destino.**

No importa cuán vívidamente visualicemos nuestras metas y sueños —quizá en nuestras relaciones, en nuestra carrera profesional o en nuestra salud—, no importa si tomamos siquiera medidas para materializarlos: si en el fondo no sentimos de verdad que lo merecemos o que somos dignos de esos sueños y metas, entonces no los alcanzaremos. Permaneceremos estancados y nunca iremos tras ellos, nos convenceremos de no hacerlo, nos rendiremos demasiado pronto o de alguna manera los sabotearemos en el camino. Si tenemos algo de valía personal, pero esta no es fuerte, podríamos permitirnos sentir que somos dignos de lograr una gran meta o sueño; sin embargo, cuando lo hagamos, llegaremos todavía sintiéndonos vacíos, insatisfechos y como si algo faltara. ¿Te ha sucedido esto? Si alguna vez has tenido la sensación de *ser insuficiente*, aunque sepas que es mentira (¡porque lo es!), y quieres superarla para siempre, este libro es para ti. **Si sientes que el *ser insuficiente* es una especie de gemelo oculto tuyo, entonces podríamos ser trillizos separados hace mucho tiempo.** Si batallas dudando de ti mismo y no te sientes merecedor, incluso si nadie más que tú lo sabe, este libro es para ti. Y creo que uno de los viajes más valientes e importantes que emprendemos en esta vida es aprender la verdad: que somos más que suficientes, saberlo y creerlo en cada parte de nuestro ser. Si esto te suena bien, entonces **este es tu libro y yo te cuidaré en la travesía.**

Porque yo creo que **el instante en que aprendes a confiar en ti mismo y a creer que eres valioso y merecedor es el instante en que tu vida entera, las generaciones pasadas y futuras de tu familia y nuestro mundo entero cambian para mejor.**

El instante en que aprendes a confiar en ti mismo y a creer que eres valioso y merecedor es el instante en que tu vida entera, las generaciones pasadas y futuras de tu familia y nuestro mundo cambian para mejor.

Solamente cuando crees que eres digno de ello… ya sea de tener una relación sana, de recibir amor incondicional, de celebrar tu cuerpo, de compartir tus ideas, de estar en la sala, de estar en el escenario, de liderar al equipo, de tener amigos que te llenen el alma o de hacer realidad tus mayores anhelos y tus sueños más descabellados… tu vida más completa y tu mejor destino comienzan a florecer.

Mientras Oprah sostenía mi libro en el aire, yo intentaba con desesperación estar presente, permanecer en mi cuerpo y concentrarme en los miles de personas que nos miraban en vivo mientras impartíamos juntas una clase titulada «La vida que deseas». Yo rezaba una y otra vez: «Por favor, ayúdame a servir al más elevado nivel que me sea posible», porque a lo largo de los años he aprendido que tener una intención que sea más grande que yo es la única manera de ir más allá de mi propia cabeza. Incluso antes de que ella levantara mi libro, me estaba costando trabajo creer que era realidad que estuviera dando una clase con la persona que había considerado mi mentora durante toda mi vida. Era la primera vez que ella y yo hacíamos algo profesionalmente juntas.

Lo que Oprah y yo sabíamos, que la audiencia en vivo no sabía, era que casi cinco años antes, cuando la conocí en persona por primera vez y almorzamos juntas poco después, ella me dio su número de teléfono personal y yo no la llamé durante casi cuatro años. Sí, Oprah, la única persona por quien habría hecho lo que fuera para conocerla, la persona a la que pasé observando a solas miles de tardes cuando era niña en mi sala, la persona que inspiró gran parte de mi carrera, ¡me había dado *a mí* su número directo de celular y no la llamé durante casi cuatro años! ¿Por qué? Bueno, durante mucho tiempo pensé que sabía por qué.

Creo que una de las formas más frecuentes en que se manifiesta la cultura de la cancelación es una de la que nadie habla. Y es cuando nos cancelamos a nosotros mismos antes de siquiera intentarlo.

A medida que pasaron los meses y luego los años, me conté historias que tenían sentido. Historias como: «Aún no estás lista para llamarla», «Probablemente todos quieran algo de ella», «Hazlo con calma para que ella sepa que tú no...», «Aún no tienes algo perfecto que decirle», «Cuando lo tengas, lo sabrás y entonces será el momento de llamar» o «Si llega a conocerte, descubrirá que no eres tan interesante/inteligente/divertida/exitosa/genial/talentosa como podría pensar que eres». Pero un día me di cuenta de la razón *real* por la que no había llamado a Oprah y no estaba orgullosa de ella. No la había llamado todavía porque en el fondo no creía que fuera digna de hacerlo. No creía que mereciera ser su amiga.

¿Has tenido momentos como este en tu vida, en los que saboteaste una oportunidad? ¿O no lo intentaste en absoluto porque creías que no tenías en ti las cualidades necesarias para tener éxito? Quizá este sea un tema recurrente en tu vida en este momento. Si lo es, no estás solo.

Creo que una de las formas más frecuentes en que se manifiesta la cultura de la cancelación es una de la que nadie habla. Y es cuando nos cancelamos a nosotros mismos antes de siquiera intentarlo.

Cuando me di cuenta de la verdadera razón por la que no había llamado a Oprah durante cuatro años, experimenté una revelación interior: sentirme no merecedora no estaba en concordancia con la persona que soy en realidad ni con la persona que fui creada para ser. Porque, verás, mi alma sabía que yo era valiosa y merecedora, pero dejé que mis pensamientos y la profunda creencia de mi mente acerca de mi propia falta de valía dominaran el conocimiento de mi alma. Sin darme cuenta, estaba dejando que mis pensamientos y sentimientos de falta de valía sabotearan algo con lo que había soñado toda mi vida. Cuando me di cuenta de esto, casi cuatro años después del día en que me dio su número, decidí que **era hora de bajar el volumen de mi mente dubitativa y subir el volumen del poder de mi alma conocedora**. Decidí confiar en mí misma: en la parte que sabe lo que valgo y merezco. (¡Tú también puedes hacerlo!). Y marqué el número.

Es hora de bajar el volumen de tu mente dubitativa y subir el volumen de tu alma conocedora.

CONTARÉ MÁS sobre esa llamada más adelante; pero, primero, avancemos en el tiempo hasta mayo de 2022, cuando estaba dando la clase en vivo junto con Oprah. Me había estado preparando de modo incansable durante meses para esta oportunidad. Pero, como con todos nuestros momentos más importantes, en realidad llevamos toda la vida preparándonos para ellos, lo sepamos o no. Porque, como enseña Oprah y yo lo creo de forma plena, cada paso, fracaso, victoria, percance, trauma, crecimiento, bendición, lección y momento de gracia siempre ha ocurrido *para* nosotros, es decir, para prepararnos a fin de que podamos estar presentes en cada momento venidero tal como estamos predestinados a hacerlo. Incluso nuestros reveses son casi siempre preparativos para el camino que estamos destinados a tomar. Cuando comenzó la clase en vivo, dirigí al público del programa *Oprah Daily* para que hiciera ejercicios sobre cómo desarrollar la resiliencia, aceptar el rechazo, dejar de esconderse y aprender a asumir con confianza *toda* la persona completa que cada uno era. Oprah y yo compartimos historias y enseñanzas. Estaba en tal estado de fluidez que sentí como si me estuviera moviendo dentro de un espacio que había sido orquestado de forma divina.

Después, cuando Oprah volvió a levantar mi libro y yo traté de no caerme de la silla *de nuevo*, dijo algo que envió ondas de choque que sentí a través de mi cuerpo como una gran verdad. Palabras que creo que reflejan el camino supremo en el que muchos de nosotros estamos, aunque todavía no lo hayamos descubierto. Palabras que reflejan por qué escribí ese libro y, de forma aún más poderosa, por qué escribí este. Palabras que creo que, si las acogemos, pueden cambiar el curso de nuestra vida entera. Dijo: «No te conviertes en lo que quieres. Puedes tener el mayor deseo de tu corazón y trabajar de verdad muy pero muy duro, muy duro. Pero si no crees que eres **valioso**, no llegará. Esa es la fórmula mágica».

A LO LARGO DE MI VIDA he ido aprendiendo por etapas a creer y reconocer que soy valiosa, a través de altibajos, grandes momentos de conocimiento interno y pequeños pasos que me han acercado a creerlo. En nuestra experiencia humana, creer en nuestra valía es muchas veces una búsqueda que dura toda la vida, pero también es una de las más importantes que emprenderemos. Porque, verás, si yo no hubiera seguido construyendo mi valía personal, muchos de los momentos de la historia de mi vida hasta ahora jamás habrían sucedido. Las historias que aparecen en la prensa sobre mí suelen decir algo como «La mesera de Denny's construye un negocio de miles de millones de dólares». Y aunque eso es cierto, mi verdadera historia es la de una niña que no creía en sí misma y que aprendió a hacerlo. Una chica

No te elevas al nivel de tus sueños y anhelos, te quedas estancado en el nivel de tu valía personal.

que sentía que no valía, y con frecuencia todavía lo siente hasta el día de hoy, pero que está empeñada en aprender a creer que es valiosa. Una niña que fue puesta en adopción al nacer, pero decidió que fue elegida y no solo nació a propósito, sino con un propósito. Una chica que sabe en su alma que, en el fondo, todos ya estamos completos y todos somos merecedores de amor.

Soy una chica que sabe que el lugar de donde venimos no tiene por qué determinar hacia dónde vamos, y que tomar malas decisiones en nuestro pasado no significa que *seamos* malos. Una chica que sabe que las etiquetas que nos ponen los demás y que nos ponemos nosotros mismos no son permanentes, nos las podemos quitar. Una chica que enfrentó miles de rechazos durante años cuando estaba construyendo su negocio, pero decidió confiar en su instinto y seguir adelante de todas formas. Una chica que sabía que algún día conocería a Oprah y aprendió que nos convertimos en lo que creemos cuando finalmente lo hice. Una chica que tuvo que aprender que era digna de estar en la sala, de lanzar un negocio, de que la llamaran directora ejecutiva, de aprender a no *esperar hasta alcanzar su peso ideal*, de aprender a amarse a sí misma y de aprender a creer que es digna de recibir amor. Una chica que sabe que no somos nuestros errores del pasado, sino nuestras intenciones presentes y futuras.

No te elevas a lo que crees que es posible, caes a lo que crees que mereces.

ESTO ES LO QUE sé que es verdad: si no creemos que somos dignos de iniciar el negocio, de estar en una relación amorosa y comprometida o de tener amistades sanas y fortalecedoras... si no creemos que somos dignos de tener un lugar en la mesa, de escribir el libro, de postularnos para un cargo... si no creemos merecer el descanso, celebrar nuestro cuerpo tal como es, cuidar nuestra alma, *hacer* menos y *ser* más... si no creemos que somos dignos de mostrarnos en las redes sociales de manera auténtica, de liderar el equipo, de romper el ciclo generacional o de compartir nuestra historia con los demás...

si no creemos que somos dignos porque hemos cometido demasiados errores, porque ya hemos fracasado demasiadas veces o porque alguien nos dijo que no lo merecíamos y le creímos... si no creemos que somos dignos de todo esto que queremos y merecemos, nunca lo obtendremos.

En la vida, no asciendes al nivel de tus sueños y anhelos, te quedas estancado en el nivel de tu valía personal. No te elevas hacia lo que crees que es posible, caes a lo que crees que mereces.

En cuanto a tus metas y ambiciones profesionales, en realidad no logras todo aquello para lo que estás calificado ni de lo que eres capaz: lo que ocurre es que te estancas en lo que crees que mereces y, lo sepas o no, llegas al grado de éxito en el que estableciste tu propia identidad interna. En tus relaciones románticas, el grado y la profundidad que alcanzan la intimidad, la vulnerabilidad y el amor solo pueden llegar a ser tan fuertes como sean el grado y la profundidad del amor íntimo y vulnerable que sientes por ti mismo. Lo mismo ocurre con tus amistades. Además, en estas relaciones que tendrás a lo largo de tu vida, el grado de dolor que permitirás que otra persona te provoque, ya sea con palabras o acciones hirientes, con frecuencia ronda justo por tus propios estándares en cuanto al grado y la frecuencia de los pensamientos hirientes que tienes, las maneras de ser y las palabras hirientes que te dices a ti mismo, y lo mismo ocurre con tu cuerpo. **Puedes sentir que tu cuerpo es una fuente de vergüenza o un milagro en movimiento, y todo depende de tu relación con la valía.**

En la vida, no obtienes lo que deseas: obtienes lo que crees que mereces.

Si eres empresario, jefe o líder de un equipo, desarrollar una sólida valía personal interna es una de las mejores medidas empresariales que puedes tomar. Actuamos en función de nuestra identidad, de modo que, cuando eres el jefe, puedes tener el título e incluso los resultados empresariales estelares, pero si en el fondo todavía tienes dificultades con la valía personal, el síndrome del impostor y la creencia de que ya estás completo, tarde o temprano terminará por notarse en tu liderazgo y en tus decisiones empresariales. Te cuestionarás a ti mismo, te frenarás, te sabotearás a ti mismo o a tu empresa en tu toma de decisiones. Construir tu valía personal es la mejor decisión empresarial que puedes tomar para tu empresa, tu equipo y tu liderazgo. **Si deseas duplicar tu negocio, duplica tu valía personal y observa lo que sucede.**

Cuando cambias lo que crees que mereces, cambias tu vida entera.

VERÁS, PODEMOS tener grandes metas y sueños, podemos estudiar, adquirir conocimientos, tener los títulos más importantes colgados en la pared, convertirnos en activistas, usar nuestra voz... podemos saber con pasión y claridad en qué creemos y qué esperamos, podemos plasmar todo en un tablero e incluso podemos distinguirnos de entre el raro grupo de personas que realmente toman medidas para conseguir lo que quieren en la vida... pero si en el fondo no creemos que somos dignos de ello, nunca sucederá, o si sucede, no podremos sostenerlo. Porque **en la vida no obtienes lo que deseas: solo obtienes y mantienes lo que crees que mereces.**

Cuando muy en el fondo no creemos que somos dignos de lo que deseamos, esperamos y soñamos, entonces encontraremos la manera de perderlo o de que no suceda en absoluto: sabotearemos la oportunidad; pondremos a un chico decente en la *friendzone*; ignoraremos a un nuevo amigo que tiene intenciones puras; pondremos un millón de excusas para justificar que todavía no estamos preparados para dar un paso más allá en nuestra carrera profesional, y diremos que no tenemos los recursos, el tiempo o el talento; nos concentraremos en nuestros problemas en lugar de enfocarnos en nuestro potencial, porque nuestros problemas pueden ser una manera fácil de justificar nuestro actuar en la vida a pequeña escala. **Podríamos pensar que tenemos un problema de *patrimonio neto,* cuando lo que en realidad tenemos es un problema de *valía personal***, como cuando en el fondo no creemos que somos dignos de la abundancia y nos saboteamos para asegurarnos de no obtenerla. Atenuaremos nuestra luz para que los demás se sientan cómodos y para integrarnos. Nos contaremos historias como: «En cuanto alcance mi peso ideal, seré valioso; cuando tenga más experiencia, solicitaré el ascenso; una vez que los niños terminen la escuela, me concentraré en construir una relación sana». Nos sentaremos entre el público a mirar, sabiendo que nacimos para estar en el escenario. Entraremos en la habitación, escondiéndonos a plena vista. Y comenzaremos a vivir nuestra vida de esta manera. Nos diremos que nuestro potencial no existe, ni tampoco nuestro talento ni nuestro conocimiento; que no podemos confiar en nosotros mismos, que nuestros dones no son verdaderos. Nos convenceremos de no tener las relaciones que merecemos, de no salir del estancamiento, de no hacer de nuestra salud una prioridad, de no pedir el aumento, de no emprender la idea, de no aceptar el ofrecimiento de un mentor y, si no tenemos cuidado, nos convenceremos de evitar convertirnos en la persona que nacimos para ser. Todo porque en verdad no creemos que seamos valiosos ni dignos de ello tal como somos.

Si alguno de estos ejemplos te resulta familiar o te parece una versión pasada o presente de ti mismo, entonces este libro es para ti. Si tienes dificultades para creer que estás completo o que en verdad eres digno de entrar en la gran sala de reuniones, de que te llamen buen padre o madre, de usar traje de baño, de recibir amor incondicional, de mirarte al espejo y ver todo lo bello, de hablar, de compartir tu historia, de pedir ayuda, de descansar, de poner límites, de mostrarte en el mundo tal como eres con autenticidad y siendo *todo* lo que eres de forma genuina, este libro es para ti.

¿Tienes alguna duda sobre ti mismo que destruir y un destino que cumplir?

Escribí este libro para ti, si tienes alguna duda de ti mismo que destruir y un destino que cumplir.

Y es un gran honor para mí invitarte a recorrer juntos las páginas de este viaje. Me gustaría empezarlo imaginando juntos…

Verás, no puedo evitar imaginar cómo sería nuestro mundo si estuviera lleno de mujeres que decidieran creer que son valiosas. Cuando imagino un mundo lleno de mujeres que se sienten dignas, veo que la tierra tiembla con la sacudida de la posibilidad al despertarnos todos por la mañana. Imagina conmigo... ¿cómo se sentiría un mundo lleno de mujeres que deciden creer que son valiosas? El potencial que se desencadenaría; el poder de la posibilidad que se desplegaría. Imagina los ciclos generacionales rotos; imagina todas las relaciones enfermizas que terminarían; imagina los negocios que se inaugurarían, las formas y tamaños corporales que celebraríamos; imagina todo el descanso que se asumiría sin culpa. Imagina la celulitis que con confianza se agitaría de pura alegría. Imagina los asientos que se ocuparían en la sala de juntas; imagina cómo sería la lista de directores ejecutivos de Fortune 500; imagina la salud física y mental a la que se priorizaría; imagina cómo se lideraría nuestro gobierno; imagina las injusticias que se acabarían; imagina cómo se escribirían los libros de cuentos infantiles; imagina que las niñas crecieran soñando con encontrarse a sí mismas y ser quienes realmente son; imagina el tiempo y la capacidad que se liberarían cuando se silenciaran las dudas sobre ellas mismas; imagina...

Esta es la razón por la cual escribí este libro. Con la intención de que no solo imagines cómo sería tu vida si de verdad te sintieras valioso, sino que realmente aprendas a creer que lo eres. Porque lo eres. En el fondo de tu alma sabes que lo eres. La mayoría de nosotros nacemos en un mundo (e incluso en familias amorosas y bien intencionadas) que, de forma consciente o no, nos enseña a creer que no lo somos. Creo que, si lo elegimos, es posible desaprender lo que nos enseñaron y que en el alma no sentimos que esté bien, recuperar nuestro poder y decidir que hoy es el día para forjar un nuevo camino a seguir. Si concuerdas conmigo, di en voz alta dondequiera que estés: «¡Estoy listo!».

No creas que no vi cuando no lo dijiste. Escucha, si no vas a ser audaz aquí conmigo, ¿cómo vas a ser audaz allá afuera cuando las cosas se pongan difíciles? Lo diré contigo. Lo diremos juntos en voz alta. ¿A quién le importa lo que piensen los que te rodean? Bien, ¿listo? Vamos a declararlo en voz alta: «¡Estoy listo!».

No llegas a ser lo que quieres, llegas a ser aquello de lo que crees que eres digno: en la vida, en el amor, en las amistades, en tu carrera y en tus sueños y anhelos.

Una de las mejores partes de tu camino hacia creer y confiar en que mereces es aprender a dejar de esconderte. Aprender, por primera vez, o por primera vez en mucho tiempo, a tener la valentía para empezar a levantar la mano. O para ser la persona que lidera y anima a otros a levantar la suya; descubrir la verdadera esencia de tu alma, de tu verdadero yo, y comenzar a *vivir* como tu verdadero yo. No tus logros, sino lo innato de tu ser, que es pleno, completo y valioso en sí mismo. Encaminarnos hacia una nueva libertad y realización que florecen cuando vivimos alineados con la verdadera naturaleza de la persona que estamos destinados a ser, para la cual nacimos. Y, finalmente, saber en cada gramo de nuestro ser que la persona que en realidad somos es suficiente y es digna de amor.

Cuando te aventures a dejar de esconderte a plena vista, confía en tu conocimiento interior, vive en congruencia con tu alma, enciende tu propósito y preséntate en este mundo con *todo* lo que eres: ahí es cuando *te sientes* verdaderamente pleno y vivo; ahí es cuando vives **en consonancia con tu propósito**; ahí es cuando te conviertes en la persona que naciste para ser; ahí es cuando eres capaz de vivir y expresar de forma plena la alegría, la belleza, los dones, las ideas y las posibilidades de tu alma; ahí es cuando puedes despertar cada mañana y hacerte una de las preguntas más poderosas de la vida: **¿Qué harás con el poder que eres TÚ?** Y luego, aprovechando de manera plena ese poder, y porque ya no lo escondes ni te escondes de él, **vives con valentía y audacia la respuesta.**

A lo largo de estas páginas, espero que te rías, sientas una conexión, veas y seas exactamente TÚ en cada paso del camino. Y como dice mi buena amiga Sarah Jakes Roberts, no vinimos aquí para vernos lindos. Vamos a profundizar. Tan profundo como estés preparado para hacerlo. A veces, este libro puede parecerte demasiado, o tal vez te parezca que llegas al final muy rápido. Examinaremos nuestra propia valía personal, profundizaremos en las mentiras que nos hacen dudar de nosotros mismos, desaprenderemos esas mentiras y acogeremos las verdades que despiertan nuestra valía. Comenzaremos nuestra transformación para vivir con autenticidad y cumplir nuestro destino. Hay algunos capítulos repletos de herramientas tácticas que puedes aplicar a tu vida ahora mismo y que me han supuesto descubrimientos, por ejemplo: cómo redefinir el rechazo, cómo repensar las etiquetas que te pones a ti mismo y cómo asumir riesgos cuando tienes un millón de razones por las que temes hacerlo. Hay otros que pueden parecerte muy privados y suscitar muchos pensamientos y emociones. Algunos más pueden evocar una sensación de intensa reflexión, y otros pueden provocar un deleite alegre, de ojos muy abiertos y que te llena el alma. Sé lo valioso que es el regalo de tu tiempo y puedo asegurarte algo: no doy por sentado ni un segundo. En este libro estoy plenamente contigo, caminando a tu lado, y, de verdad, lo haremos juntos, ¿de acuerdo? Alma con alma. Luz con luz. Amor con amor.

En este libro, estás invitado a embarcarte en una expedición hacia la esencia de la persona que eres. A veces puede parecer una travesía valiente, una caminata traicionera, un vuelo lleno de diversión y carcajadas o incluso un safari para saborear el alma. Cada capítulo puede ser un destino que visites por un día o en el que permanezcas durante un rato. Lo único que te pediré es esto: en cada historia, en cada lección, en cada tonta y vergonzosa anécdota, en cada revelación vulnerable y conmovedora y en cada pregunta profundamente desafiante, confía en que tú sabrás si es para ti. Y si no son adecuadas para ti o todavía no estás listo para considerarlas, omite esa parte. Y sabrás —tu alma sabrá—, en cada paso del libro, cuáles partes son para ti en este momento de tu viaje. Tú vas a saber si no es el momento adecuado para abrirte ante ti mismo de maneras que podrían parecer excesivas. ¡Y sabrás si el momento es *justo el adecuado* y si las palabras son como si estuvieran escritas justo para ti!

¿Qué harás con el poder que eres TÚ?

Es posible que desees tener un diario, un cuaderno o un pluma y papel a mano mientras lees. Al comenzar este viaje juntos, todo lo que te pido es que confíes en ti mismo de forma plena. Toma aquello que te parezca adecuado y deja pasar el resto. Tal vez para otro día, o para otra persona con la que compartas este libro.

Creo en el tiempo divino y que nuestros pasos en la vida están divinamente orquestados, y no creo que sea una coincidencia ni un accidente que estés leyendo estas palabras ahora mismo. De manera similar, en este libro te guío por un viaje intencional, un paso transformador a la vez. Cada capítulo coloca una pieza clave del cimiento, que luego es la base para el siguiente. Todo ello crea un viaje profundamente personal de valía que tiene la intención de ampliar la forma en que te ves a ti mismo y te amas de manera incondicional: desde *ver* la importancia y la diferencia crítica entre la confianza en ti mismo y la valía personal, hasta *desaprender* las mentiras que te hacen dudar de ti mismo, acoger las verdades que despiertan la dignidad y la valía, y *transformar* tu conexión contigo mismo, multiplicando tu amor propio incondicional, a fin de *conocer* y creer de verdad en tu valor y dignidad innatos.

Al comenzar este viaje, quiero invitarte a acompañarme a través de estas páginas como quien eres en realidad: no en el papel que desempeñas en casa o en el trabajo, no como quien tienes que ser cuando eres el líder en la sala, no como otras personas quieren que seas, no como la versión de ti que el mundo recompensa, y no como los sistemas de creencias socialmente condicionados que has construido. Quiero que me acompañes como la persona que se deshace de todo eso y está dispuesta a estar presente con su alma en primer lugar. Llegar presentando el alma primero es algo seguro aquí si conocemos esta verdad: **Nada hay que puedas hacer, decir o ser que sea capaz de hacerte no merecedor de amor. Creo con firmeza que todos estamos aquí para amar, recibir amor, darlo, vivirlo, serlo. Y nuestro más elevado viaje en esta tierra es aprender cómo hacerlo y creer verdaderamente que somos dignos de ello.**

Mi intención en las páginas de este libro es que tengas la experiencia del verdadero sentimiento de *hogar* que te llena el alma. No hay mayor sensación de hogar que vivir en concordancia y congruencia con tu alma, con la verdadera naturaleza de la persona que eres y la que naciste para ser, valiosa por completo. Y, sin embargo, cuando no vivimos la expresión más verdadera de nuestra alma, podemos sentir que somos extraños en nuestra propia vida, como si viviéramos lejos de nuestro verdadero hogar.

Nuestra alma es nuestro verdadero hogar. Las palabras de este libro son un poema de amor de mi alma a la tuya. Vivamos en nuestra alma juntos durante este viaje. Al comenzar, quiero que sientas que te doy la bienvenida a mi casa. Cuando me imagino abriendo la puerta de mi casa para verte, realmente te *veo*, y tú puedes *verme* a mí. Cuando entras, llevo puesta mi sudadera cómoda favorita, sin maquillaje, con el cabello sin lavar en un chongo desordenado (¡pero usé un poco de champú seco porque sabía que vendrías!), y te saludo con un gran abrazo mientras mis perros saltan sobre ti y te besan como si nunca hubieran pasado por la escuela de adiestramiento. Tengo tu bebida caliente favorita en una taza lista para recibirte. Esa taza dice INVENCIBLE, porque tú lo eres. Después de que te la entregue, imagina ver un letrero justo frente a ti en la pared mientras entras. Así es como quiero que te sientas cuando entres a mi casa o cuando recibas mi abrazo.

El letrero dice:

Ven tal como eres
Sana donde necesites
Florece en lo que elijas
Viaja hacia lo que te llama
Quédate todo el tiempo que quieras
Tú perteneces aquí
Tú vales
Eres amado
Eres amor

Te amo.
Jamie

¿Estás listo para empezar? ¡Estoy lista si tú lo estás! Conforme estás a punto de pasar la página, me imagino extendiendo mi mano hacia la tuya ahora mismo… Aquí vamos…

PARTE I

VER

Confianza en uno mismo,
valía personal y revelaciones íntimas

CAPÍTULO 1

LO ÚNICO QUE LO TRANSFORMA TODO

Ella dijo: «Simplemente no me rendiré. La mujer que seré dentro de unos años cuenta conmigo». Y el mundo cambió.

NAKEIA HOMER

¿ALGUNA VEZ has anhelado que ocurriera *algo*, aquello que estás seguro de que *al fin* te hará sentir feliz y realizado, ya sea conseguir un determinado trabajo, alcanzar cierto nivel de logros, casarte, tener hijos o alcanzar ese peso objetivo? Tal vez has pensado: *Cuando al fin obtenga el ascenso, cuando al fin obtenga cierto salario, cuando al fin obtenga la casa de mis sueños, cuando al fin obtenga el reconocimiento externo que tanto anhelo, cuando al fin sienta que me celebran los demás, cuando al fin alcance esa meta... entonces seré valioso en sí. Entonces por fin me sentiré realizado y feliz y... ¡que lo merezco!*

¿Alguna vez has tenido una experiencia en la que en realidad obtuviste *eso* que habías anhelado? De seguro se sintió increíble, ¿verdad? ¿Sentiste alegría y euforia? ¿El hecho de que *eso* sucediera *al fin* resolvió todos tus sentimientos de vacío y te dejó una satisfacción duradera para siempre? ¿O tuviste una euforia temporal, seguida de un lento descenso de regreso a la insatisfacción? Sé honesto y piensa de verdad en ello. ¿Se sintió increíble durante un año o dos?, ¿un mes o dos?, ¿unas semanas, o tal vez incluso unos días u horas? ¿Y luego qué?

O quizá todavía estás esperando que *eso* suceda para que al fin puedas sentirte feliz y realizado.

DURANTE LA MAYOR PARTE DE MI vida, creí que si solo pudiera lograr *aquello*, entonces por fin me sentiría completa y merecedora de amor. Pensaba que si lograba tener suficiente éxito, según la definición mundial de lo que es el éxito, con el tiempo tendría estos sentimientos de valía y amor, pues imaginaba que no era capaz de sentirlos por mi cuenta, que necesitaba conseguirlos y ganármelos.

Esta creencia me llevó a pasar la mayor parte de mi vida escondiéndome a plena vista, sintiendo que no era valiosa. Imaginaba que algún día lograría todo lo que me proponía: estar en mejor forma, comer sano, orar, hacer lo correcto, ser mucho más atractiva, más divertida, complacer a los demás, recibir más elogios, ser más altruista y resolver todos mis defectos percibidos. *Entonces,* sería valiosa solo después de lograr todo eso. *Así,* se resolverían mis sentimientos de duda. También solía pensar que era la única que se sentía de esa manera.

Después de décadas de experiencias de vida y la bendición de hacer crecer una empresa que sirvió a millones de personas en Estados Unidos y, más tarde, en todo el mundo, por fin entiendo que no estoy sola con estos sentimientos. La sensación de que eres inadecuado o que te falta algo en tu interior y, por lo tanto, no mereces amor es tan universal como lo pueden ser un sentimiento y un miedo.

Al conocer a bastantes de mis mayores héroes en la vida real, muchos de los cuales han logrado más de lo que pudiera imaginar, aprendí que todavía tienen exactamente los mismos miedos, y trabajan a diario para superarlos. Fue entonces cuando tuve una gran epifanía. Esperar a que suceda X, Y o Z y luego esperar sentirte feliz, realizado y valioso es algo que nunca sucederá. **En realidad, nada cambia, incluso cuando las circunstancias a tu alrededor cambian, a menos que también cambien las circunstancias dentro de ti**. Por ello, embarcarse en el viaje de aprender en verdad a creer que eres valioso afectará todas las demás partes de tu vida de una manera tal que ni los logros ni el estado civil, los títulos de trabajo, las medallas de oro, la cirugía estética, las posesiones materiales o el número en la báscula del baño pueden hacerlo.

Entonces, ¿qué nos hace sentir en verdad realizados? De eso se trata este capítulo. Y para tu información, vamos a ser tácticos aquí y compartiré algunas herramientas fundamentales que te ayudarán a establecer muchas de las lecciones venideras del libro. Así que prepárate, la clase está a punto de comenzar; pero, como dije antes, no vinimos aquí para vernos lindos. ¡Tu tiempo es precioso, así que juntos arremanguémonos y sumerjámonos, ya que estos conceptos son fundamentales para el maravilloso viaje que vamos a emprender a fin de desentrañar la valía!

Valía personal y confianza en uno mismo

Tu valía personal es la base de tu plenitud. Sin ella, nunca te sentirás en verdad realizado. Pero antes de continuar, quiero aclarar la diferencia entre valía personal y confianza en uno mismo. Son cosas muy diferentes, pero las confundimos con gran facilidad. Muchos de nosotros pasamos toda nuestra vida enfocados solo en lo que fortalece nuestra confianza en nosotros mismos, sin darnos cuenta de que no contribuye en absoluto a construir nuestra valía personal. Esta es una gran razón por la que, cuando al fin conseguimos *aquello* y lo que sigue, todavía nos sentimos insatisfechos.

Valía personal es la creencia interna y profundamente arraigada de que estás completo, nada te hace falta, vales y eres digno de amor y pertenencia, **tal como eres.** Por otro lado, la ***confianza en ti mismo***, *aunque también es un rasgo interno*, por lo general está relacionada con tu evaluación sobre cómo te comparas con el mundo exterior. Es el sentimiento de seguridad, certeza y competencia en una o más áreas específicas de tu vida. La ***confianza en ti mismo*** es la forma en que te evalúas a ti mismo en función de tus cualidades, habilidades y características. También es la fuerza con la que crees en tu capacidad para enfrentar los desafíos de la vida, tu disposición a intentarlo y tener éxito. La ***confianza en ti mismo*** está vinculada con situaciones u objetos externos que pueden fluctuar con frecuencia, por lo que tu autoconfianza también puede fluctuar a menudo. Puede elevarse y bajar según el estado de ánimo, las comparaciones, las circunstancias, el desempeño y la aprobación de los demás. ***Valía personal*** es creer que estás completo, que eres digno de ser amado y que tienes un valor innato, tal como eres, sin tomar en cuenta cómo evalúes tus rasgos y sin considerar lo que sucede a tu alrededor.

También hay otros términos de uso común que se confunden fácilmente con ***valía personal*** y ***confianza en uno mismo***, incluyendo *autoestima* y *amor propio*. Para evitar confusiones y lograr la máxima claridad, en este libro nos centraremos solo en los términos ***valía personal*** y ***confianza en uno mismo***. Aunque la ***confianza en uno mismo*** y la ***valía personal*** son importantes para tu bienestar general, para mantener relaciones saludables y satisfactorias, para desarrollar la salud física y mental y para disfrutar de un mayor éxito en las áreas que más te importan, es *muy* común confundir los dos términos. Por consiguiente, muchos de nosotros, que batallamos porque nos sentimos no merecedores, o como si, tal como somos, nos faltara algo, esperamos solucionar nuestra falta de ***valía personal*** (que es algo profundo, interno, y que no depende de lo externo) con cosas que solo ayudan a nuestra ***confianza en nosotros mismos*** (que fluctúa, dependiendo de lo externo). Y no importa cuánto logremos, cuántas metas personales o profesionales alcancemos, cuán numerosos sean nuestros seguidores en las redes sociales, qué tan bien se vea nuestro atuendo o cuán esbelta sea la figura que nos haya dejado nuestro logro más reciente de acondicionamiento físico o pérdida de peso, seguimos teniendo los mismos sentimientos de estar *inadecuadamente incompletos*.

Cuando logramos todo lo que nos proponemos, ayudamos a aumentar la ***confianza en nosotros mismos***, ¡lo cual es importante y maravilloso! Pero no hemos hecho el trabajo para ayudar a reforzar la ***valía personal***, que es diferente.

La confianza en uno mismo es lo que muestras por fuera.
La valía personal es lo que sientes por dentro.

La confianza en uno mismo se basa en la destreza.
La valía personal se basa en la identidad.

La confianza en uno mismo es lo que puedes hacer.
La valía personal es lo que tú eres.

La confianza en uno mismo es creer que tienes las habilidades suficientes.
La valía personal es creer que ESTÁS completo.

La confianza en uno mismo fluctúa según tu entorno.
La valía personal es estable en todos los entornos.

La confianza en uno mismo es frágil.
La valía personal es fundacional.

La confianza en uno mismo es la creencia en tus habilidades como persona.
La valía personal es la creencia en tu valor como persona.

La confianza en uno mismo es «Me esfuerzo por ganarme el amor».
La valía personal es saber que «Soy amor».

La confianza en uno mismo te da impulso.
La valía personal te da paz.

La confianza en uno mismo es opcional.
La valía personal es esencial.

La confianza en uno mismo acaba rindiéndose.
La valía personal, en última instancia, prevalece.

La valía personal es tu cimentación.
La confianza en uno mismo es la casa que se construye encima de ella.
Tu casa solo será tan segura como los cimientos sobre los que está construida.

La idea equivocada y común es que desarrollar confianza en uno mismo generará sentimientos de amor innato, *autosuficiencia* y valor, y sencillamente no es así. Solo la valía personal hace eso. Tanto la confianza en uno mismo como la valía personal juegan un papel muy importante en tu viaje hacia la máxima realización en la vida y, si bien es importante construir y fortalecer ambas de forma continua, también es muy importante comprender y diferenciar entre las dos. Con mucha frecuencia las personas se enfocan solo en la confianza en ellas mismas y no comprenden o no son conscientes del papel fundamental que desempeña la valía personal. Con una fuerte valía personal, cuando persigues tus metas y construyes la confianza en ti mismo, cuando tienes logros y creces, y cuando contribuyes al mundo y a los demás, puedes hacerlo todo sobre la base de que eres valioso y merecedor, estás completo, eres digno de ser amado y nada te falta para merecer amor. Cuando se trata de actividades significativas en tu vida, solo una base sólida de valía personal puede garantizar estas tres cosas importantes: en primer lugar, que no te quedes estancado por sentir que no mereces o que eres insuficiente para perseguirlas. En segundo lugar, que no sabotees tu éxito en el camino. Y en tercero, que cuando consigas lo que deseas en tu vida, puedas en verdad disfrutarlo y sentirte **realizado** durante el viaje.

La valía personal es tu cimentación. La confianza en uno mismo es la casa que se construye encima de ella. Tu casa solo será tan segura como los cimientos sobre los que está construida.

Tu **valía personal** es independiente de lo que sucede en el exterior y de tus fortalezas y debilidades. También es independiente de tus éxitos y fracasos. Tu **confianza en ti mismo** fluctúa con facilidad en función de circunstancias que a menudo son externas.

La confianza en uno mismo puede hacerse añicos cuando enfrentamos un doloroso fracaso, un revés o un rechazo. Cuando tenemos confianza en nosotros mismos sin una fuerte valía personal subyacente, es menos probable que corramos riesgos. No queremos el dolor asociado con perder la confianza en nosotros mismos y sentir que no nos queda nada. Una fuerte confianza en uno mismo sin una fuerte valía personal con frecuencia nos mantiene estancados: con temor de correr riesgos y miedo al rechazo y al posible fracaso. Casi todo lo que nos rodea en la vida (cada producto, cada mensaje al consumidor, cada objetivo por el que nos dicen que debemos esforzarnos) simplemente genera confianza aislada en uno mismo, que puede ser frágil y volátil. Pero cuando tenemos una fuerte valía personal, nos brinda un núcleo resiliente que es mucho más difícil de disminuir.

Lo que podría parecer contradictorio al principio es que, cuando tienes una valía personal fuerte y crees de verdad que, tal como eres, estás completo, nada te hace falta para merecer amor, no te vuelves complaciente ni pierdes la ambición. En realidad, es todo lo contrario. Cuanto más fuerte sea tu valía personal, menos complaciente serás, porque ya no te afectará la mayoría de las razones por las que te quedas estancado. Hay un dicho famoso en el boxeo que afirma que un boxeador mejora un 30% después de ganar el título. Porque su confianza en él mismo crece, así como también lo hace su identidad, solo por ganar el título. Me atrevería a apostar que lo contrario también es cierto: que después de una derrota, la confianza de un boxeador disminuiría su rendimiento. Pero, de cualquier manera, su desempeño fluctúa junto con su confianza como respuesta a circunstancias externas. Lo bueno de una valía personal fuerte es que no fluctúa con facilidad en respuesta a victorias o pérdidas externas.

Con una sólida valía personal como base, te vuelves resiliente de manera inquebrantable y así es como te haces invencible en tu viaje de convertirte en la persona que naciste para ser.

Confianza en uno mismo sin valía personal

Si desempeñas un papel público o muy famoso, o eres una persona que prefiere moverse detrás de escena, aunque tengas toda la confianza del mundo en ti mismo, cuando careces de una profunda valía personal, tienes las mismas probabilidades de ocultarte a simple vista o no mostrarte ante los demás con tu verdadero y auténtico yo, incluso cuando para cualquier otra persona no resulta detectable. Es cuando entras en una sala e incluso hablas con todos los que están allí, pero sabes que nadie ve realmente tu verdadero yo. Estás presente, de alguna manera, pero disociado de tu verdadero yo. Me gusta llamar a esto enviar a tu «representante» en lugar de llegar con tu ser entero. Ese representante podría incluso cambiar según la sala a la que entre. Ya sea la sala de juntas, el aula o la sala de tu casa y tu dormitorio. **Cada vez que te presentas de una manera que no es auténtica, o como tu representante, o como la persona que crees que hará felices a otras personas, te dices a ti mismo que tu verdadero yo no es valioso.** Esto nos deja sintiéndonos invisibles y desconectados, aun si somos nosotros quienes decidimos no ser vistos tal como somos en realidad. Y es mucho más probable que esto suceda cuando en el fondo no creemos que somos valiosos y dignos de amor de forma innata.

La confianza en uno mismo sin valía personal se parece a la abundante aprobación por fuera y a la falta de realización por dentro. La confianza en uno mismo sin valía personal se siente como un éxito externo, pero como un fracaso interno. Es por ello que puedes ganar el Ironman, caminar sobre la Luna o ganar la medalla de oro olímpica, solo para regresar a casa y, poco después, sentirte increíblemente insatisfecho. Es por eso que es posible lograr al fin ese objetivo de salud o acondicionamiento físico, o conseguir un gran ascenso en el trabajo, y aún así preguntarte por qué no sientes el amor o la satisfacción duradera que esperabas.

Cada vez que te presentas de una manera que no es auténtica, o como tu representante, o como la persona que crees que hará felices a otras personas, te dices a ti mismo que tu verdadero yo no es valioso.

Cuando mejoras la confianza en ti mismo, estás reforzando tu opinión sobre tus propias características y habilidades. Cuando mejoras tu valía personal, refuerzas la profunda creencia en tu propio valor como persona. Aprender esta distinción hace que sea fácil comprender cómo todas las soluciones que la mayoría de las personas nos aconsejan y que hemos buscado nunca han funcionado como esperábamos. Por lo general, son soluciones derivadas de fuentes externas, que son importantes para ayudarnos a aumentar nuestra confianza, pero en realidad no nos ayudan a fortalecer nuestra creencia fundamental acerca de nuestra valía.

Los logros no conducen ni al amor ni a la realización

Todo aquello por lo que nos esforzamos, en cualquier área de nuestra vida, se reduce a una simple verdad. Esperamos que nos haga sentir valiosos, completos y amados. ¿No me crees? ¿Suena demasiado simple? Analicémoslo.

¿Por qué después de que la mayoría de las personas ha logrado cubrir sus necesidades básicas y está económicamente segura, aún desea más dinero? ¿Para comprar objetos? ¿Por qué las personas quieren esos objetos? ¿Para sentirse importantes, para ganarse la admiración externa o por las emociones positivas que esperan sentir cuando las tengan? ¿Por qué desean eso? Porque en el fondo quieren sentirse valiosas, completas y amadas, y creen que adquirir *esos objetos* les generará *estos sentimientos*. Con frecuencia las personas se casan cuando no lo desean, toman decisiones para evitar sentir que las abandonarán, tienen hijos cuando no están preparadas y aceptan trabajos que no les gustan, todo para obtener la aprobación de sus familias o de la sociedad, para satisfacer el mismo deseo y necesidad de sentirse *suficientes* y amadas. Muchos de nosotros pasamos la mayor parte de nuestra vida siguiendo la dieta de moda, que es poco saludable, y gastamos innumerables horas y una gran cantidad de dinero para tratar de lucir de cierta manera. Otros toman drogas dañinas para mejorar sus músculos o cambian la máxima cantidad de tiempo que pasan en esta tierra por la máxima cantidad de dinero, autos prestigiosos y puestos de trabajo que puedan adquirir. Todo con la creencia subyacente de que, cuanto más nos acerquemos a un ideal estético, seremos más valiosos, completos y amados. Y estas creencias por lo general son reforzadas como verdades por personas bien intencionadas que nos rodean y por casi todos los

La confianza en uno mismo sin valía personal puede parecer un éxito por fuera pero un fracaso por dentro.

anuncios publicitarios que vemos. Nada de esto, por lo que pasamos tanto tiempo esforzándonos, nos lleva en realidad al verdadero sentimiento de ser valiosos, completos, amados o realizados. Pero estas creencias no fomentan la plenitud porque no son verdades en absoluto; todas se basan en la misma mentira: que es necesario lograr, hacer más y ser más para sentir amor.

Es muy común creer esta mentira, pero es un callejón sin salida cuando se trata de valía. No me malinterpretes: el viaje de perseguir tus sueños, anhelos y ambiciones es un hermoso camino para desarrollar la confianza en ti mismo. Y es una parte clave para vivir la expresión más elevada y plena de uno mismo. Puede hacerte sentir seguro, fuerte y muchas otras emociones y sentimientos positivos, pero jamás te hará sentir valioso.

«Es necesario tener logros para ser digno de amor» es una mentira que con frecuencia se ve reforzada por los amigos y los colegas bien intencionados que solo nos preguntan qué estamos *haciendo* y cuáles son nuestros planes en lugar de cómo *estamos* en realidad. Los familiares bien intencionados solo quieren saber cómo va nuestro trabajo o nuestra carrera, si ya estamos saliendo con alguien o si ya nos casamos y qué haremos a continuación. Cuando ofrecemos respuestas que demuestran logros en cualquiera de estas áreas, por lo general nos encontramos con una sonrisa de aprobación, palabras de felicitación y un reconocimiento que puede confundirse con amor. Recibimos mensajes similares en otras áreas de la vida: eres un buen padre si tus hijos van a una buena escuela, consiguen un buen trabajo, se casan y forman una familia. Y si tus hijos no hacen algo de esto, aunque sean maravillosamente felices, la preocupación y la lástima que demuestran los demás refuerzan el mensaje de que debes haber hecho algo mal como padre y deberías preocuparte por tus hijos. De manera similar, las redes sociales proyectan la noción de que todos los demás están felices porque en sus publicaciones parecen estar haciendo mucho, logrando mucho, viajando de manera extensiva y divirtiéndose ampliamente. Y cuanto más emocionante parece su vida, más se les recompensa con «me gusta» y comentarios. Esta obsesión cultural por el logro puede en definitiva estimular la economía, pero cuando a las generaciones se les enseña que el trabajo duro, la progresión profesional, el reconocimiento y el logro monetario son el objetivo final, no se fomenta el aprendizaje de la valía innata ni de la verdadera realización.

Durante la mayor parte de mi vida, me creí la mentira de que, si podía lograr lo que nuestra cultura llama éxito, si podía lucir de cierta manera, si podía complacer a todos los demás y marcar todas las casillas, entonces me sentiría realizada. Entonces, después de pasar décadas de mi vida luchando por alcanzarlo *todo*, logré una gran cantidad de *todo* y nada cambió. Porque a medida que llegaba a cada nuevo destino y cruzaba cada línea de meta para celebrar, **siempre me llevaba *a mí conmigo*.**

Aprendí de primera mano que ninguna cantidad de dinero o fama te ayuda en realidad a sentirte más valioso, completo y amado. La verdad es que nada cambió, porque el núcleo de mi valía personal siempre fue el mismo y casi siempre tenía un nivel bajo. Mi confianza en mí misma aumentó, mi cuenta bancaria creció, la aprobación y los elogios que recibí de los demás aumentaron. Pero nada de eso afecta la valía personal, y tampoco conduce a la verdadera realización.

Déjame repetirlo: **No importa lo que logres ni lo que al final suceda en tu vida, ¡de todas formas TE LLEVAS A TI MISMO CONTIGO!** Es decir, si todavía estás ahí parado con las mismas circunstancias en el interior, no hay algo afuera que pueda llenar el interior, o al menos no por mucho tiempo. Con gran frecuencia nos pasamos toda la vida retrasando nuestra felicidad y nuestra valía bajo el pretexto de que, cuando al fin consigamos esto o aquello, nos sentiremos realizados.

Es divertido ganar y, a menudo, es muy divertido celebrar una victoria, pero eso no cambia cuán «valioso y completo» te sientes. Así que el verdadero trabajo es aprender a creer y sentirte valioso, completo y realizado en este preciso momento, con tus circunstancias tal como son y tal como eres... como el **tú** que **TÚ** llevas **contigo**, el tú que es innato, el tú que no necesita betún en el pastel porque sabe que ya es lo suficientemente dulce y abundante.

El viaje de desaprender todas las mentiras que nuestro sistema de creencias condicionadas cree, y aprender a escuchar nuestro propio saber, confiar en nosotros mismos y creer que somos en verdad valiosos tal como somos es uno de los viajes más grandiosos e importantes que jamás emprenderemos en esta vida si así lo decidimos.

Si eres alguien que, tal vez, es un estudiante de toda la vida como yo y te encanta el crecimiento y el desarrollo personal, aquí tienes algo que podría ser un gran momento de revelación para ti. Quizá hayas leído innumerables libros e incluso hayas asistido a eventos en los que identificaste las creencias limitantes que te han estado frenando a lo largo de tu vida. Por ejemplo: «No soy suficientemente atractivo», «No soy lo suficientemente divertido o interesante para atraer a una pareja potencial», «No tengo suficiente dinero», «No tengo la educación adecuada», «Soy demasiado joven o demasiado viejo», «Nunca seré rico», «Soy un impostor» o «Mi negocio nunca tendrá éxito», etc. Entonces quizá practicaste con herramientas y métodos para remplazar esas creencias limitantes por otras que te dieran más poder. Bueno, este es el asunto: casi todas las creencias limitantes más comunes están ligadas a la confianza en uno mismo o a circunstancias externas. Desarrollar confianza y aprender a creer que las cosas que esperas y con las que sueñas son una realidad posible para ti en tu vida es un esfuerzo importante. Pero hay un gran problema y una oportunidad perdida en la forma en que la mayoría de las personas, los *coaches* de vida, los líderes de opinión e incluso muchos de los expertos más buscados abordan la superación de las creencias limitantes y la creación de la vida que deseas.

Casi siempre se enfocan de forma exclusiva en cómo superar las creencias limitantes solamente conducirá a una mayor confianza en uno mismo. Las personas se quedan con la impresión de que, si desarrollan sus habilidades y aumentan su confianza, será suficiente; sin embargo, se les escapa por completo un paso fundamental: si solo comienzas a creer con confianza que todo ello es *posible* para ti, pero no crees de forma innata que lo *mereces*, es probable que, si lo obtienes, no lo conserves. Aún más importante: nunca te sentirás realizado en la vida si no superas TAMBIÉN las creencias limitantes en torno a la valía personal. Quizá tengas creencias limitantes (o historias que crees que son ciertas sobre ti mismo), como «No provengo de la familia adecuada» o «No soy lo suficientemente atractivo» o «Nunca lograré juntar una gran cantidad de dinero» o «Soy una mala madre» o «He tomado demasiadas malas decisiones» o «Tengo miedo de intentar correr riesgos» o «Rompo mis promesas y nunca sigo una rutina de ejercicios» o «Soy un impostor y no merezco este título de director ejecutivo». Si haces el trabajo de superar esas creencias limitantes y remplazarlas con nuevas creencias empoderantes, esto aumentará tu confianza en ti mismo y mejorará en gran medida tu vida. Pero no te conducirá a la plenitud en la vida, ya que es solo una parte de la ecuación.

Verás, tú puedes hacer todo el trabajo para superar las creencias limitantes y construir una identidad segura en torno a lo inteligente que eres, lo talentoso que eres, lo duro que trabajas, cómo cumples las promesas que te haces a ti mismo y a los demás, lo devota que es tu práctica espiritual, cómo vives conforme a tus valores y tratas bien a los demás, y cómo transmites bondad al mundo. Y cuando llevas a cabo todo esto, realizas acciones muy importantes para lograr que tu autoconfianza y tu identidad externa sean más amplias, fuertes y hermosas... pero si tu identidad interna en torno a la valía personal no te parece valiosa, completa en sí misma y digna de amor exactamente como eres, con o sin todo lo anterior, entonces podrás alcanzar todo aquello, aunque nunca te sentirás realizado.

Si tú o alguien que conoces, amas o te preocupa continúa lográndolo todo, alcanzándolo todo, trabaja en todo lo que sabemos que conduce a una mayor sensación de confianza en sí mismo, pero TODAVÍA se siente insatisfecho y no puede entender por qué... esta es la razón. Porque te desarrollas en las áreas y creencias sobre ti mismo y tu propia identidad que aumentan la confianza en ti mismo, pero no en aquellas que aumentan la valía personal. Puedes cumplir con éxito todas tus actividades para construir la confianza en ti mismo, desarrollar una gran seguridad y habilidad, y alcanzar metas que concuerden con una identidad externa elevada; sin embargo, aun así solamente llegarás a un grado de realización y sostenibilidad que refleja tu propia identidad interna en torno a la valía. Puedes lograr todo lo que te hace parecer una persona exitosa, pero si tu identidad interna y tu valía personal aún te dicen que no eres valioso y que no estás completo o que no eres digno de amor y pertenencia, entonces sentirás el síndrome del impostor cuando alcances una meta, sentirás que nunca es suficiente por mucho que logres, sentirás que no mereces amor y no entenderás por qué te sientes vacío en una relación. Puedes vivir y tener la experiencia de todas las grandes cosas del mundo y aun así sentirte insatisfecho todo el tiempo, porque tu profundo sentido de valía personal tiene grietas debilitantes en los cimientos.

El camino hacia la realización

¡Me encanta lo visual! Y el lugar donde te sitúes en la siguiente gráfica impacta todas las áreas de tu vida. Échale un vistazo, ya que explora la relación entre la valía personal y la confianza en uno mismo en el camino hacia la realización.

Más adelante en este libro, te mostraré una poderosa herramienta para lograr la *realización definitiva* en la vida. Pero, primero, es importante tener en cuenta dónde te encuentras en esta gráfica de *valía personal* y *confianza en ti mismo* en tu vida actual.

Cuando veas esta gráfica sobre la valía personal y la confianza en uno mismo, quiero que consideres cómo casi todos los esfuerzos, acciones, enfoques y objetivos entran en la categoría de la confianza en uno mismo. Pero observa que en la gráfica no importa qué tan lejos a la derecha llegue tu éxito en la escala de confianza en ti mismo (horizontal), solo progresarás camino arriba hacia la realización hasta el nivel en el que te eleves a las alturas de la escala de valía personal (vertical).

Valía personal, confianza en uno mismo y tu identidad

Tu identidad es la historia que te cuentas sobre ti mismo y la historia en la que crees. De forma independiente de nuestras intenciones, siempre regresamos a los comportamientos, acciones y decisiones que refuerzan nuestras creencias sobre la persona que somos. Por consiguiente, tanta gente hace un trabajo tan profundo para superar las creencias limitantes en su vida. Porque si no lo hacen, esas creencias limitantes les impedirán creer que sus sueños y anhelos son posibles.

Cuanta más valía personal y confianza tengas en ti mismo, te sentirás más satisfecho, tanto en lo emocional como en lo físico, y más feliz. Las investigaciones muestran que la valía personal es uno de los mejores predictores de la felicidad personal. Un estudio realizado por el Berkeley Well-Being Institute muestra que la valía predice mejor la felicidad que otros 19 procesos emocionales, incluidas las relaciones personales sólidas y la gratitud.

VALIOSO

Gráfica de valía personal y confianza en ti mismo

©Jamie Kern Lima

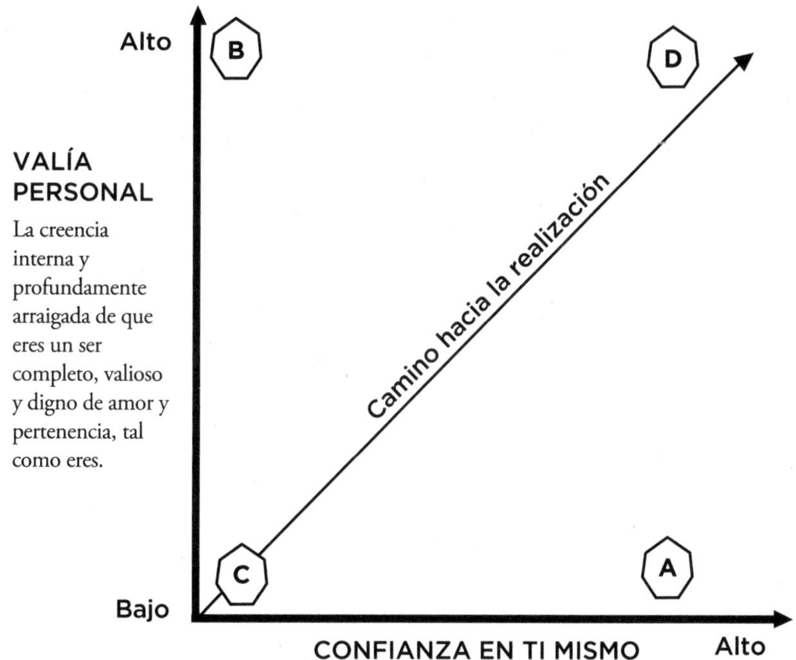

Cómo te evalúas y te valoras a ti mismo en función de cualidades, competencias y características.

Echemos un vistazo a cuatro ejemplos de dónde se ubican las personas en esta gráfica y, en particular, qué sucede si tienes confianza en ti mismo o valía personal sin la otra parte. Y a medida que leas cada descripción, observa dónde se ubican visualmente en la gráfica.

La persona A tiene mucha confianza en sí misma pero baja valía personal. Es exitosa de manera sorprendente en lo exterior; es probable que sea una persona de alto rendimiento con éxito profesional o económico, pero sin importar qué sea lo que logre, nunca siente que es suficiente y está perpetuamente insatisfecha. Los perfeccionistas son por lo general personas A.

La persona B tiene una valía personal muy alta pero una confianza muy baja en sí misma. Es probable que sienta una profunda sensación de paz y amor, pero no se siente competente ni confiada respecto de sus propias habilidades y capacidades que indican medidas externas de éxito. Puede tener o no algún impulso para lograr más, pero está en paz de cualquier manera, sin considerar el resultado de sus objetivos externos o incluso si elige no tener objetivos externos.

La persona C tiene baja valía personal y baja confianza en sí misma, y puede estar en la etapa inicial de su viaje de conciencia y compromiso para construir uno o ambos.

La persona D tiene una fuerte valía personal inherente y considera que tiene altos niveles de habilidades y atributos. Esta persona tiene una gran ambición e impulso, pero como también tiene una fuerte valía personal, no está intentando llenar el vacío de no ser suficiente, merecedora de amor o valiosa por medio de logros externos. Se mantiene inquebrantable en su interior, incluso durante los altibajos, riesgos, recompensas, éxitos y fracasos de sus ambiciones externas. Siente un profundo sentido de valía personal y confianza en sí misma.

¿Dónde te ubicarías en esta gráfica justo ahora? Tómate un momento y marca dónde sientes que estás realmente en este momento. Luego, marca dónde te gustaría estar en tu vida.

A continuación, considera dónde podrían ubicarse tus amigos cercanos, familiares y colegas en esta gráfica. ¿Son conscientes de las formas en que sus niveles actuales de confianza en ellos mismos y de valía personal impactan todas las áreas de su vida?

Si esto es una gran revelación para ti, y si conoces a alguien más en este momento que ha estado esforzándose hasta el cansancio, pensando que si solo pudiera lograr todo aquello de la columna de la confianza en sí mismo, entonces por fin se amaría a sí mismo y se sentiría completo, por favor, haz una pausa y comparte este libro con esa persona. Ninguna niña, ninguna mujer, ninguna persona se quedará atrás en el aprendizaje de cómo fomentar la verdadera valía personal. Porque estamos en una sociedad que nos dice que, si solo pudiéramos ser personas A, seríamos felices, y eso es mentira.

Verás, yo he sido persona A durante la mayor parte de mi vida adulta. Pensaba que si solo pudiera lograr lo suficiente, comprometerme lo suficiente con mi rutina de ejercicios, leer suficientes libros, contribuir lo suficiente, encajar en esos *jeans*, complacer a suficientes personas, convertirme en la definición mundial de éxito, *entonces* por fin yo *estaría completa*, y en ese momento yo sería feliz por fin. Pero todo es mentira. Porque ningún éxito en la escala de la confianza en uno mismo conduce a una verdadera realización.

Cuando recibí el número de celular de Oprah y no la llamé durante más de cuatro años, yo vivía como una A en la ecuación de la plenitud verdadera. Confiaba en mis habilidades, talentos y capacidades. Me acababan de nombrar en la lista de Forbes y era una de un pequeño número de mujeres que habían comenzado con una idea en la sala de su casa y la habían convertido en una empresa tan grande como se había convertido IT Cosmetics. Me apasionaban mis esfuerzos filantrópicos personales y los de nuestra empresa. Me sentía segura en mi propósito de vida de ayudar a las mujeres a sentir en verdad que son valiosas y están completas en sí mismas. Pero aun así, en el fondo, yo todavía no sentía que fuera valiosa y completa en mí misma. Mientras estaba ahí sentada almorzando con Oprah y hablando sobre muchos temas vibrantes durante más de cuatro horas, tenía mucha confianza en mí misma, pero en el fondo no tenía una fuerte valía personal. Y todavía no entendía la diferencia entre los dos conceptos. Entonces, cuando ella compartió su número de teléfono conmigo, no pude aprovechar la bendición y durante cuatro años no la llamé. Eso es lo que nos provoca una baja valía personal. Nos hace sentir que no merecemos y no somos lo suficientemente valiosos o dignos de amor tal como somos. Nos convence para sabotear oportunidades y posibilidades porque no creemos que seamos dignos de ellas.

CONFORME HE aplicado esta revelación y este concepto a mi propia vida, junto con las vidas de muchas otras personas con las que he comenzado a compartirlo con tanta pasión, ha sido revelador cuán extendida está la idea errónea que confunde la confianza en uno mismo con la valía personal, y cuán perjudicial es al guiar a tantas personas hacia una vida insatisfactoria, incluso en personas que tienen el privilegio de acceder a terapia, *coaching* y educación, y en personas que para ganarse la vida capacitan a otros o les enseñan la realización personal.

Hace poco comí con un amigo que tiene una increíble confianza en sí mismo y, según todos los parámetros externos, tiene éxito económico, social y en su extensa carrera profesional, que abarca décadas. En nuestra conversación, él reflexionaba sobre el éxito profesional que había tenido en el mundo empresarial y me contaba lo doloroso que había sido un revés reciente en su negocio. Había tomado una decisión que le había costado dinero y notoriedad. En mitad de la conversación soltó algo que hizo que mi mandíbula se cayera al suelo.

—Yo solía ser alguien —declaró mi amigo.

—¡Qué chi...! —exclamé (lo siento, abuela)—. ¿Qué quieres decir con que solías ser alguien? Todo el mundo es alguien. Tienes mucho trabajo que hacer en torno a la valía en este momento.

Fui muy directa con él. En un instante se detuvo en seco y solo me miró fijamente. Después de unos momentos de silencio, en sus ojos comenzaron apenas a formarse unas incipientes lágrimas. A pesar de que él era alguien a quien muchos otros acudían en busca de consejo, era evidente que todavía creía que la validación externa lo conduciría a la valía. Un error que es muy fácil de cometer. Además, se encontraba en un momento de su vida en el que tenía baja valía personal y, por primera vez en su vida adulta, tenía al mismo tiempo un nivel bajo de confianza en sí mismo. Había estado viviendo su vida como A en la ecuación de la plenitud verdadera: muy seguro de sí mismo y con mucho éxito externo, pero como nunca se sintió realizado, había pasado toda su vida esforzándose por alcanzar aún más éxito, con la esperanza de que con el tiempo llegaran el valor y la realización. Ahora, dados sus recientes reveses externos, vivía como un C en la gráfica: tenía un bajo nivel en ambas áreas. Cuando dijo las palabras *yo solía ser alguien*, me rompió el corazón, y debido a sus creencias sobre la falta de valía, estaba rompiendo el suyo.

Muchas de las cosas que nos preocupan, que permitimos que nos detengan, y las mentiras sobre nuestra valía con las que perdemos el tiempo creyendo que son ciertas, en realidad no importan. La vida es demasiado corta para creer la mentira de que importan. Cuantas más conversaciones tengo, en las que escucho a alguien explicar la falta de valor que siente y cómo la oculta al mundo, más decidida estoy a pasar esta hermosa vida creyendo que soy merecedora y valiosa, tal como soy. Y no quiero dejar a nadie atrás en su propio viaje hacia la valía. Quiero que sepas que eres valioso y digno de amor, ahora mismo, en este mismo momento, tal como eres. Eres ALGUIEN. Nada en el exterior, nada en lo que fracases con gran temor o logres con amplia victoria, ningún error que hayas cometido en el pasado, nada de lo que alguien más diga o deje de decir sobre ti, puede cambiar eso. No te lo pueden dar ni te lo pueden quitar. Ya ES y aún es VERDADERO. Y ese ALGUIEN que eres es plenamente valioso.

La valía personal y su impacto en tus relaciones más importantes

Cuando confundes la confianza en ti mismo con la valía personal, también puede afectar el nivel de profundidad de conexión que logras en tu relación contigo mismo, con tus amigos y con tus colegas y, con frecuencia, también en tus relaciones íntimas.

Los temas relacionados con la valía personal suelen ser el tipo de asuntos que las parejas se ocultan entre sí. La mayoría de las personas solo comparten sus problemas con su pareja cuando estos entran en la categoría de la confianza en ellos mismos. Pero cuando se trata de asuntos de valía personal, la mayoría de nosotros no somos conscientes de ellos o no queremos reconocerlos, compartirlos ni discutirlos con nuestra pareja ni con cualquier otra persona. No solo los guardamos para nosotros, sino que también los enterramos en lo más profundo de nuestro ser. Y aunque estén enterrados, siguen ahí e impactan todas las áreas de nuestra vida.

Cultivar la valía personal dentro de ti es una de las mejores formas de mostrar amor a los demás.

La primera y más importante persona con la que debes ser honesto acerca de tu valía personal eres tú mismo. Y hablemos por un momento de las percepciones en torno a la idea de valía personal y el amor propio. A veces no nos enfocamos en aprender a amarnos a nosotros mismos porque nos preocupa que parezca egoísta, egocéntrico o hasta narcisista. Esto no podría estar más lejos de la verdad. De hecho, el narcisismo no se trata de amor propio, sino de lo opuesto, y es uno de los trastornos de la personalidad que más se basan en la vergüenza. En realidad, el narcisismo proviene de profundos sentimientos de falta de valía y vergüenza. Está impulsado por el odio a uno mismo. Toda la grandiosidad, superioridad y posesión de privilegios que a menudo se despliegan con el narcisismo (que podrían confundirse con amor propio) son en realidad intentos de compensar la baja percepción de valía personal.

Cultivar la verdadera valía personal es una de las ocupaciones más generosas no solo para tu propia realización en la vida, sino también para tu capacidad de mostrar amor a los demás. Las investigaciones muestran que sin amor propio somos más propensos a las adicciones, al autosabotaje, a patrones de relación poco saludables con nuestro cuerpo y con los demás, a la codependencia, a complacer a las personas y a otros comportamientos autodestructivos.

Nuestros hijos también suelen descuidar su valía personal. Con sus padres y otras personas en quienes confían, por lo general comparten las dificultades que encuentran en la confianza en ellos mismos, en las circunstancias externas o en la percepción de sus propias habilidades, experiencias externas o competencias. Pero por lo común no comparten sus creencias profundas sobre si se sienten dignos de amor y pertenencia de manera innata. Si algo o alguien daña su confianza en ellos mismos, nos lo dirán, pero si algo o alguien daña su profundo sentido de valía personal, a menudo no lo harán. Si eres padre o madre, esta es una razón más para hacer el trabajo de comprender de verdad y desarrollar la valía personal en tu propia vida, para que puedas equipar mejor a tus pequeños a fin de que sepan cómo nutrir y continuar construyendo la suya también.

De manera similar, en el matrimonio, si tu pareja tiene algún problema relacionado con cuestiones externas basadas en los logros, en las habilidades o incluso en la confianza, será más probable que te lo cuente que si está luchando con un problema profundo e interno de valía personal. En nuestra sociedad, es mucho más aceptable, si no esperado, que los hombres oculten sus problemas de valía personal. Entonces, el dolor de esos problemas se transmite de maneras interminables, a menudo hirientes, a ellos mismos y a quienes los rodean, ya sea por medio de la desconexión, la disociación o el sabotaje. Lo que ocurre con mayor frecuencia es que ninguno de los dos es consciente de los verdaderos problemas subyacentes relacionados con la valía personal, y los dos miembros de la pareja viven en una relación sin tener idea de por qué se sienten tan desconectados, tan solos o como si la otra persona estuviera ocultando algo, cuando de hecho ambos se esconden de sí mismos y de su propia conciencia. **Solo puedes tener la experiencia de la profundidad del amor, la intimidad y la conexión con otra persona al nivel de profundidad con que te amas y te conectas íntimamente contigo mismo.**

He adoptado mi propia valía personal por etapas, a través de la conciencia y las herramientas que comparto contigo en este libro. Así fue como después de todo me armé de valor para llamar a Oprah. A partir de ahí, fui creyendo poco a poco que era digna de enseñar junto a ella, y ahora tenemos una hermosa amistad. Hace poco la invité a comer a mi casa; lo llamamos un *fin de semana valioso*. Sé que a ella le encantan unos panquecitos ingleses especiales, así que los pedí en una pequeña panadería en Napa, para que me los enviaran al día siguiente; y ella sabe que me encantan las mantas acogedoras, así que me trajo su manta favorita como regalo. No me malinterpretes, todavía tiendo a asustarme justo antes de que llegue, todavía siento mariposas en el estómago y todavía tengo que practicar de inmediato muchas de las herramientas de este libro para recordar y luego saber que, al igual que tú y cada uno de nosotros, soy plenamente valiosa y completa en mí misma, tal como soy. Incluso en una comida de *fin de semana valioso* con Oprah.

Incrementar la valía personal

Cuando mejoras tu valía personal y tu creencia inherente de que eres valioso como ser humano tal como eres, esto te proporciona el saber que eres valioso y *completo en ti mismo*, de forma innata, y es independiente de cualquier logro, elogio, premio o circunstancia. Las investigaciones muestran que desarrollar nuestra valía puede afectar todo, desde nuestro estado de ánimo hasta la calidad de nuestras relaciones y nuestra satisfacción laboral.

Recuerda, puedes construir tu confianza en ti mismo como una casa sobre sus cimientos. Una fuerte valía personal, saber que ya eres suficiente o completo exactamente como eres, es esa base que sostiene tu casa y te permite disfrutar de verdad la labor de construirla. **La verdadera valía personal puede brindarte la sensación estable, confiable, inquebrantable y decidida de tener una armadura mental y emocional que, a diferencia de la confianza en ti mismo, no se tambalea con facilidad por sentimientos, pensamientos, comportamientos, experiencias, ni las fuerzas externas que la vida te arroja de forma inevitable.** La valía personal te proporciona una base de fuerza y resiliencia inquebrantables, aunque la casa se venga abajo en una tormenta de golpes a tu confianza en ti mismo en forma de reveses, fracasos, rechazos y cambios en las circunstancias externas. La valía personal te ayuda a soportar todo esto. Entonces, ¡manos a la obra!

CAPÍTULO 2

CAMBIA TU RELACIÓN CON EL RECHAZO, CAMBIA TU VIDA

He fallado más de 9 000 tiros en mi carrera. He perdido casi 300 juegos. Veintiséis veces confiaron en mí para realizar el tiro ganador y fallé. He fallado una y otra vez en mi vida, y es por eso que tengo éxito.
MICHAEL JORDAN

¿QUÉ HARÍAS en tu vida si no tuvieras ni un gramo de miedo al rechazo o al fracaso? Si existiera algo así como tener una maestría en rechazo, estoy bastante segura de que yo tendría una. He pasado la mayor parte de mi vida sintiendo y temiendo innumerables rechazos y fracasos. Muchos de mis rechazos más dolorosos provienen de la voz dentro de mi propia cabeza, que me dice que soy insuficiente y que no tengo lo que se necesita para tener éxito. Cada vez que alguien me pregunta sobre los éxitos que he tenido en la vida, no puedo evitar pensar en que por poco y no sucedieron. Si no hubiera cambiado mi relación con el rechazo y el fracaso, jamás habría reunido la valentía para levantarme cada vez que algo me derribaba mientras hacía crecer mi negocio. Después de uno, veinte o cien rechazos, habría renunciado. Si no hubiera cambiado mi relación con el rechazo, nunca habría podido buscar a mi madre biológica, que me puso en adopción el día que nací. Nunca habría podido preguntarle a Paulo, el hombre que más tarde se convertiría en mi esposo, si quería que estudiáramos juntos, sabiendo que podría decir que no le interesaba. Nunca habría impartido un curso junto a Oprah, porque no habría creído que era digna de hacerlo.

Mark Leary, profesor de Psicología y Neurociencia en Duke, realizó una investigación sobre el miedo al rechazo. Leary dice: «Ya sea que consideremos un rechazo romántico, la disolución de una amistad, el ostracismo por parte de un grupo, el alejamiento de miembros de la familia o solo ser ignorado o excluido en encuentros fortuitos, los rechazos tienen innumerables consecuencias emocionales, psicológicas e interpersonales. Las personas no solo tienen una fuerte reacción cuando perciben que otros las rechazaron, sino que gran parte del comportamiento humano está influido por el deseo de evitar el rechazo».

El miedo al rechazo y el miedo al fracaso son dos de las principales razones por las que las personas evitan arriesgarse, se quedan estancadas, nunca comparten sus ideas, se convencen a sí mismas de no intentar realizar sus sueños y nunca revelan quiénes son y cómo se sienten en realidad.

Rechazo y fracaso

Primero, quiero aclarar que el rechazo y el fracaso no son lo mismo, pero tememos al fracaso y al rechazo y reaccionamos a ellos de manera similar, y podemos usar las mismas estrategias para cambiar nuestra relación con ambos.

En el fondo, todos queremos ser amados y pertenecer, y muchos de nosotros equiparamos el rechazo o el fracaso con lo opuesto al amor y la pertenencia. Los equiparamos con dolor y exclusión. Y en definitiva los puedes sentir así si eliges permitirlo. Y la clave es la palabra *elegir*. ¿Qué pasaría si te dijera que en verdad puedes acoger y anhelar el rechazo y el fracaso? ¿Pensarías que eso es siquiera posible? Supongo que es probable que descartarías esa idea y pensarías que estoy inventando una tontería. Pero no.

Todo en la vida lleva simplemente el significado que le damos. Ese significado crea las emociones que sentimos en relación con ello. Y las emociones que sentimos crean nuestra experiencia de vida. Cuando cambias el significado que le asignas a algo y en verdad crees en ese significado, todo cambia. La decepción se convierte en confianza divina. El odio hacia uno mismo se convierte en gratitud. El rechazo se convierte en resiliencia. La valía personal se solidifica.

Mi esposo, Paulo, creció creyendo que, si no sabía la respuesta a algo, había fracasado. Si no podía ganar en un deporte, entonces no quería seguir jugando. En sus peores días decidió que perder un juego significaba que *él* era un fracaso. Trabajó muy duro para desaprender esto. A Paulo le encanta el tenis, el pádel y el pickleball, y ha tenido que trabajar muy duro para asignar nuevos significados a la actividad de jugar. Tuvo que aprender a no dejar que jugar mal le robara la alegría o el amor por el juego. Hoy en día, no ganar el partido ya no significa que no deba jugar o que él sea un fracaso. ¡Ahora significa que es un jugador competitivo que ama tanto el juego que no puede esperar a la revancha!

En comparación, mi amiga Sara Blakely, fundadora de la empresa multimillonaria Spanx, fue criada por un padre que creó la práctica familiar de sentarse a la mesa y compartir algo en lo que fallaron ese día. En ese entorno, el fracaso se consideraba importante, porque significaba que no tenían miedo de correr riesgos. Mientras tocaba el turno a cada uno alrededor de la mesa, los miembros de la familia, de todas las edades, les contaban a los demás algo que habían intentado y en lo que habían fracasado ese día. ¿Es de extrañar que Sara iniciara con valentía una empresa con solo una idea y 5 000 dólares, y estuviera dispuesta a correr riesgos, soportar reveses y rechazos, y seguir adelante hasta lograr el éxito?

Cuando cambias tu relación con el rechazo y el fracaso, cambias tu vida entera.

Cuando cambias tu relación con el rechazo y el fracaso, cambias tu vida entera.

Tienes el poder de transformar el rechazo y el fracaso de experiencias que temes a experiencias que aceptas sin miedo. Cuando adquieras las herramientas para cambiar tu relación con el rechazo, podrás aplicarlas en cualquier área de tu vida.

PUEDO ESTAR aquí ahora mismo y decirte que, si bien tengo muchos problemas y desafíos en mi vida, el miedo al rechazo o al fracaso no es uno de ellos. No tengo miedo cuando se trata del rechazo. Soy absolutamente intrépida. No le tengo ni un poco de miedo. Pero no siempre fui así, ni por asomo.

Tengo una afección de la piel llamada rosácea. Aparece en forma de manchas de color rojo brillante que tienen una textura áspera en el área entera de mis mejillas y, a veces, también en mi frente. Cuando tengo un ataque grave, también se vuelve complicado. Es hereditaria y no tiene cura. Después de ver a varios dermatólogos y probar varias cremas que me recetaron y que no funcionaron, pasé por una temporada de mi vida en la que me sentía deprimida.

Cuando ya me acercaba a los 30 y hasta algunos años después de cumplirlos, trabajaba como presentadora de noticias en televisión y los brotes de rosácea empezaron a empeorar tanto que no lograba que el maquillaje permaneciera en mi piel. Estaba en vivo en la televisión y las luces de alta definición, que eran muy calientes, provocaban que el maquillaje comenzara a separarse de la piel y revelara las manchas rojas que con desesperación trataba de tapar. Los productores, que me hablaban por el auricular, con frecuencia me alertaban en vivo durante el noticiero para decirme: «Tienes algo en la cara». Temía perder mi empleo.

Nunca salía de casa sin maquillaje. Cuando lo hacía, gente que no conocía, en la cafetería o en el supermercado, muchas veces me preguntaba: «¿Te sientes bien?», o decía: «Vaya, te quemaste mucho con el sol, ¿verdad?».

Un día estaba apurada haciendo mis pendientes y pasé al supermercado sin maquillaje. En el pasillo de verduras, noté que una mujer que parecía tener veintitantos años tenía la mirada fija en mí. Ella tampoco estaba maquillada y tenía mucha hiperpigmentación, manchas en todo el rostro que eran varios tonos más oscuras que el resto de su piel. Me mostró una sonrisa que me decía *Gracias*, sin decir una palabra.

Fue un gran momento de iluminación para mí. Me di cuenta de que al mostrarme con una rosácea color rojo brillante en la cara, la hice sentir menos sola con sus zonas de hiperpigmentación por completo expuestas. En ese momento, su valentía y la mía se encontraron. En un mundo que nos dice que ocultemos cualquier parte de nosotros mismos que las normas sociales rechazan, nos aceptamos la una a la otra. Nos consideramos, una a la otra, aprobadas, hermosas, valiosas. Sonriendo, mantuvimos contacto visual por un momento y luego continuamos con nuestras cosas por el resto del día.

En ese momento cambié el significado que le había asignado a mi rosácea. Antes, la etiquetaba con palabras como *bochornosa, vergonzosa, poco atractiva, defectuosa.* Ese día decidí asignarle un significado completamente nuevo. Uno que trataba de algo mucho más grande que yo. Decidí que mi rosácea era un superpoder, y que cada vez que lo mostrara en público, ayudaría a revertir la vergüenza que otras personas podrían sentir acerca de sus propias imperfecciones percibidas. Cada vez que salía al mundo con la cara descubierta y sin maquillaje, me maravillaba la idea de que eso pudiera hacer que ese día una persona se sintiera un poco más *completa* y liberada. De manera literal, en cada gramo de mi ser, cambié el significado que le daba a mi propio «defecto».

EN MI PRIMER libro, *Believe IT*, narré en detalle el viaje de hacer crecer mi empresa, IT Cosmetics, desde la sala de mi casa, y enfrentar años y años de innumerables rechazos. Quiero compartir ahora una parte muy pequeña y selecta de ese viaje, pero a través de una perspectiva diferente por completo.

Durante los años de innumerables rechazos al construir IT, algo que la mayoría de las tiendas de belleza me decían al dar su *No* para vender mis productos era que «las mujeres nunca comprarían maquillaje con las imágenes como las que estás usando, que muestran los verdaderos desafíos de la piel. Las mujeres solo comprarán maquillaje a partir de imágenes que muestren aspiraciones inalcanzables». Siempre usaban esas palabras, *aspiración inalcanzable*, lo que significa que en realidad nadie podría verse así. Querían que usara imágenes falsas y retocadas con Photoshop de una piel perfecta. Pero en mi interior yo sabía que podía crear una empresa que hiciera que las mujeres se sintieran como nos sentimos aquella mujer y yo en el supermercado ese día. Si yo pudiera VER de verdad a otras mujeres, si pudiéramos VERNOS unas a otras, entonces podría ser mucho más grande que solo una empresa. Podría ser un mensaje y un movimiento poderoso y muy necesario. Este enfoque era necesario y podría ser sanador.

Después de años de escuchar «No» y «No eres la persona adecuada», terminé obteniendo un *Sí* y una oportunidad para aparecer en el canal de compras por televisión QVC en un segmento de diez minutos. Yo estaría en la transmisión en vivo en tiempo real, que se mostraría a 100000000 de hogares, y necesitaría vender alrededor de 10000 dólares de producto por minuto durante los diez minutos que me dieron en el segmento para alcanzar su objetivo de ventas o no me invitarían otra vez. Todo estaba en juego en esta única oportunidad. Todos los consultores externos que contraté me dijeron lo mismo que había escuchado en la mayoría de las tiendas de belleza: que para tener una mínima posibilidad de éxito en QVC, alcanzar sus objetivos de ventas y que me invitaran a regresar, debía producir mi anuncio de diez minutos utilizando modelos con piel perfecta. Eso era lo que había funcionado para muchas de las otras marcas de maquillaje. Cuando sugerí mostrar mi rostro desnudo con su rosácea de color rojo brillante y elegir modelos que también tuvieran lo que el mundo les decía que eran problemas cutáneos vergonzosos, como acné o hiperpigmentación, los consultores se sintieron mortificados ante la idea. Me dieron el mejor consejo que tenían, que era no hacer eso.

Entonces, en el momento en que me dieron esta gran oportunidad en QVC, yo había recibido durante años cientos de rechazos por parte de minoristas potenciales. Nadie pensó que mi idea de mostrar mujeres reales como modelos funcionaría y no estaban dispuestos a apostar por mí. Mi empresa estaba al borde de la quiebra. Pero sabía lo que había sentido en ese momento en el supermercado.

Y cuando entré en el estudio de QVC para tomar mi única oportunidad, se encendieron las luces y comenzó la cuenta regresiva de los diez minutos; yo estaba temblando. Y para ser completamente honesta, no solo estaba temblando, estaba sudando y rezaba por que el sudor no hubiera empapado el par de fajas que llevaba bajo el vestido, en un intento por absorberlo.

Porque, en ese momento, si asumí un gran riesgo y seguí mis instintos que me decían que le mostrara al mundo mi piel desnuda y otros problemas reales de la piel de las mujeres, quizá no lograra su objetivo de ventas. Y si el producto no se vendía, con todo en juego, mi empresa podría acabar en quiebra. Pero decidí ser valiente, lo que significaba que podría ser rechazada por los espectadores que votan con sus billeteras y QVC no me invitaría de nuevo; no obstante, sabría que era una de las valientes que estaban dispuestas a confiar en mí. Y decidí que, aunque la mayor parte de mi vida no hubiera salido de casa sin maquillaje, iba a revelar mis «defectos» de la piel en televisión nacional porque ya no les atribuía un significado negativo. Les conferí un significado positivo y empoderante. De manera rotunda, los consultores externos no estuvieron de acuerdo con mi decisión. Pero dentro, en mi alma, se sentía bien.

Al encenderse la luz roja, que indicaba que estábamos transmitiendo en vivo, y el reloj de diez minutos comenzó a correr, 9:58, 9:57, por fuera estaba temblando literalmente como una hoja, pero por dentro me sentía inquebrantable. Recuerdo el momento en que mi foto con el rostro rojo brillante de «Antes» apareció en televisión nacional. Recuerdo caminar hacia las modelos, todas mujeres reales de todas las edades, formas, tamaños, tonos de piel y desafíos cutáneos, y llamarlas hermosas, ¡y decirlo en serio!

A los pocos minutos no sabía cómo iban las ventas, pero sabía que todavía no me habían recortado el tiempo ni me habían eliminado. Justo antes de mi única oportunidad, me enteré de que en realidad no tienes garantizados siquiera tus diez minutos. Dado que QVC se transmite a 100 000 000 de hogares, hay mucho en juego, por lo que, si tu presentación lleva uno o dos minutos y no está alcanzando los objetivos de ventas, aún podrías pensar que te quedan ocho minutos, pero es posible que de pronto te reduzcan el tiempo y veas que solo te queda un minuto en el reloj. Lo que significa que ya terminaste; no se pudo alcanzar el objetivo de ventas. Estás fuera. Ya sabes, *solo esa* clase de presión.

Llegamos a la señal que indicaba que faltaba un minuto para terminar y recuerdo que el presentador dijo que algunos tonos empezaban a escasear:

—Empezamos con seis mil doscientos de estos. Del tono oscuro nos quedan doscientos; del tono bronceado solo quedan doscientos.

Entonces, justo en el momento en que nuestro reloj de diez minutos estaba a punto de agotarse, ¡el inmenso signo de *Agotado* apareció en la pantalla!

Empecé a llorar en televisión nacional, cortaron mi transmisión y empezaron a transmitir una aspiradora Dyson o algo así. Mi esposo llegó corriendo y cruzó las puertas dobles del estudio. En todo lo que podía enfocarse era en un alivio abrumador, y lo recuerdo levantando los brazos al aire en signo de victoria y proclamando en voz alta:

—¡No vamos a quebrar!

Con lágrimas corriendo por mi rostro, proclamé con orgullo:

—¡Hablaron las mujeres de verdad!

Ese momento único provocó que nos invitaran a regresar una y otra vez. Terminamos haciendo más de 250 segmentos en vivo al año en QVC y construyendo la marca de productos belleza más grande en la historia de QVC. Y cada instante en que yo aparecía en vivo en la televisión, sentía exactamente la misma conexión con el espectador en casa que la que tuve con aquella mujer en la sección de verduras del supermercado. Todos los días pensaba en ella. Ella me importaba más que el sistema de creencias aprendido de forma cultural que afirma que mi rosácea es vergonzosa y un defecto. O que es una razón por la que seré rechazada y no mereceré ser amada. Cambié el significado que le daba y se convirtió en la razón exacta por la que fui aceptada y amada. Pero primero por mí misma y luego por los clientes.

Sin embargo, la historia podría haber sido muy diferente porque las tiendas de ventas al público, los grandes almacenes y QVC habían dicho *No* y «No eres la persona adecuada para nosotros ni para nuestros clientes» durante años. E incluso cuando tuvimos un gran éxito de ventas en el negocio, había rechazos interminables que llegaban de diversas formas. De la misma manera en que el rechazo se presenta en el día a día de nuestra vida personal, y más aún si nos mostramos de manera auténtica en nuestra vida, con nuestras amistades y en nuestros sueños.

Repasemos la pregunta con la que empecé el capítulo: **¿Qué harías en tu vida si no tuvieras ni un gramo de miedo al rechazo o al fracaso?** Ahora, vayamos a ese lugar, ¿de acuerdo? Porque cuando adquieras las herramientas para cambiar tu relación con el rechazo, podrás aplicarlas a cualquier área de tu vida.

Cambiar tu relación con el rechazo

Aquí está el proceso de cómo cambiar tu relación con el rechazo en tu propia vida ahora mismo. Te lo voy a explicar de manera muy sencilla, pero recuerda ser amable contigo. Se necesita tiempo para desaprender viejos patrones y hábitos y crear otros nuevos. Incluso hasta el día de hoy, tengo que practicar estas herramientas para mantenerme lo más precisa posible con ellas. Creo que será un esfuerzo de por vida, porque he aprendido que es muy fácil volver a caer en el miedo al rechazo o al fracaso, especialmente si eres la única persona en tu grupo de pares o en tu familia que se esfuerza por ganar conciencia, cambiando viejos patrones y recuperando tu poder en torno al rechazo y al fracaso.

El proceso: las cuatro R para trascender el rechazo

1. **Revelar.** Identifica la o las definiciones predeterminadas actuales que le das al rechazo/fracaso cuando sucede, o las que utilizas para convencerte de no intentarlo siquiera. Por lo general, estas son desempoderantes y ocurren de forma automática, sin intención.

2. **Redefinir.** Crea definiciones nuevas y empoderantes que asignarás a los rechazos/fracasos cuando se produzcan o cuando estés tentado a no intentar algo por miedo a que ocurran.

3. **Revisar y reformular.** Revisa y replantea los rechazos del pasado. Asigna nuevos significados a estos rechazos/fracasos del pasado que aún parecen importantes en tu vida.

4. **Regocijarse.** ¡Regocíjate con los rechazos que te esperan! ¡Ya no te desconciertan! Piensa: «Querido rechazo, puede que tú seas grande, ¡pero mi resiliencia es aún mayor!».

Revelar

Bien, ahí vamos; ¿estás listo? Yo iré primero. Durante la mayor parte de mi vida, mi reacción interna ante un rechazo ha sido: «Sí, eso lo confirma una vez más, lo que ocurre es que soy insuficiente», «No tengo lo que se necesita para lograrlo» o «No soy suficientemente inteligente, astuta, genial, graciosa o [llena el espacio en blanco]». Algunas veces ha sido una versión de que soy insuficiente o no valgo nada.

Bien, ahora es tu turno, ¿listo? Cuando alguien te rechaza, o te arriesgas y no sale como querías, o lo intentas y fracasas, o nunca lo intentas por miedo al rechazo o al fracaso, ¿qué es lo primero que piensas? Imagina este escenario y siéntelo de verdad, luego observa cuál es el primer pensamiento que pasa por tu cabeza cuando te rechazan o fracasas en algo, tal vez sin que te des cuenta. Sé muy pero muy honesto aquí. Somos solo tú y yo.

Toma nota mental o, mejor aún, escribe lo primero que te venga a la mente. Puede ser útil imaginar un escenario en el que te rechazan o cuando algo que intentas falla y, luego, mientras imaginas esa situación, toma nota de lo que piensas de ti mismo. Esta es tu *definición actual* de rechazo.

Una vez le hice esta pregunta a una multitud de más de mil personas mientras daba una conferencia en un escenario: les pedí que gritaran lo primero que pensaran de verdad cuando los rechazaban o fracasaban. Las respuestas fueron tan vulnerables, crudas y reales que comencé a llorar. Y noté que varias personas del público también empezaron a llorar. ¡Era una conferencia de negocios! Pero esta pregunta tomó a muchos por sorpresa porque nunca la habían considerado. Era como si hubiera una banda sonora horrorosa en la mente de cada uno a diario y no fueran conscientes del impacto que esta tenía.

Esto demuestra que no importa si eres un director ejecutivo experto, el líder de un equipo, el tutor de un niño pequeño en tu casa o todo lo anterior, ya que todos lidiamos con las dudas acerca de nosotros mismos.

Como seres humanos, estamos programados para evitar el dolor a toda costa: es un mecanismo de supervivencia. Y cuando nos sentimos insuficientes o incompletos, que no valemos o que no merecemos ser amados, sentimos un dolor inmenso. Y cuando en nuestra mente vinculamos todo este dolor con la idea de rechazo o fracaso, nos resistimos a correr riesgos. Nos quedamos estancados y vivimos la vida en pequeño. Si nunca nos exponemos, no corremos el riesgo de sufrir el dolor percibido que proviene del rechazo o el fracaso. Si nunca buscamos realizar nuestros sueños, no corremos el riesgo de sentirnos avergonzados y abatidos cuando no resulten. Pero el rechazo y el fracaso solo significan eso porque decidimos que ese era su significado, y podemos deshacer esta decisión. Justo como yo deshice mi decisión de que mi rosácea era un defecto vergonzoso y, en cambio, le asigné un nuevo significado. Fue un regalo empoderante, y yo me enseñé a creerlo.

Redefinir

Asignar un nuevo significado al rechazo y al fracaso es algo que lo cambia todo. Tienes la capacidad de decidir que el rechazo y el fracaso no tienen por qué causarte dolor. Cuando asignas un nuevo significado a esas experiencias y lo crees, el miedo desaparece.

Para asignarle una nueva definición a cada fracaso y rechazo, puedes elegir una que te libere de tomar el rechazo como algo personal. Este es un ENORME beneficio. Cuando te tomas el rechazo como algo personal, no solo te causa un gran dolor, sino que también complica tu relación con la persona que te rechazó. Desde su perspectiva, podría no haber sido ni remotamente algo personal. Tomar el rechazo de manera personal en tu trabajo puede tener consecuencias negativas para tu carrera profesional o tu empresa y su potencial éxito.

En el proceso de creación de IT Cosmetics, recibí cientos y cientos de rechazos y, para ser sincera, algunos de ellos se sentían como si fueran personales, en lugar de basarse en la evaluación de nuestro producto en sí; pero, aun así, elegí no tomarlo de forma personal. En lugar de ponerme a la defensiva u ofenderme cada vez que recibía otro rechazo, a veces de la misma persona más de una vez, fui capaz de no tomarlo como algo personal porque había cambiado mi definición de rechazo. En cambio, respondí de una manera que generó un impulso para mi empresa.

Lo que quiero decir es que incluso si el comprador de una tienda me decía que NO, como diciendo *ni ahora ni nunca*, sin siquiera un asomo de aliento, yo le agradecía y luego, al día siguiente, le enviaba un correo electrónico expresando mi entusiasmo. Le decía que algún día, cuando ESTUVIÉRAMOS en sus tiendas, nuestros productos aportarían un valor formidable a sus clientes. Comunicaba cero resentimiento y la plena convicción de que, de hecho, algún día sería un SÍ, y en mi mente decidí creer que ese día en definitiva llegaría. Y cuando me volvían a rechazar, yo hacía lo mismo, cada vez. Cuando conseguíamos una mención de prensa interesante o teníamos el lanzamiento de un nuevo producto, les enviaba un correo electrónico entusiasta recordándoles una vez más que un día, cuando *fuera un* SÍ, aportaríamos mucho valor a sus tiendas y a sus clientes. Ahora, si bien algunas de estas personas pudieron haber pensado que yo era rara, lo que estaba haciendo creó las semillas de un impulso de manera inadvertida. A veces esas mismas personas me rechazaban una y otra vez y, a veces, lo hicieron durante años. Pero al final pude convertir cada NO en un SÍ. Sí, todos y cada uno de ellos. Pude convertir IT Cosmetics en una de las empresas de maquillaje de lujo más grandes del país. Solo pude hacerlo porque no le tenía miedo al rechazo, me entrené para no asociar dolor con él y nunca lo tomé como algo personal. Lo hice creando nuevas definiciones de rechazo en mi vida, y con suficientes repeticiones pude creer que era verdad.

Tengo algunas definiciones que asigno a los rechazos y fracasos que todavía me ocurren con frecuencia hasta el día de hoy. Ya sea una idea de negocio rechazada por un socio potencial, un amigo que no me invita a hablar en su evento o un duro crítico en internet a quien no conozco. Como mejor práctica y ahora como hábito automático, cuando me enfrento al rechazo o al fracaso en algo, lo cual sucede con frecuencia, en lugar de volver a mi antigua creencia de que eso significa que *soy insuficiente o estoy incompleta*, algunas de mis estrategias para redefinir el significado que le asigno a un rechazo y en las que creo plenamente son:

1. El rechazo es la **protección** de Dios (o del universo).
2. No me rechazaron a mí. Mi creador **les ocultó mi valor** porque no están asignados a mi destino.
3. ¡El rechazo y el fracaso triunfan! ¡Son un recordatorio de que soy una de los **valientes** dispuestos a aventarse!

Cuando algo no sale como quiero, me viene a la cabeza mi antigua respuesta al rechazo: *Eres insuficiente y estás incompleta.* Me doy cuenta en tiempo real y me imagino borrándola. O que presiono el botón de silenciar. O que la golpeo con un bate de beisbol tan fuerte que ya no puedo verla, como un *home run* de *grand slam*. En ese instante la remplazo con una de estas nuevas definiciones que elijo creer. Recuerdo alguna de estas nuevas definiciones, me la repito con una voz más alta y la imagino con más arrojo que el pensamiento negativo que la precedió. Imagino que entra y atraviesa mi cuerpo como la verdad, y creo en ella. Cuanto más hago esto, más se convierte en un hábito. Y cuanto más miro hacia atrás, a los rechazos y fracasos del pasado y cómo resultaron, más sé que estas definiciones no son solo pensamientos positivos, son verdades reales.

A continuación, te muestro algunos ejemplos de cómo he aplicado estas nuevas definiciones en mi vida. Observa los patrones de cómo y cuándo las apliqué y ve si resuenan en ti también mientras nos sumergimos en tus nuevas definiciones de rechazo y fracaso, y cómo aplicarlas para transformar tu vida.

El rechazo es la protección de Dios

Quizá tú y yo compartamos este primer escenario muy común. Piensa en alguien con quien alguna vez saliste y a quien amabas, con quien las cosas no terminaron como hubieras deseado. Mirando hacia atrás con el beneficio del tiempo, tal vez ahora esté claro que te habrías conformado si hubieras permanecido en la relación. O tal vez te hicieron *tanto* daño, una y otra vez. Tú, tus amigos y tu familia sabían que esa persona no era buena para ti, pero seguías esperando que todo saliera bien de todos modos. Si bien la ruptura te puede haber dolido en aquel entonces, ¿no estás contento AHORA de que no hayan permanecido juntos? ¡El rechazo es protección!

En mi camino hacia la creación de IT Cosmetics, un inversionista potencial una vez decidió no invertir en mi empresa, y cuando le pregunté por qué, me dijo: «Simplemente no creo que las mujeres le compren maquillaje a alguien que se ve como tú, con tu cuerpo y tu peso». En ese momento deseaba con desesperación que este inversionista potencial dijera que sí, en especial porque casi nos habíamos quedado sin dinero y no estaba segura de cómo iba a mantenerse viva nuestra empresa. Yo pensaba que él iba a ser mi salvación.

Y la verdad es que estábamos tan cerca de quebrar que, si él hubiera creído en mí y nos hubiera dado una oportunidad, es probable que yo le hubiera vendido la mayor parte de mi empresa por muy poco dinero. Si se hubiera asociado con nosotros, nos habría ayudado a mantenernos a flote, nos habría aconsejado cómo ingresar a todas las tiendas minoristas que me habían estado rechazando y habría terminado siendo dueña de solo una pequeña parte de la empresa. Bueno, el rechazo es la protección de Dios. Como él no aceptó, descubrimos cómo seguir adelante y tener éxito de todos modos, y cuando vendí mi empresa, seis años después, todavía era la mayor accionista.

Por cierto, seis años después de que el inversionista me dijera esas palabras hirientes fue la primera vez que volví a saber de él. Fue el día que vendimos IT a L'Oréal. Como es una empresa pública, revelaron el precio de compra de 1 200 millones de dólares, su mayor adquisición en Estados Unidos hasta la fecha. Apareció en la prensa por todas partes, y aquel que había sido un inversionista potencial debió haber visto los titulares. El día en que se anunció la noticia, se comunicó conmigo y me dijo:

—Felicidades por el acuerdo con L'Oréal; me equivoqué.

¿Recuerdas cuando en la película *Mujer bonita* el personaje de Julia Roberts entra en una tienda elegante y las vendedoras no le ayudan? En el momento en que aquel inversionista me llamó para felicitarme por el trato, lo que quise decirle fueron las mismas palabras que el personaje de Julia le dijo a la dependiente de la tienda el día que regresó a la misma tienda, pero ahora vestida con ropa más bonita y con bolsas de otras tiendas elegantes colgando de su brazo. Quería decirle: «Gran error... enorme... ENORME... De hecho, puedo darte 1 200 millones de razones por las que fue un gran error», pero no lo hice. Solo le agradecí. Y agradecí a Dios tanto por las puertas abiertas como por las puertas cerradas en la vida, porque realmente he llegado a confiar en ambas. En ese momento en que aquel inversionista me felicitó, no pude evitar sonreír y recordarme a mí misma que el rechazo es la protección de Dios.

A veces, dependiendo de cuál parezca más aplicable en el momento, uso una variación de esta definición, que también es una de mis favoritas. En esta ocasión, imagino a mi Creador diciéndome:

—No fuiste rechazada. Les oculté tu valor porque no están asignados a tu destino.

Piensa en algún desencanto doloroso por el que hayas pasado: ese amigo que no te incluyó ni te apreció, esa persona a la que no le gustabas por cualquier motivo, un revés que parecía insuperable, el trabajo que deseabas con desesperación pero no conseguiste, las veces en que te arriesgaste y fracasaste, esa persona que te traicionó y todos los dolorosos rechazos que has sufrido. Imagina a tu Creador diciéndote ahora mismo: «No fuiste rechazado. Les oculté tu valor porque no están asignados a tu destino».

Imagínate a Dios diciendo: —No fuiste rechazada. Les oculté tu valor porque no están asignados a tu destino.

Estas son las palabras que imaginé que mi Creador me decía hace poco cuando una nueva amiga en mi vida traicionó mi confianza y resultó claro que no valoraba nuestra amistad como yo lo hacía. Cuando le di este significado a esa traición en particular y lo creí, me ayudó a procesarla con rapidez y evitó que penetrara en mi valía personal. Aprender a hacer esto es transformador. Esta es ahora una de mis definiciones favoritas de todos los tiempos que ha cambiado mi vida y me ha ayudado a sentirme libre.

¡El rechazo es un recordatorio de que eres uno de los valientes!

Muchas veces en mi vida, mientras lloraba bajo las cobijas, busqué en Google y leí sobre algunos de mis héroes y los interminables rechazos y fracasos que soportaron en sus viajes. La conclusión a la que llegué es que cada persona que alguna vez ha sido lo suficientemente valiente como para perseguir un sueño, compartir sus talentos o dones con el mundo, construir un negocio, convertirse en un líder de opinión o ayudar a la humanidad a avanzar en cualquier tipo de camino positivo se ha enfrentado a innumerables rechazos y fracasos. Todas y cada una de ellas. Solo las personas valientes son las que están dispuestas a seguir adelante de todas formas.

Decidí que voy a creer esta verdad: que cada vez que enfrente otro rechazo o fracaso, será un emocionante recordatorio de que soy una de los valientes que está dispuesta a intentarlo. No soy una más de aquella mayoría que vive sentada al margen de la vida, con miedo a intentarlo mientras critica a los otros que sí lo intentan. ¡Soy una de los valientes! Y cada vez que me rechazan o fracaso en algo, me entreno para sentir alegría y gratitud inspiradora e incondicional que me llena el alma. Me he convencido de que la victoria no reside en el resultado, sino en ser una de los valientes que se arriesgan, y que cada fracaso es solo un recordatorio de esta victoria.

Esto puede parecer una locura, pero ahora en realidad lo creo, porque también sé que es verdad, tanto para mí como para ti. ¡Por los valientes que están dispuestos a intentarlo!

Muchas veces les enseño esta lección a mis hijos en palabras que ellos entienden. Les digo: **«Las personas que más logros tienen suelen ser las mismas que tienen más fracasos. Porque son las que más lo intentan».**

Hay infinitos significados nuevos que puedes asignarles al rechazo y al fracaso y que también son ciertos. Lo importante es que sientas que son fieles a tu esencia. Aquí hay unos cuantos más:

- El rechazo es un cambio de dirección. Simplemente me está indicando el camino hacia algo mejor que está por llegar.

- Gracias por este rechazo/fracaso porque confío en que está sucediendo *para* mí no *a* mí.
- Gracias por este rechazo/fracaso porque sé que me está ayudando a desarrollar la resiliencia, el músculo y la fuerza para llevar el peso de mis éxitos futuros cuando ocurran.

Esto es lo que sucede: cuando tienes una visión en tu corazón, no todos tendrán la capacidad de entenderla. Ni siquiera los expertos. Tampoco la gente que respetas, y muchas veces, ni tus amigos y familiares. Porque Dios no les dio la visión a ellos, te la dio a ti. Así que no te sorprendas si te sientes incomprendido o subestimado, o si los demás no están tan entusiasmados con tu sueño o tu visión como tú lo estás. Él no se la dio a ellos, te la dio a ti. Tú eres el encargado. Eres el administrador de tu propio potencial; eres el administrador de tus sueños y anhelos. No tomes como algo personal, ni como una indicación del valor de ellos mismos, el que alguien más no valide tu visión, ni la aprecie, ni crea en ella, ni crea que tendrá éxito. Solo tú sabes lo que sabes, ves lo que ves y sientes lo que sientes. Solo a ti se te ha dado la descarga divina y ahora eres el administrador que decidirá qué hacer con ella, con cuánta firmeza creerá en ella, cuán dispuesto está a luchar por ella, con cuánta perseverancia se va a levantar cada vez que lo derriben. Tú eres el administrador; tú eres el dueño. Todo está en ti y todo depende de ti.

Revisar y replantear

Puedes aplicar tus nuevas definiciones de rechazo y fracaso a experiencias pasadas que aún podrían parecerte importantes en tu vida actual. Esto me ha ayudado a hacer las paces con situaciones pasadas y a dejar de lado el dolor y el resentimiento persistentes. También me ha ayudado a ver que el lugar de donde vengo y las situaciones por las que he atravesado me dan poder, en lugar de quitármelo, aunque hasta el día de hoy puedan no pa-

> ***Las personas que más logros tienen suelen ser las mismas que tienen más fracasos. Porque son las que más lo intentan.***

recerme justas, no tengan sentido, o sean circunstancias que no quisiera que me volvieran a suceder, ni a mí ni a nadie más. Ahora veo todo lo que he atravesado como situaciones que fueron PARA mí, que me enseñaron lecciones y me expusieron a experiencias dolorosas. Gracias a eso, ahora puedo ayudar a otros a superar sus situaciones, porque yo aprendí a hacerlo. No se trata de negar todo lo que sucedió en el pasado, sino de asignarle un significado que lo transforme en paz y empoderamiento.

Fui adoptada el día que nací y mis padres, quienes me criaron, optaron por trabajar muchas horas y me dejaban sola después de la escuela durante largos periodos todos los días. Hubo una temporada en mi vida adulta en la que batallé con las creencias sobre el abandono. Durante años, estas creencias se manifestaron de maneras muy hirientes en mi vida. No quería jamás abandonar a nadie más, así que me mantuve en relaciones tóxicas con novios y amigos, y permití que la gente me maltratara. Después, como jefa, mi mayor debilidad fue no despedir a las personas con suficiente prontitud, cuando lo merecían, porque no quería abandonarlas. Pero cuando decidí hacer el trabajo de cambiar la historia que me contaba sobre el abandono y el rechazo, cambió mi percepción de mi propia identidad y eso fortaleció mi valía personal, lo cual me llevó a tomar decisiones más claras y sabias en todas las áreas de mi vida.

En lugar de creer que me habían rechazado, decidí creer que me habían elegido. ¡A propósito! Mi madre biológica eligió que yo viviera: qué regalo. Tengo una tremenda sensación de gratitud porque mi madre biológica decidió llevarme dentro de ella, esconderse y luego traerme al mundo. Su vida habría sido mucho más fácil si hubiera decidido no hacerlo, pero decidió hacerlo. Ella me eligió. Fui elegida por mi mamá y mi papá adoptivos para criarme. Siento la sensación más profunda de orquestación divina porque mi mamá y mi papá, quienes me adoptaron y criaron, me eligieron como su bebé. Además, siento un tremendo asombro por haber sido elegida por Dios para venir a este mundo a propósito. Verás, mi madre y mi padre biológicos estuvieron juntos solo una vez, y nunca más. En esa única ocasión, en ese único momento, fui concebida. Pero no creo que haya sido un accidente, y no creo que tú lo fueras tampoco, sin importar las circunstancias que rodearon tu concepción.

Cuando decidí cambiar mi historia, cambié mi vida. Ahora no solo lo creo, sé que fui elegida. Esta creencia y conocimiento han ayudado a que mis relaciones florezcan: mis amistades, mi matrimonio, mis relaciones profesionales y mi relación con mis familias, todas ellas. No soy una víctima, soy una vencedora. Dios me eligió a propósito y con un propósito. Mi viaje sucedió *para* mí: fui elegida para vivir y elegida para ser elegida.

Las investigaciones muestran que cuando las personas reflexionan sobre experiencias difíciles y dolorosas con el objetivo de encontrar significado, o algo positivo que surja de ellas, son más felices, toman mejores decisiones, dan mejores consejos y resuelven problemas de manera más efectiva. Cuando comencé a practicar esta herramienta de cambiar el significado que les asigno a las situaciones, cambió todo para mí. No se trata de ver el vaso medio lleno. En realidad, es creer que el vaso está medio lleno, porque nos convertimos en lo que creemos.

NOTA VALIOSA: Ahora aplica estas herramientas en papel, en un diario o descargando el archivo gratuito *Rejection Reframing Worthy Worksheet* [Hoja de trabajo de replanteamiento del rechazo] en <worthybook.com/resources>. Profundicemos en estas preguntas:

¿Cuáles son tus definiciones predeterminadas de rechazo y fracaso que ahora ya conoces y te gustaría remplazar?

¿Cuál es tu nueva definición, o definiciones, de rechazo y fracaso que elegirás creer de forma intencional cada vez que te sucedan? Dedica todo el tiempo que puedas a considerar esta idea y escribir tus nuevas definiciones.

¿Cuál es la historia o el rechazo que te ocurrió en el pasado y que necesitas reescribir hoy para contarte una historia diferente? Comprométete a recordar esta nueva historia real cada vez que pienses en esta experiencia pasada.

Y la pregunta más emocionante: ¿Cómo crees que estas nuevas definiciones afectarán tu vida?

Regocijarse

Una vez que hayas identificado tus nuevas y empoderantes definiciones de rechazo y fracaso, comenzarás a temerles menos y empezarás a tener mayor acceso a tu propia valentía. Cuanto más desarrolles esta práctica de aplicar tus nuevas definiciones a tu vida, menos sabotearás las oportunidades y perseguirás con más confianza tus ideas, necesidades, sueños y anhelos. ¡Y puedes comenzar hoy, ahora mismo!

De hecho, tal vez hoy sea el día en el que tomes la decisión de seguir adelante con aquello que estabas a punto de abandonar. Quizá hoy sea el día en el que decidas escribir la primera página de tu libro, registrar el dominio de tu negocio, regresar a la aplicación de citas, decirle a la persona que quieres que sean más que solo amigos, lanzar el pódcast, perdonar a alguien o pedirle que te perdone, decirle a esa persona que no está bien que te hable de esa manera, publicar una *selfie* sin maquillaje en las redes sociales, lucir el traje de baño con orgullo, aunque sea dentro de tu propia casa, frente a tu pareja o frente al espejo contigo misma. Tal vez hoy sea el día en el que enviarás un correo electrónico solicitando un ascenso, un aumento o un puesto de liderazgo en tu empresa, iglesia o grupo de voluntarios. Quizá vuelvas a tomar un pincel y compartir tu arte con los demás. Tal vez te muestres como eres en realidad en tu próxima reunión familiar, sabiendo que podrías ser juzgado, pero al menos **serás libre**.

Idea: Seamos compañeros de rechazo. Veamos quién puede acumular más. ¿Te imaginas cuán abundantes serán nuestros éxitos y lo increíble que será nuestra vida cuando lo logremos? Eres completamente valioso tal como eres, y la cantidad de rechazos, fracasos e incluso triunfos y éxitos no cambian eso. Cambiar tu relación con el rechazo y el fracaso es una de las mejores herramientas para recuperar una identidad fuerte y creer en ti mismo. Aunque seas el primero en tu grupo de pares o en tu familia en hacer esto, toma hoy la decisión de asignar un significado poderoso al rechazo y al fracaso en tu vida. Al hacerlo, cambias tu vida para mejor, para siempre.

CAPÍTULO 3

NO ESTÁS LOCO, SOLO ERES EL PRIMERO

El mundo te preguntará quién eres y, si no lo sabes, el mundo te lo dirá.

CARL JUNG

—MAMÁ, PAPÁ, tengo esta idea para un producto; es una piedra mascota. Creo que puedo venderlas y ganar millones.

Para aquellos lectores que son demasiado jóvenes para recordarlo, Pet Rock salió a la luz en 1975 y fue muy popular. El creador, Gary Dahl, se hizo millonario. Pero ¿te imaginas las conversaciones que debió haber tenido cuando se le ocurrió la idea? ¿Te imaginas las dudas y risas que le llovieron?

¿Y qué tal el momento en que los testigos se reunieron en la playa para ver a los hermanos Wright hacer otro intento para hacer volar una máquina por el aire después de cientos de fracasos previos? ¿Te imaginas todos los sobrenombres con los que los llamaron o cuán incomprendida fue probablemente su genialidad? O la persona que inventó el Shake Weight, ya sabes, ese comercial de un producto en el que el hombre sostiene esa pesa parecida a una mancuerna frente a su abdomen y la sacude con rapidez hacia adelante y hacia atrás para hacer ejercicio. Por cierto, deberías haber visto la cara de mi abuela la primera vez que vio ese comercial, porque, bueno, puede parecer muchas otras cosas, además de sacudir una pesa. ¿Quién hubiera pensado que ese invento sería un… éxito culminante? Es probable que estas personas innovadoras hayan recibido apelativos del tipo *locos* en algún momento del camino, pero fueron los primeros, y tú también lo eres.

Confesión: Me han llamado *loca* la mayor parte de mi vida. La mayoría de las veces lo han hecho personas que me amaban y lo usaban como un término cariñoso porque no sabían qué más decir. Yo era la que pensaba diferente; la que siempre tenía grandes y descabelladas ideas para cuestionar o solucionar los problemas del mundo; la que soñaba con ir a lugares lejanos y estaba dispuesta a aceptar los trabajos que fueran necesarios para lograrlo; la que nunca sentía que encajaba, incluso cuando lo intentaba con desesperación; la que creía que el lugar de donde vengo no tiene por qué determinar a dónde voy; la que desafiaba a mi familia con preguntas como: «¿Qué impide que personas como nosotros tengamos un éxito como ese?»; la que fue objeto de burlas por ser la única persona en mi fiesta que no bebió alcohol en mi cumpleaños 21, porque estaba muerta de miedo de repetir el ciclo generacional de adicción.

Después de años de que me llamaran *loca*, entre otros apelativos, no pude evitar empezar a preguntarme si lo era. Angustiada, comencé a intentar sentir que pertenecía e hice todo lo que podía para sentirme menos sola y más completa. Dominé la atenuación de mi propia luz para que las personas que me rodeaban se sintieran cómodas. Pero me sentía vacía y aún más sola. Luego, cuando tenía veintitantos años, moví el péndulo en una dirección diferente y pasé algunas décadas esforzándome en exceso, confundiendo la aprobación y la celebración del mundo con el amor. No obstante, ni el desempeño excesivo ni atenuar mi luz llenaron el vacío de *sentirme inadecuada e incompleta* en mi interior.

Cuando me decían *loca* y otras palabras, yo me decía a mí misma que solo significaba que no me entendían. Pero en secreto me preguntaba si tenían razón. Cuando tenía veintitantos años, siguiendo todas las reglas que el mundo me dictaba, planeé casarme antes de estar lista. Luego comencé a tener ataques de pánico. Caí en una depresión. Mi adopción, junto con los divorcios en mi familia, implica que en realidad tengo cinco familias, y nadie de todas esas familias había ido a terapia —que yo supiera— ni había hablado siquiera sobre salud mental. En el ambiente donde crecí, la solución era evitar hablar de temas difíciles, enterrarlos muy en el fondo hasta que desaparecieran, o solo ignorar que existieran. Entre mis familias y mi grupo de pares, yo fui la primera en ir a terapia. Entre el seguro médico que me daba mi trabajo y mis ahorros, descubrí cómo podía permitirme ir, y estaba tan angustiada que no podía permitirme el lujo de no hacerlo.

La primera cita que tuve con mi terapeuta cambió el rumbo de mi vida para siempre. Después de explicarle todas las formas en que me sentía diferente y que no pertenecía, también le hice saber que tenía grandes sueños audaces e ideas descabelladas, y que sentía que tenía un potencial mayor que el de la persona que me permitía ser. Le dije que sentía que para pertenecer me habían orillado a hacer cosas diferentes de las que necesitaba, y que estaba reduciendo la luz de mis ambiciones e incluso de mi personalidad porque sentía que algo estaba mal en mí. Y ahora se suponía que iba a casarme con alguien a quien amaba, pero tenía miedo. ¿Cómo podía saber si el matrimonio era bueno para mí cuando había visto que no era bueno para tanta gente en mi familia?

Después de que mi terapeuta diagnosticara mis ataques de pánico y mi depresión, le pregunté sin rodeos:

—Toda mi vida me han llamado loca, o diferente, o demasiado ambiciosa, o extraña, o algo por el estilo. ¿Estoy loca?

—No, no estás loca —respondió ella—. Pero me hace muy feliz que estés aquí.

Ella procedió a explicarme que cuando somos los primeros de nuestro grupo de pares, familia o comunidad en desafiar el *statu quo*, podemos sentirnos muy aislados. Cuando somos los primeros o los únicos en sentirnos diferentes, podemos sentir cómo nos resaltan nuestra otredad. Cuando no transformamos a la persona que somos en realidad solo para encajar y nos presentamos de manera auténtica, puede ser preocupante para quienes viven en una zona de confort, donde encajar es el camino hacia la aceptación. Cuando somos los primeros en romper el molde de nuestro sistema condicionado de creencias, esto puede implicar soledad, estrés y trauma. Luego me explicó que cuando vivimos en discordancia con quien realmente somos para poder encajar, en realidad vivimos divididos.

Y esa división también puede suponer un gran costo para nuestra salud física y mental.

Todo tenía mucho sentido. Como un foco que se enciende, se calienta y explota al instante, me di cuenta de algo: *No estoy loca, solo soy la primera.*

SENTÍ ESTE momento *ajá* en mi alma: una verdad que acababa de liberarme. Como si por primera vez en mi vida me hubieran quitado el peso de la autocrítica. **No estoy equivocada, solo soy la primera. No soy mala, solo soy la primera. No estoy descompuesta, solo soy la primera. No soy un error, solo soy la primera. No estoy fuera de curso, solo soy la primera.**

Soy la primera yo y tú eres el primer tú. Y si vivimos de acuerdo con nuestra auténtica esencia, con valentía, somos los primeros.

Si vives tu vida de forma auténtica, eres, automáticamente, el primero. Porque solo hay uno como tú en todo el universo. Entonces, si te preguntas si en realidad eres el primero, lo eres. O al menos lo eres todos los días en los que eres fiel a tu yo, que es único.

Porque solo hay uno como tú en todo el universo, solo una persona que existe con tus pensamientos, con tu experiencia de vida, con tu ADN, con tus huellas dactilares, con tu latido único (sí, en realidad cada uno de nosotros tiene un latido único), e incluso con la huella individual de tu lengua (sí, ¡cada uno de nosotros también tiene huellas de lengua únicas!). Entonces, cada pensamiento, decisión y acción que elijas para el resto de tu vida proviene de alguien que es el primero.

Cuando te atreves a vivir con total autenticidad como tu primer yo, es fácil confundirlo con sentirte extraño, incomprendido, incómodo, solitario o insuficiente. Y cuando sentimos esto, la mayor tentación es ocultarnos y cambiar a la persona que somos en realidad para sentir que encajamos. De hecho, esta es la estrategia que adopta la mayoría de las personas durante toda su vida. Debido a que no se dan cuenta de que son solo los primeros, piensan que son inadecuados y necesitan cambiar la persona que son o estar presentes como otra versión de ellos mismos para ser amados. Pero **ser el primero no es lo que está mal contigo, ¡es lo que está bien!**

¿Cuáles son las partes de ti y de tu personalidad que no están locas, que simplemente son las primeras porque son exclusivas de ti?

Se necesita valentía para ser tu verdadero yo, pero también ese es el único camino que encontrarás hacia la verdadera libertad. Ser tu verdadero yo requiere riesgos y también es la única posibilidad de experimentar el verdadero propósito. Se requiere vulnerabilidad para ser la persona que eres de verdad, y también es el único lugar donde experimentarás el amor verdadero.

Estar presente en este mundo con TODO lo que eres sabe a libertad.

Las personas que se atreven a ser las primeras, que acogen con valentía su cualidad innata de ser las primeras, son las que pueden cambiar el rumbo de su familia para siempre. Son ellas las que deciden dejar de complacer a la gente y las que dicen cómo se sienten. Son ellas las que aprenden a dejar de dudar de su propia singularidad y deciden asumir con amor la persona que son en realidad. Son ellas las que podrían dar a sus hijos un ejemplo diferente del que sus familias les dieron a ellas. Incluso podrían desafiar las injusticias y liberar la verdad. Son ellas las que podrían decir: «Quiero más para mí, mi familia y mi mundo», y luego atreverse a creer que es posible. Son ellas las que rompen adicciones y ciclos generacionales. Ellas son las que dicen: «Esto no tiene sentido en mi alma. Estoy desafiando ese sistema de creencias». Ellas son las que ayudan a sanar a los demás, sanándose primero a sí mismas. Son quienes comparten con valentía sus ideas y propuestas, sin importar las críticas que puedan surgir. Son las que cambian la situación en su familia para las generaciones venideras. Ellas son las que transforman las industrias y el mundo. Cuando me di cuenta de esta verdad, pude cambiar el significado que le daba a lo que sentía acerca de quién era yo. Me ayudó a restablecer mi propia identidad: de ser

¿Qué tal si lo que pensabas que estaba mal en ti es en realidad una de las más grandiosas cualidades que están bien en ti?

alguien sin poder a alguien atrevido; de ser una persona que se sentía avergonzada por lo que era a una que se sentía liberada para ser todo lo que soy.

Sé auténtico, aunque eso implique estar solo

Tal vez seas el primero en tu familia o en tu grupo de pares en soñar en grande, votar o amar de manera diferente, atreverte a correr riesgos o romper un ciclo generacional. Tal vez seas el primero en querer una vida o un sistema de creencias diferente al que te rodeaba al crecer. Cuando eres el primero, puede ser muy tentador sentir que algo está mal contigo, o que saliste defectuoso. Se vuelve tentador —y para muchas personas es un hábito— estar presentes en casa, en el trabajo e incluso en las relaciones, atenuando la luz propia y ocultándose a plena vista, mientras viven su vida únicamente como una parte de lo que son, pero no como todo lo que son. Ansiamos pertenecer y tememos estar solos, pero a menudo no nos damos cuenta de que **estar solos, de manera auténtica, es menos solitario que estar con otros que no tienen idea de quiénes somos en realidad.**

¿Cuántas veces has sentido que estabas trabajando de más, con una gran desesperación, para intentar sentirte *suficiente y completo*? ¿Cuántas veces te mostraste como la persona que pensabas que los demás querían que fueras solamente para obtener su sello de aprobación? ¿Cuántas veces te mostraste como tu «representante», pensando que era en quien debías convertirte para tener éxito? Esto es vivir en una condición dividida, en la que estás separado de tu verdadero yo. Y eso puede pasarte factura, no solo en cuanto a tu alegría, sino también en tu salud física y emocional, así como en tu conexión con los demás en tus relaciones personales y profesionales.

En un estudio, el 40% de las personas informaron que censuran lo que dicen porque les preocupa que expresar sus opiniones genere una distancia entre ellas y las personas que les importan. Pero expresar las opiniones, cuando son auténticas, crea conexión. La psicóloga Serena Chen, presidenta del departamento de Psicología de la Universidad de California en Berkeley, define la autenticidad afirmando que es «cuando las personas sienten que pueden ser como es su yo verdadero. Las personas auténticas se sienten cómodas consigo mismas... Son vulnerables. No tienen miedo de parecer tontas ni de admitir errores». Chen agrega que la autenticidad se correlaciona con el bienestar y la satisfacción con la vida y, además, cuando somos auténticos, no alienamos a las personas. Al contrario: la autenticidad es buena para crear vínculos y generar cercanía.

Necesitamos dejar de ocultar quiénes somos a los demás y a nosotros mismos.

Si eres como yo y has pasado la mayor parte de tu vida mostrándote solo como una parte de la persona que eres, o mostrándote como sabes que los demás quieren que lo hagas, entonces, al igual que yo, tendrás mucho que desaprender. Hay tantas mentiras que hacen que esconderse resulte atractivo, y tantas verdades que hacen que esconderse parezca justificado. Y, desafortunadamente, hay muchas maneras en las que escondernos daña nuestra vida.

Si bien muchas veces aprendemos que todo aquello que nos hace diferentes de los demás es justo lo que debemos arreglar u ocultar, la lección que he aprendido de primera mano es que todo lo que te hace auténtico y diferente es en realidad lo que debes apreciar y expandir al máximo. Sé que esto va en contra de lo que la mayoría de nosotros hemos aprendido.

Cuando damos pasos valientes para desaprender las mentiras y tomar conciencia de las verdades, y evaluamos el impacto de vivir nuestra vida de forma inauténtica, desconectada, insensible, complaciente con las personas y desalineada con lo que realmente somos, comenzamos nuestro viaje que va de lo invisible a lo visible, de lo desconectado a lo conectado, de dudar de nosotros mismos a confiar en nosotros mismos, de anhelar el amor a darnos cuenta de que ya somos... amor.

MI BUEN AMIGO Ed Mylett, emprendedor y autor de *bestsellers*, comparte una increíble analogía de negocios y ventas que se aplica a la vida, incluso si no estás relacionado con el área de ventas. Él dice: «La gente no tiene que creer en lo que en realidad estás vendiendo, solo tiene que creer que tú crees en lo que estás vendiendo». La valía funciona de la misma manera. Lo que quiero decir es que la gente no tiene que entenderte ni creer en ti para conectarse contigo. Solo tienen que creer que *tú* te entiendes y que *tú* crees en ti. Y si en el fondo sabes que te estás mostrando como alguien diferente a quien eres, entonces emitirás una energía que revelará que no crees en ti mismo, porque no estás siendo tú mismo. Esto significa que no podrás sentir una verdadera conexión con otra persona, porque tú sabes, y ellos sienten, que no eres tú. En otras palabras, tienes que ser tú mismo y saber que eres tu verdadero yo para tener una verdadera conexión humana. Tienes que sentirte digno de ser quien en realidad eres. De lo contrario, no importa cuán elegante, perfecto o conformado te muestres, siempre sentirás una desconexión y ellos también.

También está el otro extremo que se ve en las redes sociales por todas partes, en el que las personas revelan cosas en extremo impactantes o vulnerables de una manera que no parece creíble. Sigue siendo una forma de ocultar quién eres en verdad, pero detrás de la personalidad confusa de alguien que comparte demasiado y «lo revela todo». Mostrarse de forma plena y revelar quién eres en realidad, con la intención de establecer una conexión y amar, es muy diferente de confundir la atención con el amor y tratar de revelar cosas con la esperanza de atraer atención. Presentarse de modo auténtico con la esperanza de una conexión verdadera es muy diferente de las estratagemas para llamar la atención con la esperanza de generar un sentimiento de validación o importancia. La gente también percibe tu intención detrás de las cosas; eso tampoco lo puedes fingir. A veces puedes hacerlo a corto plazo, pero nunca a largo plazo.

En las relaciones, en los negocios y en la vida, aunque la autenticidad por sí sola no garantiza de manera automática el éxito, la falta de autenticidad garantiza el fracaso.

Cuando te muestras en la vida con tu auténtico yo, recordar que *eres el primero* puede ser una gran herramienta, aunque también puede ser otra gran definición de rechazo. Cuando estaba construyendo mi primera empresa e innumerables minoristas de productos de belleza me decían que nadie compraría maquillaje a partir de imágenes de mujeres reales, yo reformulaba mentalmente cada rechazo de la siguiente manera: en lugar de: «Este "no" significa que nunca lo lograré», me dije a mí misma: «Mi idea no es mala, ¡solo soy la primera!». Cuando al fin tuvimos una gran oportunidad, después de años de recibir muchos «No», y esos costosos consultores me dijeron que hiciera lo que hacía la mayoría de las demás marcas de belleza exitosas en lugar de tomar el riesgo de mi visión singular, me recordé a mí misma que a ellos solo les parecía arriesgado porque yo era la primera.

A fin de cuentas, hice más de mil segmentos en vivo en QVC, y en esa travesía de ocho años vi que muy pero muy pocos de los miles de marcas y presentadores en vivo alcanzaban alguna vez las cifras de ventas necesarias para superar una transmisión y recibir una invitación para regresar. Cuando veo qué tenían en común los pocos que tuvieron éxito, no era que tuvieran el mejor producto ni la marca más adorada, conocida o mejor financiada. No era tampoco lo bueno que fuera la oferta o el descuento que estaban ofreciendo. Lo único que tenían en común los pocos que lo lograron a lo largo de los años era su autenticidad cuando vendían frente a la cámara. Eran la misma persona al aire y fuera del aire, incluso detrás de cámaras, cuando nadie los miraba. Esto fue consistente sin importar el estilo de personalidad que tuvieran, ni lo agradables que fueran siquiera. No se puede fingir la autenticidad, y la autenticidad es verdaderamente la única forma de establecer conexiones verdaderas y profundas, en persona o a través de una pantalla, con amigos y en los negocios.

Debido a que en IT Cosmetics mantuvimos el rumbo (éramos auténticos, novedosos y los primeros en lo que hacíamos), eso implicó que fuimos incomprendidos entre los expertos en la industria de la belleza durante muchos años... hasta que ya no lo fuimos. Significó que fuimos ajenos hasta que nos celebraron. Significó que nos consideraran extraños durante muchos años, hasta que nos copiaron una y otra vez. Significó que soportamos innumerables rechazos, hasta que de pronto nos cortejaron. Significó que vivíamos sin un peso y apenas sobrevivíamos, hasta que vendimos más que todos los demás. Significó que nos subestimaron hasta que nos volvimos invencibles. Significó que escuchamos una y otra vez *tu idea nunca va a funcionar*, hasta que escuchamos *son el número uno en la industria.*

Hay un **hasta que** esperándote a ti también...

Nunca he tenido miedo de marchar al ritmo de mi propio tambor
y me está empezando a gustar mucho su sonido.
Trent Shelton

Replantea tu individualidad

¿Qué tal si aquello que pensabas que era extraño, estrafalario, único o *equivocado* en ti es en realidad una parte de lo mejor que tienes y que es *correcto* en ti? Cuando replanteas tu singularidad como algo grandioso, una fortaleza, una aventura, una cualificación exclusiva, una valentía, un don novedoso, empiezas a replantearte tu propia percepción de ella y empiezas a asociar tu propia identidad con esas palabras más empoderantes. Es una herramienta poderosa para aumentar no solo tu creencia en ti mismo, sino también lo que consideras cierto sobre tu propia identidad y tu valía. Cuando cambias el significado que le atribuyes a esa parte de tu individualidad que antes te habías sentido tentado a ocultar, transformas tu vida.

Si te sientes cómodo contigo mismo y te conoces a ti mismo,
brillarás e irradiarás, y otras personas se sentirán atraídas hacia ti.
Dolly Parton

Si eres como yo, te han calificado como *extraño* o *raro* o *loco* o [completa el espacio en blanco], y si aún no te ha pasado, es posible que te califiquen así cuando comiences a mostrarte como eres. Intenta remplazar esas palabras con palabras como *primero* o *pionero* o *visionario* o *valiente* o *singular* o *único en su clase* porque en realidad comienzan a tener un efecto en lo que crees que eres. Verás, una de las fuerzas más sólidas de nuestra naturaleza humana y nuestro sistema de creencias es la necesidad de permanecer coherentes con nuestra propia identidad o con cómo nos identificamos a nosotros mismos. Esto significa que si crees que algo es cierto sobre quién eres, tu cerebro escanea y resalta pruebas a tu alrededor que refuerzan esa creencia. Entonces, cuando etiquetas tu singularidad con palabras que te quitan poder, creas la vivencia de esas palabras y esa identidad; si etiquetas tu singularidad o cualidad de ser el primero con palabras como *loco, raro, extraño, no digno de ser amado, paria, descompuesto, defectuoso*, entonces esconderás esa parte de ti a toda costa o, peor aún, te identificarás con esas palabras y creerás que eso es lo que eres. Formarás una creencia negativa y limitante en torno a tu singularidad. Pero cuando replanteas tu singularidad como algo grandioso, una fortaleza, una aventura, una acreditación exclusiva, una celebración de tu valentía, un don novedoso, redefines tu propia percepción de ello y comienzas a asociar tu identidad con esas palabras más empoderantes.

Si tienes la suerte de ser diferente, nunca cambies.
Taylor Swift

Cuando vivimos nuestra vida ocultándonos de nuestra cualidad de ser el primero y de nuestra singularidad, creyendo que es algo negativo, atenuando nuestra luz, subestimando nuestras propias capacidades, sin arriesgarnos, confundiendo la aprobación con el amor o el complacer a las personas, desviándonos de nuestro camino, en realidad corremos el riesgo de convencernos de abandonar nuestra propia verdad y nunca convertirnos en la persona que nacimos para ser.

Tengo dos preguntas para ti que solo tú puedes responder:

¿Quién serías si vivieras tu vida apreciando tu cualidad de ser el primero y todo lo que de manera auténtica eres? ¿Cuán liberador sería si decidieras vivir la respuesta?

Quítate la armadura; atrévete a ser vulnerable,
atrévete a desenvolverte y atrévete a ser tú mismo.
Maria Shriver

Tú, ahora mismo, tal como eres, eres el primero. Eres la única persona en todo el universo que tiene tus huellas dactilares, las de tus pies, tus iris en los ojos, sí, no hay nadie más como tú con esto. Y esas son solo algunas de las características externas. Tus características únicas en tu interior y en tus pensamientos y emociones son infinitas. Cuando eres auténtico con lo que realmente eres, eres el primero. Y si bien es tentador esconderse, ir a lo seguro, ser pequeño, atenuar la luz o mostrarte como todos los demás con la esperanza de que te amen, no puedes tener la experiencia de un amor verdadero y conectado de forma profunda a menos que seas tú mismo de verdad. Ocultar tu singularidad puede hacerte sentir seguro, pero nunca podrás impactar y servir al mundo de la manera en que fuiste creado para servirlo.

Solo hay uno como tú y en toda la eternidad solo habrá uno como tú, así que sé tú. Sé el mejor tú. Sé el tú más vivo, el tú más peculiar, el más franco tú, el más gracioso tú, el más valiente tú, el más atrevido tú, el tú que ama plenamente, el tú más espectacular que jamás haya existido. Sé el único, verdadero, el único tú… que es el PRIMERO.

P. D.: Escribí un poema titulado «You're Not Crazy, You're Just First» [«No estás loco, solo eres el primero»], de mi alma a la tuya, y me encantaría compartirlo contigo. Escúchalo aquí [en inglés] como parte de esta experiencia gratuita y totalmente inmersiva en <WorthyBook.com/Poem> o escanea el código QR para tener la experiencia en video aquí.

CAPÍTULO 4

TIENES GRANDEZA EN TU INTERIOR

El hecho de que tu pasado no haya resultado como deseabas no significa que tu futuro no pueda ser mejor de lo que jamás imaginaste.
ANÓNIMO

TODOS TENEMOS grandeza en nuestro interior, y una parte del viaje de nuestra vida es que aprendamos a creerlo. Después tenemos que abrirle el cerrojo y desencadenarla, lo cual no sucederá sino hasta que creamos que la merecemos. Cuando ocultas tu propia grandeza, corres el riesgo de que tus dudas te desvíen de tu destino.

Hay tantas razones por las que dudamos de nuestra propia grandeza: algunas nos las enseñaron y otras las inventamos. Entonces, creemos que otras personas tienen talentos y dones especiales, pero no nosotros. O que el éxito es algo que les sucede a otras personas, pero no a las personas que han cometido el tipo de errores que nosotros cometimos, que tienen un pasado como el nuestro o que provienen de un(a) [llena el espacio en blanco] equivocado(a): familia, vecindario, entorno religioso, etc. **Muchas personas viven toda su vida convenciéndose a ellas mismas de ignorar su propia verdad y nunca llegan a ser las personas que nacieron para ser**.

Pero nunca es demasiado tarde para cambiar esto ni para empezar de nuevo; nunca eres demasiado joven ni demasiado viejo para iniciar. Tampoco es demasiado tarde para comenzar tu propio viaje hacia la valía y el merecimiento, porque nada de lo que haya ocurrido en tu vida, o en tu pasado, te descalifica para ello. Nunca es demasiado tarde para ver tu propia grandeza y aprender a valorarla, apropiarte de ella y compartirla con el mundo. De hecho, creo que para eso fuiste creado. El problema es que muy a menudo dejamos que nuestros errores, desgracias, reveses injustos y etiquetas del pasado nos paralicen y nos mantengan estancados.

Si la gente ha oído hablar de mí, por lo general es por mi historia de éxito en los negocios. En particular, mi historia de haber soportado durante muchos años cientos de rechazos y reveses al desarrollar IT Cosmetics. Después de estar al borde de la bancarrota, muchas veces tratando de mantener vivo el negocio, con el tiempo lo hice crecer hasta tener más de 1000 empleados. Con el paso del tiempo, la empresa creció tanto que quise expandir su misión a escala global, lo que requirió un equipo mucho más grande y, por consiguiente, al final, en 2016, se la vendí a L'Oréal. Fue la adquisición más grande de su historia en Estados Unidos y me convirtieron en la primera mujer en ostentar el título de directora ejecutiva de una marca en sus más de 100 años de historia. Fue un viaje duro hacia el éxito, pero lo que fue aún más largo y difícil fue el viaje que he recorrido toda mi vida y que sigo recorriendo incluso hoy: el viaje hacia sentirme valiosa. Un viaje que, a lo largo del camino, me ha enseñado que tu pasado y tus errores no te definen. Las etiquetas, las palabras duras o los nombres que nosotros y otros nos colocamos no son permanentes. Aprendí que **el lugar de donde vienes no tiene por qué determinar hacia dónde vas, y que tu pasado solo puede frenarte si vives en él. Yo aprendí esto al sentirme estancada durante mucho tiempo, y después aprendí a liberarme.**

En este capítulo, voy a narrar algo profundamente personal. De hecho, lo eliminé varias veces y luego lo volví a agregar. Porque, sabes, son situaciones que solo les he contado a algunas de las personas más cercanas a mí. Son verdades de las que muchos miembros de mi familia se enterarán por primera vez, en este libro. Pero sé que parte del llamado de mi vida es ayudar a otros a sentirse *menos solos* y más *enteros*. Esa misión es más grande que yo y que cualquier temor que sienta de ser juzgada por lo que voy a compartir en este capítulo. Entonces... *respira profundo*... aquí vamos.

ME CRIARON una madre superheroína, amorosa y trabajadora, Nina, y un padre alcohólico, Mike, que me amaba como mejor podía dentro de su propia capacidad. Lo que más ansiaba yo era el amor de mi padre y era el más difícil de conseguir. La mayoría de las mañanas, lo único que él quería al despertar era tener una cerveza lista para abrir. Con frecuencia yo esperaba junto a su cama con una lata de cerveza lista en la mano, con la esperanza de que al darle lo que quería, él me daría el tiempo y el amor que yo anhelaba. La mayoría de las mañanas me agradecía la cerveza y me decía buenos días, y ese era el final del intercambio. Había otras que yo adoraba, como cuando me enseñó a andar en bicicleta o me llevaba al estanque local para remar juntos en un bote inflable, que por lo general golpeaba una roca y comenzaba a desinflarse a mitad del viaje y entonces teníamos que remar de regreso de forma frenética hasta la orilla en un bote medio desinflado. Siempre regresábamos a tierra justo a tiempo. Y recuerdo que, incluso cuando era niña, siempre supe de alguna manera que lo lograríamos.

A medida que crecí, la escuela fue fácil para mí, pero con frecuencia vivía en mi imaginación y casi siempre soñaba con la manera de conseguir aquello de lo que no tenía suficiente: atención, validación, el sentimiento de valía. Mis padres se divorciaron cuando yo tenía 6 años y ambos se volvieron a casar. Por fortuna, mi nuevo padrastro, Dennis, y mi madrastra, Laura, eran bondadosos y cariñosos. Vivía principalmente con mi madre y Dennis, quienes trabajaban muchas horas, a menudo los siete días de la semana. Estaba sola bastante tiempo y, como mencioné, mi amiga más cercana cuando era niña era Oprah, en la televisión de mi sala. Oprah mostraba las historias de otras personas, lo que ayudaba a que me sintiera menos sola con mis propios pensamientos, sueños y luchas. En una entrevista ahora famosa con Barbara Walters, Oprah dijo una vez cómo siempre supo que *había nacido para la grandeza en su vida*. Estas palabras tocaron una fibra sensible en el corazón de muchas niñas y mujeres de todo el país que no sabían cómo expresarlo en palabras pero que también lo sentían así, incluyéndome a mí. Esas palabras me sonaron verdaderas. A menudo me imaginaba presentando un programa como el de Oprah algún día y compartiendo las historias de otras personas con el mundo. Pero también creía que ese sueño estaba demasiado lejos de mi alcance. Estaba rodeada de mensajes que reforzaban cómo *las situaciones como esas no le sucedían a gente como yo.*

En mi adolescencia, empecé a relacionarme con un grupo rebelde, pero no con el tipo de problemas valiosos que hacen avanzar a la sociedad. Como mis padres por lo general trabajaban, pasaba mucho tiempo sola en casa y me inclinaba por querer ayudar a amigos que no tenían buenas situaciones en sus hogares. A la edad de 12 años permití que una de mis amigas que estaba saliendo con un chico mucho mayor guardara las armas de él en el ático de nuestra casa. Mis padres nunca lo supieron. Luego, a los 14 años, comencé a salir con mi primer novio serio, quien, junto con sus amigos, se dedicaba a robar autos y vender sus partes. Su objetivo eran los Honda Accord de cierto año específico porque el automóvil se podía arrancar utilizando un desarmador en el *switch* de encendido. Yo no aprobaba el pasatiempo de mi novio de robar autos, pero de todos modos me dejé llevar y, muchas veces, me encontraba en paseos con mi novio al volante y un montón de amigos que apenas si conocía. Mis padres nunca tuvieron idea de lo que hacía cuando «solo salía con amigos».

Una tarde, mi destino dio un giro negativo. Mi novio, dos chicos mucho mayores y yo salíamos del estacionamiento de un centro comercial en un auto recién robado cuando empezamos a ver luces rojas y azules. El coche fue rodeado y todos levantaron las manos en el aire. Y así, mi mundo cambió.

—¡Salgan del auto! —gritó la policía por el megáfono.

Con las manos levantadas hacia el cielo, nos empujaron contra una pared, nos cachearon, luego nos esposaron y nos metieron en la parte trasera de unas patrullas. Fue la primera y única vez que me esposaron. Las lágrimas corrían por mi rostro mientras estaba sentada, temblando en la patrulla, sin saber lo que vendría después, pero al mismo tiempo tenía un sentido de pertenencia. Este arresto me dio membresía en un club tácito que sabía que mi nuevo grupo de amigos encontraría interesante. Casi lo sentí como una iniciación a la legitimidad rebelde y a la credibilidad callejera, una insignia de rudeza. *Esta* es la grandeza para *ellos*, pensé. Y luego el miedo regresó con gran rapidez, cayendo en cascada a través de mí mientras me preguntaba si había descarrilado el glorioso futuro de mis sueños. «¿Le habrían dado un programa a Oprah si hubiera ido a la cárcel?», me preguntaba mientras la esperanza disminuía con cada segundo que pasaba.

Me llevaron a un centro de detención y me dejaron sola en una sala. A través de una pequeña ventana podía ver una mesa gigantesca alrededor de la cual los agentes de policía estaban sentados haciendo trámites. Era un viernes por la tarde. Pasaron las horas y no fue sino hasta la noche cuando escuché voces familiares: las de mi mamá y Dennis. Habían ido a sacarme de allí. Temía ver sus caras y la gran decepción que llevarían escrita en todo su ser. Mi madre estaría desconsolada. Entonces, de repente, desde la pequeña ventana rectangular, pude ver que se estaban yendo. «¿Qué está sucediendo?», pensé. «¿Adónde van?, ¿por qué se van?».

Después me enteré de que mis padres no pudieron sacarme esa noche porque era viernes y ya era tarde. En lugar de ello, me internarían en un centro de detención juvenil hasta el lunes, cuando podría presentarme ante un juez que determinaría el caso y mi destino. A los demás ocupantes del auto los llevaron a instalaciones separadas y a la única otra chica que iba en el coche, que tenía 18 años, la llevaron a la cárcel. Yo estaba sola. Como tenía solo 14 años, me llevaron al reformatorio. Mi mente se inundó a gran velocidad con todas las historias que había escuchado y visto en la televisión sobre lo que sucede dentro del reformatorio.

Me llevaron en una camioneta de la policía, esposada, al centro de detención, donde me pidieron que pusiera toda mi ropa y pertenencias en un contenedor para guardarlas y me dieron unos pantalones y una camisa anaranjados. Me acompañaron a la zona de regaderas donde me registraron al desnudo y luego me dijeron que me bañara bajo supervisión. Estaba ansiosa, avergonzada y asustada. El agua de la regadera estaba fría. Seguí las instrucciones que me habían dado y traté de poner cara de fuerte mientras me sentía impotente. Me vestí con ropa anaranjada, calcetines y sandalias de plástico. Me dieron un peine de plástico para el cabello y me escoltaron a una celda donde había mucha gente. Las instalaciones estaban abarrotadas y todas las camas estaban ocupadas, por lo que me asignaron un colchón en el suelo.

Los siguientes dos días parecieron una experiencia extracorpórea. Con gran velocidad descubrí de quién mantenerme alejada y cómo evitar una pelea física, mientras también estaba en alerta máxima de que en cualquier momento podría haber una pelea. El peso de saber la desesperación que mi familia debía estar sintiendo se apoderó de mí en un instante.

Me sentí avergonzada y arrepentida. No solo había hecho algo *malo*, sino que no podía dejar de pensar que tal vez yo *era* en realidad *mala*.

Llegó el lunes y me hicieron pasar a la sala del tribunal. Me asignaron un representante legal y, hasta el día de hoy, no recuerdo haber hablado de manera previa con esa persona. Me preocupaba lo que diría, si tendría que mentir, si mis amigos estarían en la misma sala del tribunal, si sus historias coincidirían o si solo debía decir la verdad. Me preocupaba lo que pasaría si llegara a estar encerrada por mucho tiempo y que me echaran de la escuela. Me preocupaba lo que le había hecho a mi vida.

No sabía que podía tener algún derecho e ignoraba por completo cómo funcionaba el sistema legal, así que dejé que me pasara lo que fuera a suceder. Cuando era niña, había aprendido a no poner en duda ni desafiar a la autoridad, así que no lo hice. Me paré ante el juez sintiéndome impotente y temerosa, y, en cuestión de segundos, decidió que como no tenía antecedentes penales y las instalaciones estaban abarrotadas, tendría que hacer una gran cantidad de horas de servicio comunitario, pero me dejarían ir ese día. Contuve las lágrimas y tuve una profunda sensación de alivio; parecía que un momento de gracia había tocado mi vida, pero no sentía que lo mereciera del todo.

DESEARÍA poder afirmar que el hecho de que me liberaran fue como un nuevo comienzo, pero no fue así. Me sentí atraída de nuevo por ese mismo grupo de amigos donde me sentía amada, vista e importante. Falté mucho a la escuela, trabajé duro para ahorrar suficiente dinero y comprar un automóvil y lo usé para conducir a todas partes menos a la escuela. En el anuario de la escuela votaron por mí como la «mayor procrastinadora». Realmente hirió mis sentimientos, pero la verdad es que en ese momento era atinado. De manera natural, yo era lo suficientemente inteligente como para salirme con la mía haciendo una fracción de mis tareas escolares y, aunque a menudo entregaba las tareas tarde, mis calificaciones eran buenas, lo suficiente como para obtener las aprobatorias necesarias para ocultar mi turbulencia interna.

Entre los cambios de escuela y de casa, mi grupo de amigos al final se dispersó. Y después de trabajar en múltiples empleos, graduarme de la preparatoria y conseguir un trabajo muy bien remunerado en un gimnasio, vivía en mi propio departamento. El gimnasio donde trabajaba valoraba las cifras de ventas por encima de la experiencia laboral, y la gerencia aprendió muy pronto que si me pedían que les diera un recorrido por el club a los nuevos socios potenciales y luego les presentaba opciones de membresía, mi tasa de ventas era mucho más alta que la del equipo de ventas experimentado. Como me conectaba con los clientes potenciales a nivel personal, muy rápido me ascendieron de recepcionista a asociada de ventas. Luego a gerente de ventas. A los 18 años estaba a cargo de administrar el club de más de 8 000 miembros, además de liderar un equipo de ventas compuesto en su mayoría por hombres de entre 35 y 65 años, no porque mi experiencia lo ameritara, sino porque mis cifras de ventas superaban a las de los demás. Uno de esos hombres del equipo de ventas, llamémoslo Brad, tenía 37 años y era el tipo más atractivo que jamás me hubiera prestado atención. A mí me parecía una celebridad de primer nivel, y muchas de las mujeres en el gimnasio también se fijaron en él. Siempre salía con varias mujeres a la vez, pero a mí no me importaba. Me desmayaba en silencio cada vez que pasaba. Entonces, un día, mantuvo contacto visual conmigo un poco más de lo normal y, en un instante, supe que ya no éramos solo colegas. Ah, y yo era técnicamente su jefa, aunque él tenía casi el doble de mi edad.

Hay un encanto en lo prohibido que lo hace deseable de forma indescriptible.
MARK TWAIN

Brad y yo mantuvimos nuestro romance en secreto debido a nuestra relación laboral, y a medida que mis sentimientos se hicieron más fuertes, verlo salir con varias mujeres se volvió doloroso. Entonces le pedí que fuéramos exclusivos, pero me dijo que ese no era su estilo. De pronto me vi frente a una decisión: romper con él y abandonar la relación, o seguir en ella y abandonarme a mí. Decidí abandonarme.

Cuando estaba con él, me sentía vista, adorada y apreciada. Y cuando estábamos separados, me consumía el dolor de saber que él estaba con otra persona.

Nunca atraeremos ni conservaremos en nuestra vida o en nuestras relaciones más de lo que creemos que merecemos. Solo que no lo sabía ni lo entendía todavía. Lo que sí sabía era que esta situación no coincidía con la grandeza que sentía que tenía dentro de mí o que esperaba ver salir a la luz en mi vida.

Seguí ganando más y más dinero, pero con frecuencia me preguntaba: «¿Es esto en realidad todo lo que hay? ¿Haré esto para siempre?». Y en el silencio más profundo de la noche, mi inquietud persistía: «¿Y qué hay de ese programa de entrevistas?». Empecé a soñar con ir a la universidad. Mi madre deseaba con desesperación que yo fuera la primera de nuestra familia en ir a la universidad, y ahora, con el dinero que ganaba en el gimnasio, pensé que al me-

Nunca atraeremos ni conservaremos en nuestra vida o en nuestras relaciones más de lo que creemos que merecemos.

nos podría permitirme un semestre si usaba todos mis ahorros. Quizá podría aprender sobre el negocio de la televisión.

Cuando hablé con mi papá Mike sobre la idea de ir a la universidad, mostró un enorme abatimiento y dijo:

—¿Estás loca? Mira cuánto dinero estás ganando. No cabe duda de que deberías seguir trabajando en el gimnasio.

En ese momento yo ganaba más dinero que mi papá, quien tenía un trabajo sindicalizado en una línea de montaje y trabajaba en turnos rotativos. Llevaba décadas de carrera y su hija ganaba más dinero a los 18 años que él a los cincuenta.

Debemos dejar de preguntarle a la gente cómo llegar a lugares a los que nunca ha ido.
GLENNON DOYLE

En el ajetreo diario del gimnasio, me sentía celebrada y valorada porque estaba vendiendo más que los demás, y esa validación puede confundirse muy fácil con amor. Pero en la tranquilidad de mi departamento no podía deshacerme del anhelo de que hubiera algo más asignado a mi nombre en esta vida. Así que decidí confiar en mí misma. Hice la solicitud y me inscribí en el semestre de verano de la universidad estatal. Renuncié a mi trabajo, hice las maletas y decidí que iba a caminar a toda velocidad hacia mi grandeza.

Muy pronto solicité empleo en el supermercado y en los restaurantes locales de la localidad de la universidad. Conseguí dos trabajos de medio tiempo, uno rebanando carne en la sección de carnes frías del supermercado y el otro como mesera en Denny's, donde trabajaba después de mis clases durante la semana. Pero extrañaba una parte de lo que había sentido en el gimnasio; en ese momento de mi vida, todavía confundía atención con amor, validación externa con amor, y significado con amor. Se me ocurrió la idea de conducir hasta la ciudad más grande cercana, algo así como a una hora y media de la ciudad universitaria. Pasé junto a un gran club de entretenimiento para adultos, también conocido como club de *striptease*, y decidí detenerme. En ese momento no entendía que, como no me amaba a mí misma y no tenía una fuerte valía personal, estaba intentando encontrar ese amor en la atención de otras personas, sin importar cómo se presentara y cuál fuera la intención detrás de esta.

Cuando no creemos que estamos completos tal como somos, la atención nos comienza a parecer amor, la importancia externa comienza a parecer éxito y la validación comienza a parecer valía.

Cuando entré en el club de *striptease*, vi más o menos una docena de bailarinas y una treintena de clientes sentados en las mesas, la mayoría solos o con una bailarina a su lado. El salón estaba oscuro y lleno de humo. Había una barra y algunos escenarios con luces y tubos. «¿Qué tan divertido sería actuar?», pensé. «Es probable que pueda pagar la universidad de esta manera». Pero como soy introvertida, no podía imaginarme siendo tan valiente como para hacerlo. Entre los asistentes al club, noté que había meseras, vestidas con pantalón negro y camisa blanca, llevando bandejas con bebidas. Detuve a una para preguntarle cuánto tiempo llevaba trabajando allí.

—Llevo algunos años, las propinas son geniales. Recibimos una comisión por cada refresco que vendemos. En un buen día gano unos cientos de dólares en un turno —respondió la mesera.

—Guau, ¿y tú también bailas aquí?

—No, todavía no —me dijo la mesera—, pero creo que podría hacerlo en algún momento.

La mesera me animó y ese día hice la solicitud para trabajar ahí. Me contrataron como mesera, me pidieron que me presentara todos los días con una camisa blanca y pantalones negros, y me encargaron vender refrescos por comisión y animar a los clientes a comprar un refresco extra por cada bailarina con la que hablaban. Las bailarinas también recibían una comisión por cada refresco vendido y siempre expresaban su sed a su patrón en turno. Aprendí con rapidez el juego.

Pasé mi primer verano en la universidad trabajando después de clases en el supermercado local y como mesera en Denny's, luego pasé los fines de semana conduciendo de ida y vuelta a la gran ciudad, trabajando como mesera en el club de *striptease*. Sabía que nadie en mi familia lo aprobaría, así que lo mantuve en secreto. Desarrollé un sentido de comunidad con mis compañeras meseras y las bailarinas del club. Llegué a conocer sus historias y desarrollé amor y respeto por muchas de ellas. Así como también dolor y angustia por otras.

La mayoría decía que solo hacían *striptease* de manera temporal. Y para muchas, su *de manera temporal* nunca parecía tener una fecha final. Muchas eran madres solteras o sostén de familias mixtas. Muchas estaban decididas a romper los ciclos generacionales de adicción o abuso en sus familias, y muchas tenían grandes anhelos de un futuro mejor para sus propios hijos. Algunas estaban endurecidas y distantes, con muros tan grandes que me preguntaba qué tipo de dolor podría haberlos construido. Pero la mayoría eran amables y vulnerables y solo hacían lo mejor que podían en la vida para salir adelante y mantener en orden a su familia, sus facturas y sus batallas. Muchas soñaban con ser enfermeras, agentes de bienes raíces o trabajadoras sociales algún día cuando «salieran de allí».

Si bien muchos podrían considerar vergonzoso un club de *striptease* desde el punto de vista externo, yo desarrollé un profundo sentido de respeto y aprecio por las mujeres trabajadoras, inteligentes y fuertes del *interior*. Mujeres tan fuertes, inteligentes y bondadosas como las de cualquier otro lugar de trabajo.

Aprendí que las mujeres que la sociedad podría considerar marginadas o desvergonzadas son en realidad mujeres con corazones hermosos y espíritus guerreros, que a menudo solo hacen lo mejor que pueden, de la mejor manera en que saben hacerlo, como todos nosotros. Tienen los mismos anhelos para sus bebés y desean el mismo amor que todos sentimos. Aspiran a romper ciclos generacionales en su familia y tener éxito en el mundo. Y pude ver que alcanzar esos objetivos se les hacía más difícil por el entorno en el que se encontraban, ya sea por elección o por necesidad. Aprendí que las mujeres del club de *striptease* no eran diferentes de las mujeres que se sentaban a mi lado en mis clases universitarias, o de quienes trabajaban conmigo como meseras en Denny's, o de quienes compraban en el supermercado. **En el fondo, todos estamos intentando superar el *no sentirnos completos*; todos nos esforzamos por lograr un sentido de pertenencia y tratamos de aprender a creer que somos dignos de amor.**

Tenía 19 años, me sentía perdida y, mientras crecían mi empatía y respeto por las nuevas amigas que hacía en mis clases y en el trabajo, seguía cometiendo errores y tomando malas decisiones. Mi amistad con un apuesto cliente dentro del club de *striptease* en poco tiempo se convirtió en un romance fuera de él. Me hizo saber que portaba varias armas de fuego como *hobby* y en una cita me llevó a un campo de tiro para enseñarme a disparar. La primera vez que disparé una pistola, aun con las orejeras protectoras puestas, fue tan fuerte que envió ondas de choque a través de mi cuerpo. Estaba más asustada que interesada.

Cuanto más aprendía sobre mi nuevo novio, más me daba cuenta de que éramos dos personas muy diferentes, y una noche, durante un largo viaje de regreso en su Jeep desde la gran ciudad hasta mi departamento de la universidad, decidí terminar las cosas.

—No creo que seamos la pareja adecuada el uno para el otro. Creo que deberíamos ser solo amigos —le dije.

Su rostro cayó en una mirada estoica hacia el camino que tenía delante. La energía había cambiado en el coche. Se quedó muy callado y una sensación de miedo se apoderó de mí. En la parte trasera de su Jeep, al alcance de la mano, había varias armas. Las miré y me di cuenta de que estaba completamente sola con un hombre que no conocía desde hace mucho tiempo en un tramo de carretera oscuro y bastante desolado, cuando aún quedaba casi una hora por recorrer. «¿Qué me pasa?», pensé. «¿Qué estoy haciendo con mi vida?». Comencé a rezarle a Dios para llegar sana y salva a casa. En ese momento no creía del todo que

En el silencio, ¿sientes el anhelo de que se asigne algo más a tu nombre?

Dios existiera, pero comencé a rezar de todos modos. Asustada, entré en modo de hiperalerta, asegurándome de que mi puerta estuviera abierta, en caso de que tuviera que abrirla y lanzarme al vacío. Estaba solucionando escenarios mientras rezaba para que no sucedieran. Para mi alivio, mi nuevo exnovio me dejó frente a mi departamento y nunca más lo volví a ver.

Sin tener las palabras, la experiencia de vida ni el conocimiento para entender por qué, me encontraba en una temporada de discordancia, de incongruencia con mi alma. La vida que estaba viviendo no parecía la vida para la que fui creada. Hasta ahora me encantaba la universidad, pero seguía buscando el amor en los lugares equivocados, como dice la famosa canción de Johnny Lee. Estaba tomando *malas* decisiones y seguía pensando en mí misma como una persona mala y echada a perder. Eso no me parecía del todo cierto si me permitía pensar en ello durante demasiado tiempo. Pero si salía con chicos que mentían, robaban y engañaban, y me quedaba con ellos a pesar de eso, entonces pensaba que yo también debía ser mala. **Si necesitaba que otras personas me dieran amor, entonces no debía tener la cualidad necesaria para ser amada por mí misma.**

¿ALGUNA VEZ TE HAS sentido así o tuviste experiencias similares? ¿Alguna vez has sentido que estabas aprendiendo la misma lección una y otra vez? ¿Alguna vez has sentido que buscabas el amor en todas partes menos en ti mismo?

Dos puntos de inflexión críticos, dos momentos cruciales, estaban a punto de cambiar el curso de mis decisiones y mi futuro. Estaba a punto de descubrir nuevas formas de entender el amor y la valía, y desde allí me embarcaría en lo que se convertiría en un viaje de toda la vida para comprender la verdadera naturaleza de ambos.

Los dos momentos de gracia que ocurrieron en mi vida comenzaron a abrirme los ojos de formas nuevas y transformadoras. Primero, un buen amigo mío me dio una introducción a la fe y a Dios, de una manera que en verdad tenía sentido para mí. Y comencé a considerar los versículos de la Biblia que dicen: «Estás maravillosamente creado a Su imagen», «Todo lo puedes en Cristo que te fortalece», «Dios está dentro de ella; ella no caerá», «Dios es amor» y muchas más enseñanzas que me dijeron que era amada y valiosa de forma incondicional. Mi amigo me llevó a una iglesia que acogía a todo tipo de personas sin juzgar, y ese día el sermón que dio el pastor me hizo llorar. Fue como si mi alma reconociera la verdad de que fui creada a propósito, con un propósito y por amor. Durante mucho tiempo todavía tenía más dudas sobre Dios que fe. Fueron necesarios muchos muchos años para que esas palabras penetraran y echaran raíces, pero en ese momento crucial de mi vida decidí considerar que tal vez había algo de verdad en ellas. Mi mente aún no les creía, pero mi alma sí, y empezó a transformarme.

El segundo momento de gracia llegó como algo que se parecía mucho más a una película de Hollywood. Había visto muchas veces un comercial en la televisión con un tipo llamado Tony Robbins, que había entrenado a todos, desde presidentes de Estados Unidos hasta atletas olímpicos. Él vendía *Personal Power* [Poder Personal], que eran unas cintas de casete sobre cómo cambiar tu vida. Las pedí y las escuché. Luego usé el dinero de las propinas que había ahorrado en mis múltiples trabajos como mesera para asistir a uno de sus eventos en vivo. Cuando entré en la parte trasera del inmenso salón, parecía haber unas 10000 personas ahí. Todos saltaban, gritaban y sonreían. Me preocupaba haber entrado en algún tipo de secta. Encontré un asiento en la última fila del salón, cerca de la salida, por si necesitaba salir con rapidez. Decidí aguantar y quedarme porque había trabajado muy duro para conseguir esas propinas.

Aquel día aprendí qué es una creencia limitante y cómo cambiarla. Decidí que mi pasado y mis errores ya no dictarían cómo me sentía acerca de mi potencial futuro. Estos conceptos comenzaron a cambiar mi vida. El inspirador seminario le dio un impulso a mi pasión y amor por la lectura de libros sobre desarrollo personal, crecimiento y psicología, y a mi obsesión por comprender de verdad cómo cada uno de nosotros tiene el poder de cambiar el significado que les asignamos a nuestras propias historias. Y a medida que adquirimos las herramientas para hacerlo, tenemos la capacidad de transformar nuestra vida, nuestro potencial y nuestro futuro durante el proceso.

Cuando estos momentos de gracia llegan a nuestra vida, como lo hicieron en la mía, casi nunca cambian patrones arraigados a lo largo de toda nuestra vida, los cuales esperamos cambiar de la noche a la mañana. De hecho, para mí fueron solo el primer paso. Pero fue un paso en una nueva dirección, hacia un nuevo camino. Renuncié a mi trabajo en el club de *striptease*. Nunca pasé de mesera a bailarina durante el verano que pasé allí. Mi viaje terminó antes de que pudiera reunir la valentía o el deseo real de subir al escenario. Pasé los siguientes años esforzándome por comprender por qué equiparaba y confundía la atención, los logros y la validación externa con el amor y la valía personal. Comencé a creer de verdad que podía sanar mi vida y que tenía el poder dentro de mí para crear el tipo de futuro que soñaba. Aunque no estaba segura de cómo iba a suceder, estaba decidida a creer que iba a suceder, y que yo merecía que sucediera.

Cada* contratiempo *es una preparación orquestada de forma divina para lo que estamos destinados a hacer a continuación.

Me convertí en la primera de mi familia en graduarme de la universidad. Ese año fui la mejor estudiante de la clase en la Universidad Estatal de Washington, me gradué con un GPA[1] [Grade Point Average] de 4.0 y di un discurso en la ceremonia de graduación. Nadie sabía entonces, ni hasta la publicación de este libro, que su mejor estudiante había trabajado en un club de *striptease*. Seguí esforzándome por creer que mi pasado no tenía por qué determinar mi futuro. Y seguí trabajando en la construcción de mi fe, tanto en mí misma como en Dios. Estaba transcurriendo otra década antes de que comenzara a creer que Dios podría existir. Y se convertiría

[1] Término utilizado en el sistema educativo estadounidense para asignar un valor numérico a las calificaciones de un estudiante. *[N. de la t.]*.

en un viaje de por vida que continúa hoy en día para desaprender mis creencias limitantes y adquirir la convicción de que soy digna de ser amada tal como soy.

Tomé una decisión tras otra confiando en mí misma. Tomé algunas desviaciones y tuve algunos percances. En ocasiones, me encontré repitiendo viejos patrones, como salir con un novio alcohólico que no correspondía a mi amor (si me hubiera quedado con él, habría terminado repitiendo el ciclo en el que crecí con mi padre Mike), o hacerme amiga de personas lastimadas que terminaron haciéndome daño. Pero cada vez reconocía la situación con mayor velocidad e hice lo que me pareció más correcto. Más tarde tuve una temporada de depresión y ansiedad. Me convertí en la primera en mi familia en buscar terapia como práctica habitual en mi vida. Continué pidiéndole a Dios gracia en mi vida, incluso durante todos los años en que dudaba si él existía, y la gracia siguió apareciendo. La oscuridad seguía tentándome, pero sabía en mi alma que había nacido para ser luz.

Después de graduarme, tomé muy en serio cada trabajo que conseguí y comencé a desarrollar de forma intencional mis habilidades de liderazgo. Exploré diferentes industrias, incluido el trabajar en una empresa de tecnología durante el emocionante *boom* de las puntocom, donde me destaqué en ventas y me abrí camino. Me convertí en la primera de mi familia en cursar estudios de posgrado, en la Universidad de Columbia, donde obtuve mi maestría en Administración de Empresas y comencé a perseguir mi pasión de compartir las historias de otras personas escribiendo para el periódico escolar.

Con el tiempo decidí buscar realizar mi sueño de presentar un programa que compartiera las historias de otras personas con el mundo, como mi heroína de toda la vida, Oprah. El resto de la historia quizá ya te resulte familiar: a mitad de ese sueño de trabajar en televisión con el objetivo de lanzar un programa de entrevistas, enfrenté un revés, la problemática afección de la piel de mi rostro que ponía en peligro mi carrera televisiva. Tomé una desviación y abrí un negocio en la sala de mi casa para ayudar a otras mujeres que enfrentan desafíos de la piel a sentirse vistas y hermosas. Trabajé duro para confiar en que cada contratiempo era una preparación orquestada divinamente para lo que estaba destinada a hacer a continuación.

NUNCA LE HE CONTADO a alguien estas historias sobre mi pasado, pero son una parte fundamental de mi propio viaje hacia aprender a creer que soy valiosa y suficiente. Un viaje que continúa desarrollándose cada día. Nunca se puede juzgar un libro por su portada, y nunca sabemos en qué zapatos camina otra persona, ni conocemos las experiencias que ha atravesado para llegar a donde se encuentra en este momento. Por lo general, no conocemos las experiencias que han vivido y de las que quizá nunca hayan salido, o las que todavía sufren en secreto.

Nos convertimos en aquello en lo que creemos

Al contarte esta historia ahora mismo, de forma tan íntima, puedo decirte con todo mi corazón y con una gran convicción que nos convertimos en lo que creemos, que todo es posible y que nuestros pasos están ordenados. **Nuestros reveses casi siempre son preparativos para lo que estamos llamados a hacer a continuación en nuestra vida**, incluso si los reveses y las dificultades no tienen sentido en el momento.

Nuestro pasado, incluso las partes que nos avergüenzan o nos incomodan, nos ayuda a convertirnos en la persona que estamos destinados a ser, con las habilidades únicas que solo desarrollamos gracias a lo que vivimos. Mucha gente ha intentado analizar por qué IT Cosmetics tuvo tanto éxito, y nunca fue por los productos, aunque por supuesto creo con pasión en todos los que creamos. En realidad, siempre se trató de la conexión con el cliente, lo cual generó lealtad y amor por la marca. Intentamos ver a cada cliente, comprender lo que quería, necesitaba y valoraba. Intentamos mejorar su vida. Y no lanzamos un producto o un mensaje a menos que cumpliera con ello. Creo que, sin las experiencias por las que pasé, los malos rompimientos, los contratiempos inesperados y las personas de todos los ámbitos de la vida que conocí en el camino, jamás podría haber construido un negocio exitoso que en verdad conectara con decenas de millones de mujeres. He tenido el don de estar en contacto y conocer de manera íntima a muchos tipos diferentes de personas, y eso me ha demostrado que mi amiga que trabaja como animadora para adultos quiere lo mismo que mi amiga que es mesera en Denny's, quien a su vez quiere lo mismo que ese profesor que posee más títulos de los que puedo contar. Y ahora que he tenido la bendición de conocer a algunos de los líderes de opinión más emblemáticos del mundo, sé que todos ellos también quieren lo mismo. Todos nos sentimos realizados cuando crecemos y ayudamos a los demás. Todos queremos sentirnos enteros y amados. Asimismo, todos estamos en una búsqueda de por vida para creer que somos dignos de ambas experiencias vitales.

Nuestro viaje hacia la valía siempre está en desarrollo. Es un viaje que dura toda la vida y que, si lo permitimos, continúa cada día.

DESPUÉS DE VENDER a L'Oréal la empresa que Paulo y yo comenzamos en la sala de nuestra casa, les di mi palabra de que permanecería como directora ejecutiva y la dirigiría durante tres años. Lo hice, seguí trabajando increíblemente duro y duplicamos el tamaño del negocio en los primeros dos años después de la adquisición. Ser la primera mujer en su historia en ostentar un título tan alto, hacer crecer los números y contribuir al éxito de una empresa que cotiza en la bolsa fue en realidad increíble, en mi mente y en mi ego. Pero entonces tuve una sensación en el estómago que me decía que era hora de alejarme. Estaba dividida, porque después de una década de trabajo incesante y a menudo poco glamuroso para construir un negocio, al fin tenía experiencias extravagantes. Pude asistir a las grandes fiestas de los Oscar, caminar por alfombras rojas, y me invitaron a salas que solo había visto antes en televisión y en películas. Pero cuando trabajaba con un estilista y un gran equipo de glamur, me encontraba mucho más interesada en sus historias de vida, sus luchas, sus triunfos y sus sueños que en el regalo de beneficiarme de su arte sobre mi rostro y mi cuerpo. Me encontré sentada dentro de las paredes de mi enorme, privada y elegante oficina, más grande que muchos de los departamentos en los que había vivido, sintiendo que era mi hogar temporal, pero no el lugar al que iba a pertenecer por mucho tiempo.

Comencé a dedicar momentos adicionales a asimilar cada detalle de mi nueva vida y a celebrarlo, como si supiera que pronto sería un recuerdo. Me tomó un tiempo procesar este sentimiento, pero pronto tuve una sensación abrumadora de que debía dejarlo y usar todo lo que había aprendido hasta ahora en la vida para estar al servicio de los demás. Mi mente quería que permaneciera ahí, que me divirtiera y disfrutara las cosas nuevas y glamurosas que el mundo celebra, como las ceremonias de premiación, visitas de celebridades y el elegante sofá acolchado estilo Chanel con almohadas con incrustaciones de perlas rosas en mi nueva oficina de cuento de hadas. Pero ya había aprendido esta lección en mi vida: que la validación externa no equivale al amor verdadero. Tuve que aprender esa lección muchas muchas muchas veces en mi vida, y a veces todavía lo hago, aunque cada vez mi saber lo logra mejor. Porque **la validación externa se siente bien, pero no te llena el alma.**

En el otoño de 2019, después de cumplir mi compromiso con L'Oréal, me alejé de forma definitiva de IT Cosmetics, la empresa a la que había entregado más de una década de mi vida, y de un equipo al que amaba con toda el alma. Fue muy duro. Pero también sabía que era lo correcto. Mis entrañas y mi alma sabían que estaba bien. Había dado todo lo que tenía a la misión de ver a las mujeres hermosas y valiosas, y ayudarlas a verse así a través de la empresa que había construido. Tenía un equipo increíble que puso su corazón y su alma en esta misión. Al ya no ser propietaria y no tomar las decisiones que solo los propietarios podían tomar, era hora de confiar en los nuevos propietarios y alejarme por completo. Decidí confiar en mí misma. **Cuando tomamos la decisión de confiar en nosotros mismos, las cosas se desarrollan de manera exacta como están destinadas a hacerlo.**

No preguntar qué puedo hacer, sino preguntar ¿para qué fui creado?
Ethan Willis

Cuando me alejé de IT Cosmetics, escribí mi primer libro, *Believe IT*, mientras comía de forma compulsiva Lucky Charms y sollozaba durante la mayor parte del proceso de escritura. Y de igual forma como lo estoy haciendo con *INVENCIBLE*, doné el 100% de las ganancias del libro como autora y, hasta la fecha, hemos donado cientos de miles de dólares y millones de comidas a las organizaciones Feeding America y Together Rising. Además, he tenido el honor de financiar capacitaciones en liderazgo en cientos de prisiones y refugios para mujeres en todo Estados Unidos. Y de verdad siento que mi llamado a servir apenas comienza.

Pasé de ser arrestada y encerrada en una celda de detención juvenil a financiar capacitaciones en liderazgo en más de cien prisiones en todo Estados Unidos. Pasé de que votaran por mí como la mayor procrastinadora en mi anuario de la escuela secundaria a ser la mejor estudiante y representante de graduación en la universidad, y más tarde, votaron por mí como representante de la clase en la escuela de posgrado; de trabajar como mesera y servir comidas en Denny's (y sí, también refrescos de club de *striptease*) hasta donar millones de comidas a quienes sufren de inseguridad alimentaria. Pasé de ahorrar el dinero de mis propinas para comprar un boleto en la última fila de un evento de Tony Robbins a hablar como conferencista principal en el escenario junto a él en más de una docena de sus eventos y tenerlo como invitado en mi propio escenario. He organizado mi propio evento en vivo, enfocado en ayudar a las personas a sentirse menos solas y más *completas*, con la asistencia de más de 200 000 personas. Fui anfitriona durante las 11 horas y media que duró el evento en vivo y lo transmití de forma gratuita para que pudiera impactar al mayor número de personas. Pasé de ver a Oprah en la sala de mi casa cuando era niña a enseñar junto a ella como parte de su clase «The Life You Want» [La vida que deseas] y llamarla no solo mi mentora, sino también mi amiga. Pasé de que me dijeran que no encajaba en la industria de la belleza

La validación externa se siente bien, pero no te llena el alma.

a construir una de las empresas más exitosas en la misma industria, en gran parte porque *no* encajaba en la industria de la belleza. Y como pude ver a personas que la industria de la belleza había ignorado en gran medida, pasé del borde de la bancarrota a la lista Forbes de las mujeres más ricas de Estados Unidos que se hicieron a sí mismas. Pasé de salir con hombres que me maltrataban y no correspondían mi amor a tener la bendición de estar casada con mi esposo, Paulo, un hombre realmente bueno y un alma generosa y amorosa. Ha sido un viaje de toda la vida que comenzó con más de tres décadas de sentir que yo no valía y no estaba *completa*. Solo si continúo trabajando para sentir que merezco amarme tal como soy, tendré la posibilidad de atraer a otros que me amen, sentirme atraída por ellos y sentir que los merezco.

Ni de dónde vienes ni dónde te encuentras ahora determina hacia dónde vas. **El lugar en el que estás ahora en tu historia importa menos que la persona en la que te estás convirtiendo**. He cometido, y sigo cometiendo, más errores de los que puedo contar —muchas veces a diario—, pero hoy los corrijo antes, me perdono más rápido y me detengo antes de atribuir mis errores a mi propia valía personal o identidad. Me despierto apasionada y decidida a ayudar a cada persona a mi alcance a sentirse vista y *completa*, ya sea por primera vez o por primera vez en mucho tiempo. Es la misión más grande de mi vida. Soy un trabajo en progreso en este viaje justo al lado de ti y me siento más que honrada de estar contigo en él. Para mí, estar viva es realmente un privilegio.

La gracia está a tu alrededor

Cuanto más reconoces la gracia, más gracia aparece.
Tony Robbins

La gracia es real y está en toda nuestra vida, la tuya y la mía. Y cuanto más la notamos, más hay para notar. La gracia te rodea, va por delante de ti, está detrás de ti, a tu lado, debajo de ti y por encima de ti. Está en el susurro que te dice que tengas cuidado y en los momentos en los que has sentido amor incondicional en tu vida. Está en la protección que no te permitió desviarte del rumbo por mucho tiempo y te mantuvo a salvo cuando lo hiciste. Está en la mariposa que comparte contigo su belleza y la calidez de los rayos del sol en tu piel. Está en la puerta cerrada que tanto intentaste abrir, para estar ahora muy agradecido de no haberlo hecho.

Mi historia podría haber tomado un camino muy pero muy diferente, en muchos más casos de los que cabrían en este libro. Cuando piensas en los momentos de gracia en tu vida —la relación que no funcionó (y aunque fue dolorosa, ahora estás MUY agradecido de que no haya funcionado); el golpe de suerte que tuviste de la nada; la persona que creyó en ti incluso cuando no tenías la experiencia; el accidente al que sobreviviste; la adicción de la que estás en recuperación por toda una vida; el corazón que late por ti ahora mismo en tu pecho (sin importar cuántas veces se haya roto, continúa estando presente para ti); el día en que tu bebé nació sano; la sala a la que te invitaron incluso cuando no te sentías calificada; el extraño que te dio una sonrisa amable cuando no había manera de que hubiera sabido que habías tenido un mal día; el aliento con el que puedes llenar tus pulmones ahora mismo y que dice que estás vivo—, en verdad puedes magnificar la reverencia, el asombro y la belleza de tu viaje.

El lugar en el que estás ahora en tu historia importa menos que la persona en la que te estás convirtiendo.

Dondequiera que estés en la historia de tu vida que se desenvuelve hoy, creo que tus mejores días están por delante si así lo deseas. Todos tenemos una historia y todos somos autores de ella. **No siempre podemos elegir a los personajes o las narrativas que pueden entrar y salir de las páginas, pero siempre podemos decidir el significado que le damos a cada una de ellas.** Podemos decidir si, como dice mi amigo Robin Roberts, fueron *nuestro desastre* o se convertirán en *nuestro mensaje*. Podemos decidir si fueron *lo peor* que nos pudo haber pasado o *lo mejor* gracias a lo que hemos aprendido y a la resiliencia que construimos. Podemos decidir que aquello de lo que fuimos *víctimas* puede convertirse en una *victoria* para nosotros y los demás, en parte ayudando a los demás a *superar* esas mismas situaciones dolorosas que ahora *ya superamos.* **Tal vez aquello por lo que te has sentido avergonzado ni siquiera sea algo vergonzoso en absoluto. Y tienes el poder de decidir si quieres que lo sea.** Podemos decidir si convertimos nuestro dolor en propósito y vemos nuestros más desafiantes *contratiempos* como *preparación* para la vida, utilizando lo que hemos superado, con un espíritu de servicio y propósito, para ayudar ahora a otros a superarlo también. Además, podemos honrar la gracia que se nos ha dado y transmitirla a otra persona que pueda necesitar la gracia que nuestra experiencia puede ofrecer.

No todos podemos ser famosos, pero todos podemos mostrar grandeza. Porque la grandeza está determinada por el servicio.
MARTIN LUTHER KING JR.

Celebrar los momentos de gracia en nuestra vida nos recuerda la ***grandeza que es mayor que nosotros mismos***. Podemos recordar incluso nuestros momentos más difíciles de dolor y darnos cuenta de que siempre suceden *para* nosotros y no *a* nosotros. Nos guían por el camino al que estamos destinados y nos ayudan a desarrollar la resiliencia y la fuerza para llevar a cabo la vocación de nuestra vida, recordándonos la ***grandeza que llevamos dentro.*** Cuando utilizamos todo lo que hemos superado para servir de alguna manera a los demás, *esa* es la ***grandeza que somos.***

PARTE II

DESAPRENDER

Las mentiras que llevan a la duda
y las verdades que despiertan la valía

CAPÍTULO 5

NO ESPERES HASTA ALCANZAR TU PESO IDEAL
LA MENTIRA: MI PESO INFLUYE EN MI VALÍA

La gente suele decir que «la belleza está en los ojos de quien la mira», y yo digo que lo más liberador de la belleza es darte cuenta de que tú eres quien la mira.
SALMA HAYEK

AL ADENTRARNOS en este capítulo del libro sobre las *mentiras* que llevan a la duda y a las *verdades* para despertar la valía, quiero comenzar con una mentira muy específica, una que muchos de nosotros hemos creído durante demasiado tiempo: la mentira de que nuestro peso afecta nuestro valor y que debemos esperar hasta llegar a nuestro peso ideal para poder vivir nuestra mejor vida posible.

¿Cuántos de nosotros imaginamos que algún día, cuando al fin alcancemos nuestro peso ideal, nuestra vida será mejor? Iremos a la fiesta o a la reunión. Nadaremos en el mar en lugar de escondernos en la playa con una túnica. Estaremos dispuestos a que nos fotografíen sin ocultarnos detrás del grupo. ¿Cuánto te ha costado en tu vida la mentira de que necesitas esperar a alcanzar tu peso? ¿Cuánto te ha costado en tus relaciones?, ¿y en tus ambiciones, tu precioso tiempo y tu potencial alegría? ¿Esperar a alcanzar tu peso te ha hecho perder la oportunidad de crear recuerdos? Y si no es tu criterio y tus creencias sobre tu peso físico, piensa qué *es* lo que te pesa en la vida que es la causa de que esperes para vivirla a plenitud. ¿Hay algo que crees que debe suceder antes de poder asumir la vida al máximo? Quizá sea el peso de las expectativas de los demás o el peso de las propias. Quizá sea el peso de las creencias limitantes o aquello de lo que te quejas y nunca aceptas o cambias.

Este capítulo no trata sobre el peso. Trata de cómo muchos de nosotros creemos la mentira de que debemos esperar a que ocurra *algo* para vivir nuestra vida al máximo y creer que somos valiosos. Este capítulo es un grito de guerra para acabar con esa temporada de espera.

Una creencia limitante es un pensamiento que crees que es cierto o un estado mental que te limita de alguna manera. Las creencias limitantes pueden ser enseñadas o aprendidas con el tiempo y, a veces, no somos siquiera conscientes de que las tenemos. Estas creencias limitantes constituyen la parte de nuestro ***sistema de creencias*** que puede frenarnos, mantenernos estancados y llenar nuestra mente de miedo y dudas de nosotros mismos. Si bien creemos que son ciertas, por lo general pueden ser historias inventadas en su totalidad que nos contamos a nosotros mismos, o que nos han enseñado y que en realidad no son ciertas en absoluto.

La idea de que debemos esperar a alcanzar nuestro peso para tomarnos la foto, asistir a la reunión, salir a la cita, usar el traje de baño y lanzar el negocio es mentira: es una creencia limitante y una parte de nuestro sistema de creencias que es una completa tontería.

Un paso importante en tu camino hacia la construcción de una valía personal sólida es tomar conciencia de las creencias limitantes en tu vida y aprender a utilizar las herramientas, como las numerosas que estamos explorando en este libro, para superarlas o revertirlas. Identificar, superar y remplazar tus creencias limitantes puede ser un trabajo difícil, pero también puede ser el trabajo más importante de tu vida. Una de mis herramientas favoritas es solo tomar conciencia de una creencia limitante en tu vida que podría estar frenándote, y luego preguntarle a tu alma, a tu saber interno, a tu intuición, si esa creencia es en realidad cierta o no. Verás, creo que nuestra mente puede hablarnos durante todo el día, pero cuando nos quedamos quietos y nos preguntamos sobre nuestro propio saber interno, este sabe mucho más que nuestra mente. He aprendido a confiar en mi alma y en mi propio saber interno por encima de mi mente. Así es como tomé decisiones comerciales críticas y, en este caso, finalmente aprendí a dejar de esperar a alcanzar mi peso para vivir mi vida.

NOTA VALIOSA: Para obtener una guía [en inglés] sobre cómo fortalecer tu intuición y sintonizar tu saber, visita <worthybook.com/resources>.

Un estudio muestra que cuando se trata de baja estima corporal, el 89% de las niñas y mujeres optan por no realizar actividades importantes cuando no se sienten bien con su apariencia: como socializar, relacionarse con amigos y familiares y participar en actividades fuera de su casa. ¿Alguna vez has hecho esto? Yo sí. De hecho, los problemas de toda mi vida relacionados con las dudas sobre mi cuerpo me han costado más tiempo, agotamiento de energía y momentos de alegría perdidos en mi vida de lo que soporto pensar.

Desde los veintitantos hasta los 40, no me puse un traje de baño. Construí una empresa que inspiró a millones de mujeres a creer en ellas mismas y transformé mis propias creencias sobre la condición de mi piel para creer que mis defectos eran, de hecho, hermosos y empoderantes. Sin embargo, no pude llegar a eso en lo que respecta a mis creencias sobre mi cuerpo. Rechacé invitaciones a eventos debido a mi peso. En las fotos de grupo, solía pararme en la parte de atrás, detrás de todos los demás. Aunque a mi esposo, Paulo, no le importa en absoluto mi tamaño, siempre me aseguraba de atenuar las luces en nuestra habitación. He tenido que trabajar mucho para superar mis creencias limitantes y permitir que nuevas creencias se arraiguen lo suficiente como para dejar de ESPERAR a alcanzar mi PESO ideal a fin de sentirme valiosa.

Lo que al final me convenció de cambiar fue el dolor de imaginar mi futuro y lo que me costaría si no dejaba de lado estas creencias limitantes en torno a mi cuerpo. Imaginé las aventuras que rechazaría, el precioso tiempo que perdería preocupándome de que nada me quedara o se viera bien, y los recuerdos que me perdería. Imaginé la alegría que perdería, la conexión profunda con otras personas a las que renunciaría y el tiempo en la alberca que me perdería con mis hijos. Consideré lo que ya me había costado esta creencia limitante en torno a mi cuerpo, y supe en mi alma que esa creencia no era cierta. Esta creencia, junto con el ejemplo de poca valía que le estaría mostrando a mi hija Wonder, al final fue lo que provocó el cambio. Cuando Wonder cumplió un año, la llevamos a una alberca por primera vez. Estábamos en un hotel lleno de gente. Y a pesar de la multitud, que incluía gente que yo conocía, me puse el traje de baño y me atreví a salir. Después de mucho trabajo duro, a través de muchas de las herramientas de este libro, cuando estoy en traje de baño, sacudo literalmente mi celulitis con alegría, sabiendo que si otra mujer me ve, con suerte se sentirá menos sola y más completa.

Cada vez que una mujer se defiende a sí misma, acaso sin saberlo, sin reclamarlo, defiende a todas las mujeres.
MAYA ANGELOU

Hay un lugar en el desierto de Arizona donde a Paulo y a mí nos encanta ir de vacaciones, y un día, mientras pasaba tiempo en la alberca, me concentré en dos esculturas de tortugas de bronce enormes que le hablaron a mi alma. Cada tortuga medía alrededor de 1.20 m de alto y entre 60 y 90 cm de ancho. Una de las tortugas estaba colocada fuera de la alberca, a unos metros de distancia, con las dos patas delanteras apoyadas en una pequeña roca, como si nos estuviera mirando nadar. La segunda tortuga estaba en una postura más alegre, sentada y erguida por completo sobre sus patas traseras, apoyando todo su peso en su cola de la misma manera en que un humano se sentaría, apenas inclinándose hacia atrás, tomando el sol. Tenía el vientre expuesto, disfrutando del sol a plenitud, con una confianza total en su cuerpo.

Me quedé mirando a estas dos tortugas durante mucho tiempo, reflexionando. Durante la mayor parte de mi vida, mis creencias limitantes sobre mi peso me hicieron vivir la vida como la tortuga del fondo, la que se esconde y está encaramada con las dos patas delanteras sobre una roca, lo suficientemente cerca como para ver a todos los demás divirtiéndose y vivir la vida; la que espera hasta más tarde para divertirse. He pasado décadas de mi vida como esa tortuga. Pero ni un minuto más lo haré.

Perdónate por creer que eres menos que hermosa.
IYANLA VANZANT

Pero la segunda tortuga, la que está con el vientre al aire, tomando el sol, y ya no se esconde a simple vista, tiene mi nombre y el tuyo también. Cada vez que vuelvo a ese lugar de Arizona, visito a la tortuga. Incluso he llevado a grupos de amigos allá. A veces es un regalo ver un recordatorio de lo que nuestras creencias limitantes pueden costarnos y de la persona que nuestra intuición sabe que nacimos para ser, incluso cuando eso se presenta en forma de dos tortugas.

NUESTROS PENSAMIENTOS PUEDEN alcanzar un volumen muy alto, todo el día, mientras nos dicen mentiras en forma de creencias limitantes; pero, como ya mencioné, esta parte de nuestro sistema de creencias es una completa tontería. Nuestro saber interior siempre conoce la verdad. Una de mis prácticas diarias es remplazar al instante una creencia limitante con una mejor que sé que es verdadera. Tomo la decisión de confiar en mi saber interior y no en ese viejo sistema de creencias tontas que intenta volver a surgir en cualquier momento y detenerme. Cuanto más implemento esta práctica en mi vida, más se arraiga y menos pensamientos sin sentido me vienen a la cabeza. Esto ha cambiado mis circunstancias porque aprendí cómo dejar de esperar a alcanzar mi peso ideal para aprovechar la vida al máximo.

Consejo de moda: Camina con pantalones que te acepten tal como eres.
LIA VALENCIA KEY

A continuación, te muestro algunos ejemplos de cómo se desarrolla esta práctica en mi vida diaria, y tal vez estas verdades de remplazo puedan resultarte útiles si también tienes pensamientos irracionales como estos en tu sistema de creencias limitantes.

Tu sistema de creencias dice: No te pongas traje de baño.
Tu saber interior dice: Disfruta de las olas que te salpican en la piel. Agradece tener la movilidad para desplazarte en el agua. Tienes piernas fuertes y pies que sienten la arena entre los dedos. Puedes sentir el sol en tu piel y la brisa rozándola.

Tu sistema de creencias dice: Todos te miran y te juzgan.
Tu saber interior dice: Tu confianza en tu cuerpo le está dando permiso a otra mujer para tener confianza en el suyo.

Tu sistema de creencias dice: Cuida tu peso.
Tu saber interior dice: Cuida tu alma.

Tu sistema de creencias dice: Esta celulitis es horrible.
Tu saber interior dice: La estructura celular genética con la que tu Creador te diseñó está hecha a la perfección para ti y no tiene otro significado más que el que nosotros inventamos.

Tu sistema de creencias dice: Debería sentir vergüenza de la forma que adquirió mi cuerpo ahora que soy mamá o papá.
Tu saber interior dice: Sé un ejemplo para tus hijos de cómo deben sentirse respecto a su cuerpo.

Tu sistema de creencias dice: Cuando alcance mi peso ideal, tendré más éxito.
Tu saber interior dice: Una creencia falsa siempre te dejará pobre.

Tu sistema de creencias dice: Cuando me quede cierta talla de *jeans*, tendré paz.
Tu saber interior dice: Si una creencia te cuesta la paz, es demasiado cara.

Tu sistema de creencias dice: Mis bebés no notarán que estoy sentada al borde de la alberca.
Tu saber interior dice: Les estoy dando el ejemplo para que un día ellos también crean que no merecen nadar.

Tu sistema de creencias dice: Deberías esperar hasta tener un peso diferente para divertirte.
Tu saber interior dice: Diviértete ahora o te atormentará el arrepentimiento por toda la diversión que te perdiste.

Tu sistema de creencias dice: Cuando estés más delgada, tu familiar al fin te dará su aprobación.
Tu saber interior dice: Tu familiar nunca te dará su aprobación hasta que aprenda a dejar de desaprobarse a sí mismo.

Tu sistema de creencias dice: Repite ese comentario hiriente que alguien hizo sobre tu cuerpo.
Tu saber interior dice: La gente lastimada lastima a la gente, y ese comentario no tiene nada que ver contigo.

Tu sistema de creencias dice: Juzga la foto en función de cómo se ve tu cuerpo en ella.
Tu saber interior dice: Siente el regalo de ese momento de la vida captado en la foto.

Tu sistema de creencias dice: Te ves terrible. Rechaza la videollamada para que tu amigo no te juzgue.
Tu saber interior dice: Cualquiera que te juzgue no es tu amigo.

Tu sistema de creencias dice: Mide tu vida según el número en la báscula.
Tu saber interior dice: Mide una vida bien vivida según la escala en la que has amado.

Tu sistema de creencias dice: Sáltate el día de diversión, siempre habrá otra fiesta o reunión.
Tu saber interior dice: Nunca podrás recuperar este día.

Tu sistema de creencias dice: Usa esos dolorosos tacones para que tus piernas luzcan más delgadas.
Tu saber interior dice: Es hora de andar descalza y correr libre.

Tu sistema de creencias dice: Cuando llegues a cierta talla, serás feliz.
Tu saber interior dice: Hagas lo que hagas, te llevarás a ti mismo contigo.

Tu sistema de creencias dice: Cuando adelgace, él me amará más.
Tu saber interior dice: La atracción proviene del intercambio de energía emocional y química. Y la talla no afecta de manera biológica la energía emocional y química.

Tu sistema de creencias dice: Te dijeron que serías mucho más feliz cuando perdieras peso.
Tu saber interior dice: Ese es solo su sistema de creencias que también les miente.

Tu sistema de creencias dice: ESPERA, ESPERA, ESPERA, no estás listo.
Tu saber interior dice: ¡Tu temporada de PESARSE y ESPERAR terminó!

No esperes a alcanzar tu peso ideal para sentirte lo suficientemente seguro, para usar el traje de baño, para asistir a la fiesta, para poner en marcha el negocio, para salir a la cita, para comunicar que quieres ser algo más que amigos, para correr el riesgo, para aprender baile de salón, para darte permiso de ser feliz, para teñir tu cabello de tu color favorito, para regresar a la escuela, para convertirte en padre, para perdonar, para cambiar de carrera o de profesión, para enamorarte, para sacudir con alegría tu celulitis, para salir, para mirarte al espejo y celebrar la belleza que eres TÚ, para decir «te amo»… a ti mismo y a ellos. **¡Y nunca esperes a alcanzar tu peso ideal para saber que eres valioso!**

CAPÍTULO 6

LA MENTIRA: SOLO DEBERÍAN VERME CUANDO ESTOY FELIZ

No olvides que mientras estás ocupado dudando de ti mismo, alguien más admira tu fuerza.
KRISTEN BUTLER

Persona 1: ¿Por qué no me llamaste antes?
Persona 2: No quería molestarte, o deprimirte con mis problemas. Tienes demasiado en qué pensar para preocuparte por mis cosas. Me gusta llamarte cuando tengo buenas noticias.

¿Esto te suena familiar?

Ahora mismo en nuestra cultura tenemos una mezcla confusa de información que nos llega desde todos los ángulos. Tenemos incesantes informes de devastación, injusticias y tragedias en las noticias y, al mismo tiempo, tenemos carteles y sudaderas en todas partes que dicen *Solo buenas vibras*. Muchos sufrimos en silencio. Hay muchos que usan camisetas de *Solo buenas vibras*.

Estas realidades yuxtapuestas también están presentes en las redes sociales y en internet, donde se confunde atención con amor. Las redes sociales han impulsado una ola colectiva de personas que buscan atención con cualquier cosa que pueda atraerla. Aparte del valor de utilizar las redes sociales para llamar la atención ante las injusticias y la defensa de algunas causas, también se ha convertido en un método moderno con el que las personas presentan al mundo quiénes son, y la tentación de confundir esta nueva forma de llamar la atención con sentirse *completo* está pasando factura. En masa, la gente está empezando a caer en uno de dos grupos: o bien transmiten sus interminables contratiempos cotidianos y llaman la atención sobre ellos, o bien transmiten lo positivos, fuertes y felices que son mientras ocultan todo lo que no sea tan aspiracional.

Si pierdes tus llaves, llegas tarde al trabajo, quemas el pastel, estás resfriado o alguien fue grosero contigo, ¿lo compartes con el mundo o se lo envías por mensaje de texto a tus amigos? Magnificamos aquello en lo que nos enfocamos; por eso, cuando siempre estás informando sobre lo que está mal (porque recibes atención y equiparas esa atención con amor), en lugar de sentirte reconfortado y apoyado, es mucho más probable que sientas que tu vida no va muy bien.

Y cuanto más estamos expuestos a una negatividad persistente, más insensibles nos volvemos a ella. También corremos el riesgo de endurecernos en cuanto a preocuparnos, tomar medidas o ayudar a alguien que es una verdadera víctima de un problema o de una injusticia importante.

Por otro lado, hay un movimiento creciente que dice que siempre tenemos el poder de controlar nuestros sentimientos y, por lo tanto, siempre debemos elegir ser felices —solo buena vibra—, como si las emociones más complejas, como la ira y la tristeza, no fueran válidas e importantes de igual manera. Y aunque muchos líderes de pensamiento avanzado creen que podemos aprender a elegir nuestro estado mental y, por consiguiente, elegir ser felices, la realidad es que la gran mayoría de la población no tiene el privilegio de tener tiempo, preparación o interés en comprender realmente cómo hacerlo. En cambio, enfrentamos una creciente presión para mostrarnos constantemente con energía positiva y *buena vibra*, o con una *máscara* positiva, según las circunstancias.

Si estás flotando entre los dos escenarios anteriores, como muchos de nosotros, es probable que dudes en mostrar tus sentimientos, experiencias o problemas a los demás, incluso a aquellos en quienes confías íntimamente, porque sientes que, si no puedes mostrarte feliz, no deberías hacerlo en absoluto, o deberías presentarte con la máscara de «todo está bien». Empezamos a creer que no vale la pena expresar qué sentimos en realidad, o que si exteriorizamos emociones complejas, deprimiremos a los demás o, peor aún, perderemos su respeto, su aprobación o su amor. Entonces entramos en una rutina en la que nos levantamos, preparamos nuestro café, nos ponemos nuestro uniforme de [inserta tu nombre] y luego desempeñamos el papel de *felices* todo el día. Esta falsa positividad nos infecta con la carga de vivir una mentira e infecta a quienes nos rodean con la creencia de que ellos también deberían alcanzar este nivel de alegría constante.

Positividad tóxica

Ocultamos cómo nos sentimos en verdad para no correr el riesgo de estar solos, y lo único que logramos es sentirnos más solos que nunca viviendo detrás de una máscara con una sonrisa.

Los psicólogos se refieren a esto como «positividad tóxica» o el acto de rechazar, suprimir o evitar las emociones negativas. La positividad tóxica invalida la auténtica experiencia emocional humana y, de hecho, puede provocar su propio trauma, aislamiento y toda una variedad de mecanismos de afrontamiento poco saludables; de hecho, es bastante común. Un estudio reciente encontró que más del 75% de las personas fingen de forma deliberada ser felices, ignorando sus verdaderas emociones. Cuando era niña, recuerdo tantas veces en que, si no estaba sonriendo, algún adulto en la calle o en el supermercado me ordenaba: «¡Sonríe!». De manera similar, a muchos niños pequeños se les enseña a ocultar cómo se sienten en realidad detrás de una máscara de fuerza y estoicismo. Nos avergüenzan por romper el código del condicionamiento social y obtenemos la aprobación de nuestros padres y nuestras instituciones cuando lo dominamos. Más adelante, lo perpetuamos recompensando a las parejas potenciales por replicarlo. Cuanto mejor conozcas el código, serás más atractivo y más amado, y te dirán que eres más digno de amor. No es de extrañar que muchos de nosotros caminemos escondidos a plena vista.

Llevo toda una vida estudiando el desarrollo personal y la psicología humana. Creo que somos realmente capaces de hacer nuestra vida más feliz y plena, en parte, a través de aquello en lo que nos enfocamos y a lo que le damos nuestra energía, ya que aquello en lo que nos enfocamos se magnifica. Es decir, si fijamos nuestra atención en las partes negativas de una situación, pronto toda la situación nos parecerá abrumadoramente negativa. Si nos enfocamos en las partes que podemos cambiar o en las partes que son un momento de comprensión, una lección o un regalo en una situación, nuestra experiencia de la situación cambia por completo. Entonces, aunque creo que es importante experimentar y expresar toda nuestra gama de emociones, también me propongo no permanecer demasiado tiempo en las emociones que no quiero magnificar. Cuando permanecemos en un estado mental negativo, puede convertirse en un hábito y, con el tiempo, en nuestra zona de confort emocional por defecto. Es importante tomar conciencia de que lo que sentimos y experimentamos en este momento es temporal, en lugar de dejar que se convierta en el lugar donde pasamos la mayor parte de nuestro tiempo. Así podremos asegurarnos de pasar la mayor parte de nuestro tiempo donde más queremos estar.

Como en realidad eres

Creo con pasión que **somos responsables de la energía que aportamos al entrar en cualquier habitación**. Y también creo que podemos permitirnos vivir nuestras emociones verdaderas y plenas, sin importar lo horrible que se sientan, y aun así mostrarnos con amor al mismo tiempo. Cuando nuestras intenciones se basan en el amor, no significa que no tengamos la misma amplia gama de emociones que cualquier otra persona, sino que las aceptamos, las procesamos y las compartimos de una manera que no proyecte dolor y daño a los demás. Llevo toda la vida aprendiendo a comprender, sanar y transformar mi propio dolor para no transmitirlo de una manera poco saludable a las personas que me rodean. Pero eso no significa que no comunique cuando lo siento. Para mí ha habido momentos en los que habría sido más fácil continuar ocultándome. **Aunque no puedes esconderte de ti mismo y sanar al mismo tiempo.**

Me encanta la positividad y creo que gran parte de la vida es el significado que nosotros mismos les damos a las situaciones. El significado que le conferimos a cualquier cosa genera emoción en nuestro cuerpo y nuestras emociones crean la experiencia de vida que tenemos. Hay tantas situaciones en la vida que no tienen sentido ni parecen justas, pero cuando tienes una confianza profunda en que tu vida está orquestada de forma divina, puedes reconocer que todo siempre sucede para nosotros, no a nosotros. Incluso aquello que parece injusto o que no tiene sentido en ese momento. **Nuestra vida se desenvuelve tal como debería. El papel más importante que debemos desempeñar en nuestro viaje para que eso suceda es mostrarnos tal como somos durante el camino.**

Vivimos en una sociedad en la que a menudo no tenemos idea de lo que otra persona atraviesa *en realidad*, y en la que los demás tampoco saben por lo que estamos pasando. Un mundo donde un flujo de contenido muy seleccionado de las redes sociales puede asegurar a los demás que estamos bien e indicarles que no hay necesidad de buscarnos para ver cómo estamos, como si poco a poco estuviéramos desaprendiendo la lección de que no podemos juzgar un libro por su portada. Y es muy fácil olvidar que las redes sociales con frecuencia son solo la portada y no el contenido real de cómo le va a alguien.

Cada vez que te conectas con alguien tal como en realidad eres, o le cuentas cómo te sientes a otra persona, aunque no sea positivo, fomentas una mayor intimidad en la relación. Es un regalo tanto para quien habla como para quien escucha. A veces no queremos llamar a nuestros amigos por miedo a molestarlos con nuestros problemas, o porque no tenemos nada emocionante o interesante de qué hablar, pero cuando hacemos esto, podríamos estar robándoles la conexión que *ellos* podrían necesitar de manera desesperada. La próxima vez que sientas que no quieres molestar a un amigo o a un ser querido, intenta verlo como el regalo potencial de la conexión ¡que les estás ofreciendo *también a ellos* cuando tú llamas! ¡Es posible que lo necesiten en ese preciso momento!

No puedes esconderte de ti mismo y sanar al mismo tiempo.

Tuve que trabajar duro para mejorar esta profundidad de conexión, incluso dentro de mi matrimonio. Hubo un tiempo en que, si mi esposo Paulo estaba de mal humor y esperaba contármelo todo, yo le decía que volviera más tarde, cuando estuviera de mejor humor. Y seguimos así hasta que un día me di cuenta de que eso fomentaba la desconexión. Ahora, cuando Paulo viene a verme, hago mejores preguntas. Bueno, puede que no sean las preguntas más evolucionadas, pero simplemente le pregunto: «¿Necesitas hablar y conectarte?, ¿o nada más esperas desahogarte?». Dependiendo de la respuesta, le hago saber si tengo capacidad en ese momento o le pregunto si quizá podamos volver a reunirnos más tarde ese día, y él hace lo mismo por mí. También hemos prometido que cuando cada uno de nosotros desempeñemos el papel de oyente, preguntaremos de manera proactiva: «¿Necesitas que solo escuche o te gustaría que te ofrezca posibles soluciones?». Ha sido un punto de inflexión para los dos. La ciencia muestra que **escuchar agota muchas veces la energía del oyente**, por eso es importante tener la capacidad y el deseo de escuchar bien, de verdad, para poder conectar. Escuchar es un superpoder.

También implementamos una herramienta en nuestro matrimonio que aprendí de mi amiga, emprendedora creativa y *coach* de vida Glo Atanmo. Es una herramienta que también uso cuando llamo o envío mensajes de texto a mis amigos. Glo la llama una «verificación de capacidad». Antes de pedirle consejo a un amigo o que esté ahí para ella, le pregunta si en ese momento tiene la capacidad de tener una conversación profunda, o larga, o reflexiva, o que requiera la energía necesaria para prestar atención y estar presente.

¿No tiene mucho sentido? Ahora, en mi matrimonio y en mis amistades, cuando espero tener una conversación o una conexión plenamente presente, hago una verificación de capacidad y les pido a mis amigos y seres queridos que hagan lo mismo conmigo. Es importante saber que está bien desahogarse, soltarlo o expresarlo todo, pero primero asegúrate de saber qué necesitas, y de que la otra persona lo sepa y tenga la capacidad de ayudarte. Cuando hago una verificación de capacidad con mis amigos, si la respuesta es *sí*, saltamos directo a la llamada o nos sumergimos de inmediato en la conversación. Cuando la respuesta es *no*, entonces acordamos avisarle al otro cuando nuestro tiempo o capacidad mental y emocional sea mayor. Un ejemplo de cómo decir *no* podría ser algo como: «Te valoro mucho, pero hoy estoy agotado. ¿Podemos programar un horario diferente para hablar y así poder brindarte toda mi atención, porque de verdad me gustaría estar ahí para ti con toda mi capacidad?». Esta herramienta de límites te protege para que no te sacrifiques, te traiciones o te agotes, al mismo tiempo que fomenta el tiempo y el espacio para alimentar la conexión con los demás. También ayuda a ambas personas a valorar el tiempo y la energía del otro de forma aún más intencional.

Realizar una verificación de capacidad y luego escuchar a la otra persona confirmar que tiene capacidad también ayuda a crear una sensación de seguridad. Es una invitación que brinda el espacio para expresar con valentía tus sentimientos y saber que de verdad estás siendo escuchado.

Si tienes algunas dudas sobre si pedirles a tus amigos que verifiquen tu capacidad antes de tener una conversación y te preocupa que puedas alejarlos, una buena manera de hacerlo con suavidad es solo modelar el comportamiento tú mismo antes de pedirles que correspondan. Comienza preguntándoles si en ese momento pueden hablar sobre algo importante o pesado antes de compartirlo.

Y si buscas de manera intencional hacer crecer y profundizar las amistades y las relaciones en tu vida, es importante que también priorices dedicarles tiempo. Ofrecer tu tiempo y tu capacidad es la forma más generosa de recordarles que lo merecen.

Vivir en concordancia

Cuando te presentas a los demás, ya sea en las redes sociales o en persona, mostrando que te sientes de una manera diferente de como te sientes en realidad, no estás en congruencia ni en alineación con tu verdad. Y no importa cómo lo justifiques en tu cabeza, tu corazón sufrirá y también tu conexión con los demás. Se sentirá incongruente, insatisfactoria, vacía, solitaria y extraña. Cuando haces esto con las personas en las que más confías, todos estos sentimientos se multiplican.

Vivir alineado, o en congruencia, con lo que realmente sientes, incluso cuando no eres *feliz*, puede costarte algunas personas en tu vida. Pero está bien. **Si alguien no responde bien a tu verdadero yo, entonces no es para ti de todos modos.** No podrías haber sentido una verdadera conexión con ellos si, para empezar, no conocían tu verdadero yo. Para fomentar la valía, es importante tomar acciones que sean congruentes con creer que uno es valioso tal como es, incluidos sentimientos, estados de ánimo y necesidades. Ya sea que sientas vibras tristes o positivas, mereces una conexión auténtica y verdadera con los demás, y eres digno de que ellos estén presentes ante tu verdadero yo, de la misma manera en que tú estás presente ante su verdadero yo. **Con la congruencia llega la conexión. Con la congruencia llega la intimidad. Con la congruencia llega la libertad.**

CAPÍTULO 7

LA MENTIRA: NO MEREZCO ALGO MEJOR

¿No dejas que gente nueva te ame por el daño que te hizo la gente del pasado?
Steven Furtick

—Oigan, ahora mismo estoy ardiendo en serio *ahí abajo.* Mi amiga Ella confesó su secreto a nuestro grupo cercano de amigos sentados alrededor de la mesa en una comida, y tanto la compasión como el silencio se apoderaron de la mesa.

Antes de compartir la deslumbrante verdad de lo que sucedió, permíteme revelar más sobre mi increíble amiga en llamas. (Y no, Ella no es su verdadero nombre, y sí, recibí su bendición por cada palabra de este capítulo. Te lo digo desde el principio, ya que quizá surjan ambas preguntas al final de lo que estoy a punto de contar).

Cuando pienso en la canción de Alicia Keys «Girl on Fire» [Chica en llamas], pienso en mi amiga Ella. No, no de esa manera, sino en la *más victoriosa* de las maneras. Verás, el éxito de su carrera profesional es fuera de serie, con premios, artículos de revistas y una cuenta bancaria para demostrarlo. Ella es un ícono en su industria, y por fuera y por dentro es, en muchos sentidos, lo que el mundo llamaría el paquete completo. Mucha gente la ama y la celebra, tanto en privado como en público. Y en el fondo, ella es afectuosa como pocos. Ya sabes, el tipo de persona que puede ser exitosa en su trabajo y, sin embargo, lo hace de tal forma que guía con amor. Es una amiga muy atenta y siempre envía pequeños obsequios y mensajes de texto cariñosos para hacerte saber que le importas. Sin embargo, la parte de Ella que la gente no ve es que en el fondo no se siente digna de ser amada. Ella siente que *no está completa*. De hecho, no siente siquiera que esté cerca de serlo. Solo que lo oculta muy pero muy bien.

Cuando comencé a trabajar para comprender el impacto del trauma en mi propia vida hace muchos años, aprendí que prácticamente todos y cada uno de nosotros hemos vivido algún trauma. Y aunque cada uno de nuestros traumas puede presentarse en diferentes formas y en diferentes grados, como dice Robin Roberts, *jamás debes comparar la desesperanza*.

Todos hemos sentido dolor en nuestra vida. Y sin entrar en el trauma con mayúsculas de la infancia de Ella, solo diré que toda su vida ha sido el viaje de una verdadera heroína: identificar la cumbre de una montaña, luego descubrir cómo escalarla, alcanzar la cima y plantar su bandera de la victoria directo en el suelo. Ella ha demostrado que merece estar en la sala, ser jefa y desarrollar amistades amorosas y saludables. Ella es a quien sus amigos piden fortaleza y su familia pide ayuda. Pero su círculo cercano de amigos sabe su verdad: recurre a sus adicciones tanto al azúcar como al trabajo para adormecer sus sentimientos, y luego se esconde a plena vista detrás de la verdadera historia que se cuenta sobre sí misma: que está incompleta y que, por lo tanto, no es digna de ser amada. **¿Alguna vez has conocido a alguien, o has sido esa persona que puede escuchar cómo el mundo entero le dice que es increíble, pero simplemente no puede creerlo?** Esa es Ella.

¿Alguna vez has conocido a alguien, o has sido esa persona que puede escuchar cómo el mundo entero le dice que es increíble, pero simplemente no puede creerlo?

Ella a menudo se encuentra en relaciones románticas en las que su amor no es correspondido. Por supuesto, esto no es algo consciente. Ella quiere, con todo su conocimiento y poder, ser amada de regreso. Fue criada por su abuela y, cuando era niña, cada vez que pasaban por las vías del tren, su abuela le decía:

—Levanta los pies y pide un deseo.

Ella siempre deseó tener un esposo, incluso en aquel entonces. Su mayor sueño es casarse y tener hijos. Su mayor miedo es quedarse sola para siempre. Su mayor preocupación es que ahora, a sus 40 años, se le esté acabando el tiempo. Entonces, ha desarrollado el hábito de abrir su corazón a nuevos hombres en su vida e ignorar las señales de alerta cuando aparecen. Ignora el instinto que le dice cuando alguien está siendo deshonesto o cuando algo no cuadra. Por miedo a no encontrar a alguien que la trate mejor o a quedarse sola para siempre, permanece en relaciones mucho más allá del punto saludable, solo con la esperanza de que mejoren.

Una relación empezó a ser abusiva en el terreno emocional y Ella permaneció ahí durante más de ocho años, justificando a su pareja y esperando que cambiara. Cuando él le dijo que nadie más la querría jamás, ella comenzó a creerle y se escondió a plena vista construyendo su hogar imaginario y su futuro dentro de la casa de él. Podía imaginarlo todo: las campanas de boda, los hermosos bebés. Cuanto más pensaba que su hogar estaba con él, más desaparecía su propia alma. Tiene todo el éxito profesional, económico y de grupo de amigos que podría soñar, pero su mayor objetivo en la vida es encontrar el amor romántico, una verdadera pareja que la ame sin condiciones. La misión de su heroína no es la que la prensa cuenta sobre su vida, la de una niña que superó la pobreza para lograr un éxito profesional espectacular. Durante mucho tiempo creyó que su misión de heroína sería encontrar el amor incondicional, que llena el alma y dura para toda la vida, con una pareja como las de los cuentos de hadas.

—Chicos, de verdad me estoy quemando ahí abajo. Es un gran mentiroso y mi entrepierna está en llamas.

Bien, veamos cómo llegó este momento y la apasionante aventura en la que se embarcó Ella.

Quizá no te sorprenda saber que todo comenzó con una chispa. Su perfil decía *viudo* y *padre de dos niñas*. A Ella le gustó su foto y en un instante la deslizó hacia la derecha en la aplicación de citas. Intercambiaron mensajes y luego programaron una llamada telefónica y, como cualquier buena romántica empedernida, Ella no pudo evitar fantasear con convertirse en madre de dos increíbles niñas sin madre y en esposa de este hombre que de seguro era heroico. ¿Podrían llegar todos sus sueños y anhelos a su puerta con un simple deslizamiento a la derecha?

Su teléfono celular sonó y, al iluminarse su pantalla, su pulso se aceleró. Ella respondió *Hola*, con toda la confianza que pudo reunir. Él la saludó en un tono profundo, de esos que provocan un vuelco en el estómago en el mejor sentido posible. Era encantador, con un aire de tenerlo todo bajo control que a ella le dio esperanza. Le contó que su esposa había fallecido de cáncer, que antes su área de trabajo había estado en el cumplimiento de la ley y que ahora estaba trabajando duro en su propio negocio mientras criaba a sus hijas gemelas. Ella también tenía una gemela, por lo que esto parecía corroborar aún más su narrativa propia: ¡era el destino! La idea de criar a sus hijas y llenar el vacío en la vida de ambos le pareció un regalo increíble. ¿Cuál podría ser un propósito más elevado que ser madre de dos hermosas niñas sin mamá? La fantasía iba echando raíces. La historia de amor se estaba escribiendo sola.

Sus llamadas telefónicas los llevaron a reunirse en lugares neutrales, por lo general en restaurantes para cenar. Y luego dieron un gran paso: ella lo invitó a su casa. La sala de la casa de Ella está amueblada y alfombrada, toda en color blanco, así que es meticulosa a la hora de pedirles a los invitados que se quiten los zapatos para mantenerla impecable. El aprecio de él por su decoración y el cumplimiento de sus reglas hicieron que su corazón latiera aún más, al igual que su colonia. Para ella él olía a… futuro marido. Ese primer día juntos en su casa, Ella se sentó en su sillón, que era digno de una sala de exposición, y él se sentó junto a ella. No en la silla que estaba enfrente, sino justo al lado de ella. Él, con sus sofisticados *jeans* desgarrados en los lugares correctos, una camisa polo y una sonrisa confiada, extendió uno de sus largos y musculosos brazos y descansó su mano sobre la rodilla de ella mientras hablaban. Cuando él comenzó a frotársela con suavidad, Ella casi olvidó de qué estaban hablando. Palabras que no recuerda salían de su boca mientras los pensamientos, «Por favor, bésame. Por favor, bésame», se repetían en su cabeza. Ella no quería dar el primer paso, quería sentirse deseada. Entonces sucedió: él se inclinó y colocó sus labios sobre los suyos, lo que los llevó a un beso bien dado. Ella sintió que su cuerpo entero se llenaba de calidez y esperanza y no pudo evitar enamorarse en un instante. Ese día él no intentó nada más allá de un beso. Era un caballero y sus palabras de agradecimiento hacia ella la hicieron sentir MUY deseada. Y sentirse TAN deseada se siente TAN bien.

A medida que Ella y su nuevo amigo se hicieron más cercanos, descubrió que su horario de trabajo era atípico. Él había desarrollado un producto de limpieza industrial y lo normal era que trabajara durante la noche con su equipo, limpiando oficinas comerciales con el producto. Cuanto más preguntaba Ella sobre la empresa y su agenda, más confundida se sentía. Ya sabes, cuando alguien te da una respuesta a una pregunta, pero nunca sientes que comprendes por completo la respuesta. No quería presionar demasiado, ya que apenas se estaban conociendo. Entonces las banderas rojas empezaron a ondear.

Cuando Ella lo llamaba por las noches, él no respondía. «Si dirige su propia empresa, ¿por qué no puede contestar el teléfono?», se preguntaba. Él dijo que era demasiado difícil responder en el trabajo, y aunque su mente aceptó esa explicación, su intuición no. Ella aún no había estado en la casa de él y eso también le parecía un poco extraño. Las pocas veces que habían planeado ir a su casa, él cambió los planes antes de que sucediera. Entonces un día tenían planes y él no llegó. De hecho, desapareció por completo. Ella no pudo localizarlo durante unos días. Cuando al fin lo encontró, él dijo que había tenido un accidente de motocicleta en la autopista y que estaba en el hospital.

Al enterarse de esta noticia, Ella dijo de inmediato:

—¿Qué hospital? ¿Dónde? ¡Voy a verte ahora mismo!

Con rapidez él cambió su historia para decir que estaba en urgencias, no en un hospital.

—Oh, vaya, ¿te llevó una ambulancia a urgencias? ¿O quién te llevó allí si te accidentaste en la autopista? —preguntó Ella.

—Un amigo —respondió.

Luego le envió un mensaje de texto a Ella con una foto de una motocicleta parada al costado de la carretera. Pero Ella no vio ninguna señal de que se hubiera estrellado. Sus sentidos arácnidos ahora estaban disparando señales de advertencia por todos lados.

Ella no sabía cómo tender un puente sobre la grieta que se abría entre su zona de confort del pasado (que sería ignorar todas las señales de alerta y poner excusas para ellas) y su nuevo conocimiento y compromiso de creer que era digna de amor. Ese cañón abierto es un lugar aterrador. Puede parecer que caminamos sobre una cuerda floja entre lo que más tememos y lo que más queremos. En el caso de Ella, entre temer estar sola para siempre y saber que merece amor verdadero y honesto. Entre lo que sabemos que podemos conseguir en el momento y lo que sabemos que en realidad merecemos.

Ella no estaba del todo preparada para perder el futuro potencial que había imaginado antes de su primera cita, por lo que ignoró la voz de su interior. Sabía que él estaba mintiendo. Pero esa vieja parte de ella que se sentía cómoda con la gente que le mentía quería hacer lo que hacía en el pasado y fingir que le creía, ignorando su voz interior que le decía la desagradable verdad. Siguió viéndolo y continuó teniendo intimidad con él cuando estaban juntos. Y que nadie me permita resumir su historia aquí: según Ella, el sexo era INCREÍBLE. No solo increíble como: «Okey, voy a escribir sobre esto en mi diario en la noche», sino alucinante, del tipo: «¿Dónde has estado toda mi vida?, ¿cómo sabes que tocar esto provoca aquello? Deberías abrir una escuela de cómo tener sexo», ¡así de increíble!

Aunque estos encuentros íntimos maravillosos se sumaban, sus historias no concordaban. Entonces Ella comenzó a indagar un poco más en el pasado de él, con la esperanza de encontrar coherencia que demostrara que no tenía razón en preocuparse. Gracias a su increíble carrera profesional y sus conexiones, Ella sabe cómo descubrir información sobre las personas y conoce a gente que sabe cómo encontrar datos sobre otras personas. Pero decidió presumir su inocencia hasta que pudiera demostrar lo contrario, por lo que siguió con él mientras investigaba.

Sobreviviendo a base de orgasmos y tendencias románticas desesperadas, después de unos meses, Ella decidió ir en serio con él y se comprometieron a ser exclusivos el uno con el otro. Eliminaron sus perfiles de las aplicaciones de citas y luego decidieron llevar su confianza y su relación un paso más allá y dejaron de usar protección cuando tenían intimidad. Luego vino la gota que derramó el vaso, o debería decir el cerillo que quemó el pajar.

Me encanta la forma en que Oprah describe cómo tu intuición siempre te está hablando. Al principio, suele ser un susurro. Si lo ignoras, llegará como un golpe en la cabeza, luego como un ladrillo. Y si aún lo ignoras, se manifestará como una pared entera de ladrillos que cae sobre ti. Ese muro de ladrillos estaba a punto de golpear a Ella... ¡todos al mismo tiempo!

El día después de su primer encuentro juntos sin protección, Ella comenzó a sentir una sensación de ardor incesante allí abajo. Pensó que tal vez era solo temporal, pero no cesaba. Un día después, el fuego era total.

Su precioso corazón esperaba que fuera una candidiasis o una infección urinaria, pero en su interior sabía que era algo que no le había ocurrido antes. Acudió a su médico, quien le hizo un examen y un cultivo. Entonces llegó la llamada telefónica: no era una infección urinaria ni por hongos. Su nuevo amigo le había contagiado una infección de transmisión sexual [ITS] con todas sus letras; él no era monógamo como le había prometido que sería. «Por eso es tan bueno en el sexo; debe estar teniendo MUCHO», pensó.

Ella estaba muy molesta. Se sentía enojada y traicionada por la ITS, y es importante señalar que está muy lejos de ser la única. Más de la mitad de los estadounidenses contraerán una infección de transmisión sexual o una enfermedad de transmisión sexual a lo largo de su vida. De hecho, los estudios muestran que uno de cada cuatro adolescentes contrae una cada año, y una de cada dos personas tendrá una a la edad de 25 años. Para mucha gente puede ser una fuente de sufrimiento silencioso. Nadie habla de ello porque puede resultar demasiado vergonzoso. Por eso, a menudo rehuimos de nosotros mismos, lo enterramos en lo más profundo de nuestro ser y dejamos que se arraigue en nuestra identidad de falta de valía. Si este es tu caso, quiero que me escuches fuerte y claro ahora mismo: ERES ENTERAMENTE VALIOSO TAL COMO ERES, HERMOSO EN TU TOTALIDAD, TOTALMENTE SUFICIENTE Y MERECEDOR DE AMOR. No importa lo que te haya sucedido y que desearías poder revertir; no importa qué experiencias hayas atravesado que te gustaría deshacer; no importa qué decisiones hayas tomado y que sientas que fueron equivocadas, y no importa qué decisiones haya tomado alguien que te lastimó de forma injusta. TU VALÍA no tiene relación con nada de esto. Todo es parte de los altibajos de la vida, y no pretendo disminuir ni por un momento el dolor que algunos de los altibajos de la vida pueden provocar, pero es muy importante saber con certeza que NADA DE ESTO TE DEFINE. SOLO TÚ Y TU CREADOR PUEDEN DEFINIRTE.

Y lo que sé sin lugar a duda, y rezo por que lo tomes muy en serio ahora mismo, es que si tú te encuentras en alguno de estos casos, entonces hoy se acabaron los días de avergonzarte. Hoy se acabaron los días de evitarte a ti mismo. Hoy se acabaron los días de pensar que eres menos; se acabaron los días de pensar que estás dañado. Hoy es un nuevo día, un día donde sales de las mentiras y te adentras en tu verdad, un día donde sales de tu cabeza y te metes en tu alma. Porque tu alma y tu Creador saben que eres suficiente, hermoso y valioso, que estás redimido en total plenitud y restaurado por completo, que eres una fuerza de amor viva, que respira, es invencible y poderosa. ¡Y que nada en absoluto —ninguna persona, ni lugar o cosa, ningún error del pasado, ningún éxito de celebración o altibajo, ninguna ITS— puede cambiar el hecho de que eres VALIOSO de forma total e innata!

Pensamos fácilmente que estamos solos en estas experiencias porque nadie habla de ellas. Si conoces a alguien que haya tenido una experiencia o una historia similar y a quien estas palabras le pudieran ayudar, comparte este pasaje con esa persona o comparte tu libro con ella cuando hayas terminado de leerlo. ¡Que ninguna niña, mujer o persona se quede sin saber que es valiosa!

Tu valía personal la determinas tú.
No tienes que depender de que alguien te diga quién eres.
Beyoncé

El médico le recetó antibióticos a Ella y en un par de días ya no sentía ardor, pero ahora sentía un dolor aún mayor cuando su cuento de hadas se derrumbó. A través de una investigación exhaustiva, se enteró de que, si bien era cierto que tenía dos hijas pequeñas, en ninguna parte había registro de su esposa, quien en teoría había fallecido. «¿Podría en verdad alguien caer tan bajo como para mentir acerca de ser viudo?», pensó. Pero, aunque no pudo encontrar pruebas de que su esposa había muerto, tampoco pudo encontrar pruebas de que *no hubiera muerto.* A pesar de esto, además de contraer una infección de él, Ella TODAVÍA estaba tentada a pensar que tal vez había una excusa que le diera sentido a todo esto. Desde fuera es muy fácil ver cómo se desarrolla esto y gritar ¡NOOOOO!, pero también es tan fácil ser la persona que anhela tanto el amor que decidimos ignorar nuestro propio saber interno.

MARCA la primera línea de este capítulo y la importancia del círculo que te rodea. El círculo es para recordarte QUIÉN eres y lo que vales durante los días que sientas la tentación de olvidarlo.

Cuando Ella terminó su historia, permanecimos sentados con la boca abierta, viendo a nuestra amiga, hermosa, inteligente, fuerte, guerrera y con un corazón de oro, dudar en voz alta de su propia valía.

—Sé que me estoy quemando en serio en este momento, pero podría darle una oportunidad más para explicarse —dijo.

—¡¿QUÉ?! ¡¡¡NOOOOOOOOOOOOOOOOOOOOOOOOO!!! —toda la mesa gritó.

¡Él era claramente un MENTIROSO que le había PRENDIDO FUEGO EN LA ENTREPIERNA! (Y no el buen tipo de fuego).

—¡¡¡NOOOOOOOOOOOOOO!!!

Su corazón anhela el amor más profundo y le estaba dando ese amor una y otra vez a alguien que a cambio la estaba privando de él. Ese era su antiguo patrón y todos sabíamos que había dado grandes pasos hacia el nuevo, aunque se había desviado del camino. Hasta que tomó la decisión de regresar, y lo hizo con un pequeño empujón de su círculo interno.

Después de MUCHO recordarle quién era ella, Ella concluyó que iba a terminar con esto. Y decidió decirle enseguida que todo había terminado.

—Solo necesito mantenerme fuerte y no responder cuando me llame. Tal vez debería cambiar su nombre para agregarle la palabra MENTIROSO en mi teléfono, para que nunca lo olvide —dijo.

Uno de nuestros amigos en la mesa le pidió su teléfono, buscó en sus contactos y con rapidez colocó debajo de su nombre FARSANTE FARSANTE ENTREPIERNA QUEMANTE. Ella se echó a reír y todos nos unimos en sonoras carcajadas. Luego, mientras todos pasábamos el teléfono para reírnos de su nuevo título, vimos su rostro por primera vez. Silencio.

—¡Ohhhhhh!, guau, es tan guapo, de acuerdo —dijo una de nuestras amigas.

—Bueno, ¿qué tan graaaaaave fue la infección? —preguntó otra amiga, medio en broma, con lágrimas de risa corriendo por su rostro.

Sí, FARSANTE FARSANTE estaba CALIENTE en más de un sentido. Los juegos tontos de palabras continuaron, porque a veces la mejor medicina para tu amigo lastimado es una muy muy buena sesión de risa.

Ella lo llamó para decirle que todo había terminado. Le dijo que merecía mucho más que tener a alguien que le mintiera y que esperaba que él considerara el tipo de ejemplo que les estaba dando a sus dos hijas. Y después de ese día nunca volvió a hablarle.

Si alguna vez has permitido que alguien te trate como algo menos de lo que mereces, es probable que sepas que dejarlo de golpe no siempre es fácil. Y la razón profunda por la que estás comprometido a cambiar viejos patrones en tu vida, o en tu *porqué* para hacerlo, tiene que ser tan fuerte que estés dispuesto a resistirte a volver a lo viejo.

En el pasado, antes de que tuviera claro el tomar la decisión de amarse a sí misma y mantener en su vida solo a personas dignas de su amor, Ella habría permanecido con Farsante Farsante, como había permanecido en muchas relaciones tóxicas y poco saludables, y habría perdido años y esperanza. Se habría quedado a pesar de las mentiras, ignorando su intuición y diciéndose a sí misma que podía cambiarlo. Alguna vez había creído la mentira favorita de todos los tiempos que muchos de nosotros nos hemos dicho: que él cambiaría por ella.

Gracias a mucha terapia y trabajo duro, Ella había crecido. Había llegado a comprender que el viaje definitivo del héroe, la lucha de su vida, sería darse primero a sí misma ese amor incondicional que llenaría su alma antes de poder intercambiar ese tipo de amor con otra persona.

La belleza está en la revelación de este conocimiento. Como dice una de mis citas favoritas de la fallecida doctora Maya Angelou: «Haz lo mejor que puedas hasta que sepas más, y cuando sepas más, hazlo mejor». Mi amiga Ella ya tuvo suficiente con la jaula que había construido a su alrededor, la cual tenía un cartel gigante que decía: «Entra si me vas a hacer daño, porque eso es lo que me resulta más cómodo. Advertencia: Si entras con buenas intenciones, puede que te ponga en la zona de amigos». Ahora tiene la misión personal de construir y apreciar su valía, de identificar más pronto cuando alguien la esté tratando de una forma inferior a la que merece, de decidir que es digna del mismo nivel de amor que le da a alguien más, y no *menos* solo porque en el pasado creía que era *menos*. Ella está decidiendo que es digna de ser amada tal como es: no cuando su peso alcance cierto número en la báscula, no cuando se hace menos ambiciosa, no cuando atenúa su luz o su cerebro para mantener una conversación, no cuando baja sus estándares y les da entrada a personas que no coinciden con sus valores elegidos, no cuando ella piensa: «Bueno, tal vez amigos con beneficios sea todo lo que tendré», aunque su corazón anhele más. Ella ya cruzó el umbral del saber interno.

Tu zona de confort emocional

Todos tenemos un fuerte deseo humano de tener la mayor certeza posible en la vida. La certeza es consuelo. Abrí este capítulo con las palabras de Steven Furtick: «¿No dejas que gente nueva te ame por el daño que te hizo la gente del pasado?». Quiero animarte a que consideres esta pregunta en tu vida ahora mismo. A veces, cuando no permitimos que nuevas personas nos amen, ya sea una posible amistad saludable o una relación íntima, es porque nos han lastimado en el pasado y tememos que nos lastimen de nuevo. Pero la razón más frecuente es una de la que nadie habla: nuestra *zona de confort emocional* por defecto, aprendida y condicionada, hace que nos resulte más *cómodo* permanecer en relaciones o seguir buscándolas con el tipo de personas que nos son familiares, es decir, gente nueva que nos trata tan mal como la gente de nuestro pasado. Nos atrae lo que nos resulta familiar. **Como seres humanos, no estamos hechos para ser felices, sino para estar cómodos.** Estamos programados para buscar lo que ya conocimos. **Aunque pensamos que queremos ser felices, nuestro subconsciente nos impulsa a hacer todo lo posible para volver a lo que es cómodo, el lugar que refleja con mayor precisión nuestro sentido de valía.** Incluso saboteamos una relación que tiene el potencial de ser buena para volver a una que nos resulte más cómoda, aun cuando lo que nos resulta más familiar y cómodo es que alguien nos decepcione o nos trate mal.

Ella se sentía cómoda con parejas que no la trataban bien. Cuando ser tratado como *menos que* coincide con nuestra visión de nosotros mismos como *menos que*, entonces nos sentimos atraídos a esas relaciones, a los chicos malos que sabemos que nos romperán el corazón. La psicóloga clínica Suzanne Lachmann señala que «nada interfiere tanto con la capacidad de tener una relación auténtica y recíproca como la baja valía personal. Si no puedes creer que eres suficientemente bueno, ¿cómo puedes creer que una pareja amorosa podría elegirte?». Y cuando estamos atrapados en ese modo, incluso si conocemos a alguien que nos adora y nos trata bien, no nos sentimos atraídos por esa persona y automáticamente la ponemos en la zona de amigos. Cuando el dolor, el rechazo y la sensación de *estar incompletos* nos resultan familiares y cómodos, de manera inconsciente podemos sentirnos atraídos por alguien que nos brinde esa comodidad familiar. Cuando las personas han dañado tu valía en el pasado, puede resultar más cómodo buscar personas que fomenten en ti, de forma inevitable, sentimientos de indignidad. Salir de la zona de confort puede resultar arriesgado. Mostrarnos tal como somos y proclamarnos a nosotros mismos en voz alta «Soy digno de amor tal como soy» puede hacernos sentir muy muy inseguros. Abrirnos a nuevas personas en nuestra vida, que pueden tener un aspecto diferente de las personas de nuestro pasado, al principio genera incomodidad. La conciencia, la audacia y el afrontamiento valiente de la incertidumbre son la forma en que comenzamos a romper viejos patrones, redefinir lo que nos resulta familiar y, en última instancia, liberarnos.

Ella está ahora en ese nuevo viaje: el verdadero viaje de heroína de su vida. También está en un camino hacia la construcción de su fe y reza a diario para que Dios «se apure un poco» en traerle a la pareja con la que está destinada a estar. Como ocurre con todos los caminos recién trazados, casi nunca es una línea recta. Está lleno de baches, zigzags, retrocesos, desvíos y vueltas equivocadas.

Con una visión inquebrantable de la vida hermosa y verdadera que se merece, Ella continúa valorándose cada día más. Ahora, cuando ve señales de alerta en una pareja potencial, no las justifica. Aun así, a diario sigue batallando con anteponer de forma instintiva las necesidades de los demás frente a las suyas, ya sean sus empleados, sus clientes, la prensa, sus amigos o su familia. Pero ahora sabe y cree que merece mucho más, y está concentrada en reforzar su nueva historia sobre lo que merece, hasta que esa nueva historia le resulte cómoda.

Ella ahora se recuerda que no puede cambiar a nadie más. Ahora se promete a sí misma escuchar su propia intuición, dejarse guiar por ella y no romper esta promesa. Se ama cada día un poco más que ayer y ha decidido confiar en sí misma, lo cual está funcionando.

El secreto para conseguir lo que quieres es aprender a creer que de verdad eres digno de ello.

Así que ahora, cuando pienso en la canción de Alicia Keys «Girl on Fire» [Chica en llamas], pienso en mi amiga Ella. No, no de esa manera, sino de la forma *más victoriosa, invencible, llegando a la cima de la montaña.*

A medida que haces el trabajo para construir tu propio sentido de valía, tu zona de confort emocional predeterminada y lo que te atrae y tú atraes en tus amistades y relaciones también evolucionarán. Pero la parte más importante de la evolución, el fundamento de todo, es la del mérito. Así es como florece el viaje, el conocimiento, el devenir: paso a paso. Un recordatorio a la vez de que eres valioso. Una decisión a la vez para dejar de esconderte a plena vista. **El secreto para conseguir lo que quieres es aprender a creer que de verdad eres digno de ello.**

Hace poco, cuando me reuní con este mismo grupo de amigos, le pregunté a Ella si todavía tenía registrado su nombre en su teléfono como Farsante Farsante, Entrepierna Quemante. Ella no había respondido a sus llamadas, ni lo había llamado, ni había visto su contacto en mucho tiempo. Buscó el contacto y de inmediato se echó a reír. Luego nos lo mostró a todos en la mesa. No solo «Farsante Farsante, Entrepierna Quemante» seguía siendo su título de trabajo, sino que ella había cambiado su nombre a seis palabras, todas en mayúsculas: NO LLAMAR AL TIPO INFECCIÓN MENTIROSO. De un momento a otro, aparecieron las lágrimas de risa en la mesa, se restablecieron los chistes tontos y desapareció toda apariencia de madurez. Escucha, hay terapia, crecimiento personal y prácticas de amor propio, y luego, a veces, también tienes que hacer lo que tienes que hacer, como cambiar el contacto de tu teléfono para asegurarte de no olvidarlo nunca. Entonces todos notamos algo más. Incluso le había dado un tono de llamada especial: había descargado uno llamado «ladrido», por lo que, además de su nuevo nombre, el teléfono ladraba como un perro si alguna vez él intentaba llamar. ¡Funcionó! No ha hablado con él desde entonces y no ha sentido la tentación de hacerlo.

Y en caso de que te preguntes cómo está Ella ahora, está saliendo con otras personas y, por primera vez, está completa. Ya no se abandona a sí misma y ya no pone en la zona de amigos a posibles parejas que la tratan bien. Está comprometida con no conformarse con nadie que no ame con tanta intensidad y pureza como ella. Y creo que ella lo encontrará. ¡Mi chica Ella está en llamas!

CAPÍTULO 8

LA MENTIRA: NO TENGO NADA ESPECIAL QUE OFRECER

Ayudar a las personas a enfrentar su propio desconsuelo es fácil. El dilema es ayudarlas a afrontar su deslumbrante belleza.

ANÓNIMO

«TODAS LAS BUENAS IDEAS ya están tomadas. ¿Por qué debería molestarme en buscar la mía? De seguro alguien ya lo hizo».

«¿Por qué él estaría interesado en mí? No hay nada en mí que sea particularmente especial. Hay miles mucho más atractivas y con menos carga emocional que yo».

«No busco realizar mis sueños porque otras personas pueden hacerlos mejor que yo».

«No tengo nada brillante, nuevo u original que ofrecerle al mundo».

¡IDIOTECES! Perdón por ese lenguaje, abuela, es solo que no pude contenerme… porque todo eso es una absoluta tontería. Y escucho estas declaraciones exactas en boca de innumerables personas, en especial de niñas y mujeres, todos los días.

Todas estas son mentiras y yo también me las creí durante mucho tiempo. Hasta que aprendí, una y otra vez, que simplemente no son ciertas, a menos que las creas. Aun así continúan sin ser ciertas, aunque se vuelven verdaderas para ti. ¡Pero siguen siendo mentiras! Está bien, me calmo.

Cuando pienso en las ideas increíbles, el amor que se puede compartir, los regalos y dádivas que nunca llegan al mundo debido a estas mentiras que creemos, me siento furiosa y entusiasmada al mismo tiempo. Porque el mundo necesita —ahora más que nunca— tus ideas, pensamientos, voz, dones, amor, amistad y dádivas. Por consiguiente, abordemos por qué una de las mentiras más comunes que te hace dudar de tu voluntad de solo hacerlo no es verdad: que porque alguien ya lo ha hecho, o es de alguna manera mejor o más atractivo que tú, no deberías hacerlo o intentarlo.

Recuerda, solo hay una persona como tú en el mundo. No hay nadie más que piense, sienta o cree como tú lo haces. Por lo tanto, **si ofreces tu yo auténtico en tu idea, regalo o contribución al mundo, es imposible que alguien más ya lo haya hecho.** Si desde un lugar de autenticidad presentas tu idea, creas tu negocio, ofreces tu amor, escribes tu libro, compartes tus pensamientos, lanzas la idea de tu producto, entonces nunca se ha hecho; es novedoso, original y único en su tipo, y nadie más puede hacerlo como tú. No es posible y punto.

Si ofreces tu yo auténtico en tu idea, regalo o contribución al mundo, es imposible que alguien más ya lo haya hecho.

Comprender y creer esto a fondo es fundamental para dejar de ocultarse a simple vista y aceptar por completo el valor de tus ideas, talentos, dones, arte, pensamientos, voz, metas y sueños, y decidirte a expresarlos plenamente. **No te convenzas de que no eres esa persona que naciste para ser. No querrás mirar hacia atrás en tu vida y decir: «Debí haber», «Podría haber» o «Quisiera haber».**

Cuando lancé IT Cosmetics en mi sala, habría sido fácil decirme a mí misma que nunca funcionaría porque ya había miles de empresas de maquillaje vendiendo maquillaje. La idea ya estaba hecha. Y eso era cierto: había miles de empresas vendiendo maquillaje, pero si no hubiera lanzado la mía, nunca habría sabido si mis ideas podrían tener éxito.

O si alguna persona que busca compañía amorosa decide no registrarse en la aplicación de citas, no comunicarles a los demás que está soltera y no salir de casa para socializar o estar con otras personas, todo porque hay muchas otras personas mucho más [llena el espacio en blanco] que buscan el amor también, ¿qué va a pasar? El único resultado seguro es la alta probabilidad de que la persona no encuentre la relación que añora. Si antes de entrar en una habitación o un círculo de amigos dudamos, pensando que no somos lo suficientemente valiosos para estar allí, entonces entramos con esa energía y perdemos la oportunidad de establecer conexiones reales.

NOTA VALIOSA: Solo podemos recibir de los demás el tipo de amor y aceptación que nos damos a nosotros mismos.

Si una chef decide no abrir el restaurante de sus sueños porque ya hay otros restaurantes y alguien ya hizo lo mismo, es posible que se pierda ser descubierta por un vecindario que se volvería loco por las recetas que le transmitió su abuela. No importa con qué grado de detalle lo veas; casi siempre podrás encontrar a alguien más que ya hizo, con gran exactitud, lo mismo. Entonces, ¿por qué prosperan tantos restaurantes con la misma cocina? ¿Por qué triunfan tantas empresas de maquillaje? ¿Por qué tantas personas que no se ajustan al estándar *x*, *y* o *z* de la sociedad encuentran de todas maneras relaciones amorosas? ¿Por qué tantas comedias románticas con la misma trama obtienen grandes cifras en taquilla? ¿Por qué tantos libros sobre temas similares tienen éxito cada año? Porque siempre hay lugar para la forma única de hacerlo de cada persona, siempre hay lugar para el ingrediente secreto que solo tu alma puede añadir y siempre hay lugar para la calidad.

Hace poco estuve en un debate fascinante con el equipo de una editorial en el que todos intervenían sobre el tema de si existen o no pensamientos originales en el mundo. Sí, a la gente se le ocurren historias e innovaciones que parecen frescas y nuevas. Pero cuando se trata de nuestra mente, nuestra alma y la humanidad, ¿hay en realidad algún pensamiento original?, ¿o es que existen solo mensajeros originales que transmiten esos pensamientos a su manera, que es única? He tenido la suerte de que mi vida haya recibido un gran impacto por parte de muchos mentores, algunos de los cuales no he conocido: muchos líderes de opinión, investigadores, expertos en autoayuda, guías espirituales, escritores, pastores y creadores con una gran cantidad de lecciones de vida y sabiduría en su haber. Y cuando leo sus libros, recibo sus consejos o escucho sus mensajes, casi todos los conceptos se remontan a un texto religioso, espiritual o psicológico del pasado. Casi siempre tienen sus raíces allí. Pero eso no hace que ninguno de estos líderes de opinión sea menos eficaz o tenga menos impacto en la humanidad y en el mundo.

Si una idea es en verdad la primera de su tipo, es sorprendente, aunque entonces también hay que preocuparse por si es demasiado pronto para tener éxito. Fui la primera en comercializar en mi empresa ideas en verdad novedosas que no tuvieron éxito porque el mercado no estaba preparado para ellas. A veces he visto a otros tener un gran éxito al lanzar exactamente el mismo concepto años después. Pero, por supuesto, hay muchas ocasiones en las que ser el primero en lanzar una idea novedosa logra una gran victoria.

Claro que, si eres capaz de lanzar una idea que ya se hizo antes, pero mejoras su calidad, ¡tus posibilidades de que sea adoptada se multiplican! Siempre hay margen de mejora para un producto, idea u oferta existente. **Pero ninguno de estos (ser el primero o hacerlo mejor) es un requisito absoluto para que una idea tenga éxito.** Cuando lo haces de manera auténtica, con tu propia visión, emociones, visión y giro, se convierte en una oferta novedosa para el mundo. Y nunca podrás saber cómo la recibirán sino hasta que tomes la decisión de dejar de esconderte y ofrecerla.

En los años que pasé construyendo IT Cosmetics, mi intención siempre fue crear productos que fueran mejores que los que ya estaban disponibles y posicionar esos productos a través de mensajes de *marketing* que ayudaran a nuestros clientes a sentirse vistos, valiosos y *completos*. Crear un producto que sea mejor que el que ya existe es difícil. Con frecuencia requiere mucho tiempo, intentos fallidos en el proceso de desarrollo y la negativa a conformarse con una versión que no coincida con tu visión. Sin importar cuánta presión recibíamos de los socios minoristas que nos pedían el lanzamiento de nuevos productos, nunca lanzamos alguno nuevo si no creíamos de verdad que era mejor de lo que había allá afuera. Debido a esto, durante muchos años no ofrecimos uno de los artículos de maquillaje más populares: el rubor. Como tal vez sepas, el rubor suele ser de un tono durazno, rosa o violeta y se utiliza sobre todo para resaltar el color natural que ya tienes en las mejillas. Miles de empresas venden rubor y, por mucho que lo intentáramos mi equipo de químicos y yo, simplemente yo no sentía que las fórmulas que creábamos fueran mejores que las numerosas que ya existían. Así que cumplí la promesa que me hice a mí misma y a mi equipo, y año tras año, no lanzamos el rubor. Hasta que un día, un Cheeto cambió eso. Sí, un Cheeto, la botana con queso de color naranja brillante. Lo explico.

El proceso de desarrollo de productos en mi empresa era bastante intenso y poco tradicional. Yo rezaba para tener ideas novedosas que de verdad mejoraran la vida de mis clientes, y hacía todo lo posible por intentar descubrir esos productos. Además de escuchar con atención y aprender de muchos de nuestros clientes como podía, también realicé muchos retiros de desarrollo de productos con mi equipo en un espacio situado sobre vórtices de energía en Arizona, donde había cristales de limpieza de energía y atracción que cubrían las paredes del hotel y las salas de juntas. No era que no confiara lo suficiente en Dios y en mi propio conocimiento, pero pensé, dado que Dios también creó vórtices y cristales de energía, ¿por qué no cubrir todas mis bases?

En un retiro en particular, mi equipo y yo estábamos en un estado de fluidez increíble. Durante toda la semana nos surgieron ideas para los siguientes dos años de lanzamientos de productos, y el último día de la reunión decidimos concentrarnos en el rubor, uno de los pocos productos que aún no habíamos descubierto cómo mejorar. Lanzamos ideas desde todos los rincones de la sala, pero fue en vano. Cuando hicimos las maletas y nos dirigimos al aeropuerto, parecía que, de forma oficial, nuestros clientes tendrían que esperar un año más para poder tener más rozagantes las mejillas.

Solo podemos recibir de los demás el tipo de amor y aceptación que nos damos a nosotros mismos.

De regreso a casa, en el auto con Paulo, estaba comiendo una bolsa de Cheetos mientras le explicaba que todavía no se nos habían ocurrido ideas para un rubor que fuera innovador. Miré mis dedos manchados de naranja con la esperanza de que no le dieran asco, procedí a meterme a la boca cada dedo, uno a la vez, para chuparme todo el exceso de queso. Él conducía, pero lo vi mirando de reojo hacia mis manos, que todavía estaban manchadas de naranja. Justo cuando estaba a punto de decirle que no me juzgara, su rostro parecía como si estuviera teniendo una gran idea. ¡Y así fue!

—¿Qué tal un rubor en polvo? ¡Eso aún no existe! ¡Y si los Cheetos te manchan la piel, entonces un colorante de rubor en polvo debe ser posible!

En lugar de juzgarme por chupar los residuos de queso de mis dedos, estaba ocupado conectando los puntos de un concepto brillante. *¿Quién diría que Cheetos podría generar una gran idea para un producto de belleza?*

Un gran problema con el rubor existente en el mercado es que no dura. Aplicas el polvo en tus mejillas y, después de unas horas, se desvanece. Existen tinturas de rubor para solucionar el problema de la duración, pero todos son líquidos o cremas y es muy complicado aplicarlos, por lo que no se venden bien. Pero nunca había oído hablar de alguien que hiciera pigmentos en polvo. «Si los Cheetos tienen un elemento en polvo que mancha, pero son lo suficientemente seguros para comerlos, entonces Paulo tiene razón», pensé en ese momento. «¡Debe ser posible crear un colorante de rubor en polvo!».

Esta era una gran idea y se lo dije. Y recé una oración de agradecimiento por el regalo.

Luego me apresuré a compartir la noticia con nuestro equipo, quienes estaban igual de emocionados. ¡Lo teníamos!

COMENZAMOS EL proceso de desarrollo de productos con dos de nuestros laboratorios y sus equipos de químicos. En este punto del crecimiento de mi empresa, todavía éramos algo pequeños en comparación con muchas de las marcas más conocidas que existen. Pasamos más de un año en desarrollo y rechazamos innumerables fórmulas hasta que un día lo logramos. Lo hicimos, lo manifestamos, lo creamos: ¡el primer colorante de rubor en polvo!

Luego llegó la parte divertida de lanzarlo al mundo. Este proceso comienza con el envío de muestras tempranas a toda la prensa de belleza «de largo recorrido».

Para que un producto apareciera en una revista impresa reconocida, lo que en aquellos días era como ganarse la lotería, necesitaban recibir la muestra entre cuatro y cinco meses antes del día en que se publicaría el artículo. Enviamos muestras a todas las revistas y estaban entusiasmadas. Recibimos la noticia de que nuestro rubor se convirtió en finalista de uno de los premios editoriales más importantes de la industria. No podía creerlo. Pero en realidad sí podía. Lo merecía porque era en verdad innovador. Como en ese momento éramos una empresa pequeña, la idea de recibir este gran honor y toda la prensa que lo acompañaba parecía un sueño de cuento de hadas hecho realidad.

Pasaron los meses y los planes de lanzamiento comercial se consolidaron. Nos estábamos acercando a la ventana de sesenta días para el lanzamiento cuando recibí una llamada telefónica. No habíamos recibido el codiciado premio.

—¿Qué? ¿Por qué? —le pregunté a nuestro equipo de relaciones públicas.

—El editor en jefe de la revista dijo que otra marca está haciendo el mismo producto. Y el suyo se lanzará antes. Como ambas marcas están desarrollando lo mismo, no pueden darle el premio a ninguna de las dos.

Estaba devastada. Entonces pensé: «¿Cómo diablos alguien más está desarrollando la misma idea, exactamente al mismo tiempo? No hay forma».

Entonces descubrí que había una manera.

Uno de nuestros laboratorios de fabricación asociados le había revelado nuestra idea y nuestra fórmula a una marca de maquillaje mucho más grande. El laboratorio ganaba dinero con cada unidad encargada, por lo que si esa marca de maquillaje mucho más grande lanzaba su colorante de rubor en polvo (también conocido como el NUESTRO) a su vasta base de clientes y amplia distribución minorista, el laboratorio ganaría mucho más dinero del que podría ganar con nuestro lanzamiento.

¿Esto estuvo bien? No. ¿Estuvo totalmente mal y equivocado? Sí. ¿Podría haberlos demandado? Sí. ¿Podía haberme permitido el lujo de demandarlos? No.

Así que mejor lloré. Y temía que, si alguien más estaba desarrollando NUESTRA idea primero, significaba que nosotros no tendríamos éxito. Peor aún, podría hacerme parecer una imitadora, ¡aunque había sido NUESTRA idea! Estaba destrozada. Me sentía completamente traicionada por nuestro fabricante y muy desanimada. Sabía lo raras y especiales que son las ideas novedosas, y era tan deprimente que la nuestra le hubiera sido entregada a otra persona. Si alguna vez alguien te robó tu idea en el trabajo, o usó primero el nombre de bebé que mencionaste, o los millones de formas en que esto puede suceder, al principio puede sentirse como un golpe inesperado o como si te hubieran traicionado, incluso puede hacer que te preguntes si deberías cambiar o incluso cancelar la idea que **tú** originaste.

Decidimos que la mejor decisión comercial en ese momento era seguir adelante con el producto. El fabricante le dio prioridad al lanzamiento de la marca más grande y, mientras todavía lo estábamos empaquetando, esta introdujo su colorante de rubor en polvo en las tiendas de todo el país. Se vendió bien, pero no voló de los estantes. Después lanzamos el nuestro. Se vendió increíblemente bien. Más tarde ese año, a través de informes de la industria, supe que mi pequeña empresa había vendido considerablemente más unidades de producto que la empresa mucho más grande. Comercializamos el producto de una forma un poco diferente y nuestros mensajes al respecto eran auténticos para nosotros. Aunque ya se había lanzado el mismo producto exacto, los clientes parecían gravitar hacia nuestros mensajes. Entonces, al final del día, los clientes compraron aquello con lo que más se conectaban, no solo el producto. Fue una gran lección para mí y una que he visto muchas veces desde entonces. No importa si alguien más ya lanzó tu idea (en este caso, de forma literal). Porque nadie puede hacerlo como tú.

He tenido otras experiencias y he visto muchos otros ejemplos de esto en la vida, en las relaciones y en los negocios. Es muy fácil pensar que no tenemos nada especial que ofrecer. Nos rechazamos a nosotros mismos antes de dejar que alguien más lo haga.

La próxima vez que tengas la tentación de dudar de si tienes algo especial que ofrecer en la vida, en los negocios, en las relaciones, en el amor, y al compartir tus ideas, tus talentos, tu corazón y tus dones con el mundo, recuerda lo siguiente: de hecho, tú tienes el ingrediente secreto al que nadie más en el universo tiene acceso y que no pueden agregar a su manera de hacer las cosas. Solo tú posees lo más especial que es posible ofrecer: TÚ MISMO.

CAPÍTULO 9

LA MENTIRA: NECESITO COMPLACER*LOS* PARA QUE *ME* AMEN

Si vives para complacer a los demás, todos, menos tú mismo, te amarán.
PAULO COELHO

«OYE, CINNABON, DEJA de mirarme. Yo no te veo». Intenté proyectar un mensaje subliminal a los pegajosos roles de canela Cinnabon recién salidos del horno, con el glaseado derritiéndose, ahí, esperando en la isla de mi cocina. Quiero decir, no es que supiera que el glaseado se estaba derritiendo, porque yo *no* los estaba mirando, en absoluto. Si hacía contacto visual con el glaseado, o peor aún, con el remolino del centro, me derribarían. Y eso sería un gran problema, porque yo quería que mi suegra me aprobara. Ella estaba sentada a unos tres metros de distancia y traté, con un poder superheroico, de concentrarme solo en el brócoli, la ensalada y los frutos rojos que también estaban esparcidos en la isla central de la cocina. «No me tientes, Cinni... Sé que sabes que estaré pensando en ti todo el día... Sé que sabes que es amor a primera vista, pero no puedo ser leal a nuestro romance en este momento. Ya me comprometí con el brócoli. Y no lo amo siquiera. De hecho, no siento nada en absoluto cuando estoy con él. Pero ahora mismo tengo que hacer lo que tengo que hacer. Apreciaré para siempre nuestra historia de amor que estuvo a punto de suceder. Es mejor haber amado y perdido, que no haber amado en absoluto».

Esto fue en Navidad, una época en la que por tradición recibo a mis numerosas familias durante varios días. Todos nos reunimos, compartimos recetas transmitidas de generación en generación, abrimos regalos y apreciamos estar juntos. La familia de Paulo siempre se nos une, junto con varios de nuestros amigos, algunos sin familia, que se han convertido en nuestra familia por elección. Nuestra casa se llena de todas las delicias navideñas nostálgicas, una mesa entera dedicada a galletas y casitas de jengibre con los nombres de los invitados, varias cajas de los dulces See's Candies, los favoritos de mi mamá, y bebidas sin límite de cualquier variedad. Mi suegra Vivi es un imán para los nietos y se compromete del todo a vestirse con camisetas que tengan el personaje de dibujos animados favorito del momento de mi hija Wonder y mi hijo Wilder. También lleva un estilo de vida saludable con una admirable disciplina. Me asombra. Come principalmente los mismos alimentos a diario en sus comidas, como salmón y brócoli, y rara vez consume alimentos procesados o azúcar. Hace ejercicio todos los días y está en una forma increíble. Y yo... no.

Superar las dudas sobre mi cuerpo ha sido uno de mis mayores desafíos, uno en el que he recorrido un largo camino, pero es probable que continúe por el resto de mi vida. **Mi misión ha cambiado mucho: de querer *verme* de cierta manera, a querer *sentirme* de cierta manera**. Después de trabajar duro para fortalecer mi valía personal, al fin llegué al punto en el que ya no dejo que la talla en la que me encuentre en determinado momento determine cómo me siento conmigo misma. En realidad, me siento valiosa sin importar mi tamaño. Si has vivido algo similar, sabrás que es una victoria muy reñida. Significa que ya no me preocupo si quiero disfrutar alimentos deliciosos y, a veces, hasta poco saludables. Pero de eso no se trata esta historia. Se trata de complacer a la gente y, en este caso, tenía una persona a quien complacer: mi suegra.

Cada vez que mi esposo come alimentos poco saludables frente a ella, por preocupación maternal bien intencionada, ella expresa con claridad que debería abstenerse. Lo hermoso para él es que no le importa; no le molesta en absoluto; solo deja que el consejo le entre por un oído y le salga por el otro y procede a comer lo que quiere. Pero cuando yo como algo poco saludable delante de ella, ella nunca dice nada, solo permanece sentada en silencio. Pero es obvio que me ve y no puedo evitar preocuparme por su probable desaprobación.

Anhelo su aprobación más de lo que anhelo los roles de canela, así que hoy toca brócoli. Hoy me escondo y no muestro lo que quiero. No me siento libre para tomar mis propias decisiones. Entonces mi afán de complacer, profundamente arraigado, se hace cargo. En ese momento, **quiero ser amada más de lo que quiero ser yo misma.**

El rasgo de complacer a las personas por lo general se describe como esforzarse por agradar a los demás para obtener su aprobación o evitar conflictos o críticas, sacrificando al mismo tiempo los propios deseos y necesidades en el proceso. Puede consistir en disculparse excesivamente ante los demás, estar muy pendiente de lo que piensan y tener dificultades para establecer límites.

Los múltiples problemas con la necesidad de complacer a las personas incluyen descuidarse a uno mismo; soportar estrés, cansancio y resentimiento adicionales; dar paso al sentimiento constante de fracaso, puesto que es imposible complacer a todos; y vivir de forma no auténtica, lo que afecta todos los aspectos de tu salud, relaciones y vida.

Las investigaciones muestran que más del 50% de las mujeres y más del 40% de los hombres se describen a sí mismos como personas que complacen a la gente. Y esta compulsión por complacer se manifiesta en muchos aspectos de su vida. Más del 70% de las mujeres dicen que toman medidas extremas para evitar conflictos, y cerca del 70% priorizan en primer lugar las necesidades de los demás, a costa de satisfacer las propias.

Aprender a dejar de complacer a las personas puede comenzar con pequeños pasos, incluyendo aprender a escuchar tu voz interior, comprometerte a decir tu verdad, identificar tus prioridades, establecer límites, practicar decir *No*, recordar que no puedes complacer a todos, pasar tiempo a solas, comprometiéndote contigo mismo a priorizar tus propias necesidades y fortaleciendo tu valía personal.

En realidad, no creo que necesite trasero de hierro.
Estaría feliz con unos roles de canela.
Ellen DeGeneres

Bien, volvamos al rol de canela, que todavía me hacía ojitos desde la isla de la cocina. A medida que transcurrió, primero, media hora; luego, una hora, ese día de Navidad en mi cocina mis pensamientos pasaron de lo mucho que quería comer un rol de canela a por qué no lo hacía. Pues, como mujer adulta inteligente, todavía no vivía de acuerdo con lo que sabía. Estas creencias profundas que luego producen vías neuronales en nuestro cerebro no son una broma, y si no nos dedicamos intencionalmente a recorrer el viaje que implica modificarlas, es muy fácil volver a caer en los viejos surcos. Si lo que anhelaba de mi suegra era amor, la única forma de recibirlo plenamente sería que me lo diera a mí, tal como soy. Si se lo diera a mi representante, quien me remplazaba, no podría sentirlo ni recibirlo de todos modos. **Si realmente anhelaba amor, no tenía más remedio que ser yo misma, aunque ella no me aprobara completamente.**

Decidí comerme el rol de canela.

Cuando hice contacto visual con ese rol, por dentro sentí la intensidad de dos amantes secretos que se encuentran detrás de puertas cerradas y se sumergen en los brazos del otro. Pero por fuera, lo hice con calma. Extendí mi brazo sobre la isla de la cocina, tomé la espátula y levanté el regalo del cielo y lo llevé justo a mi pedestal, es decir, el plato. Un río cálido de glaseado pegajoso de canela, mantequilla y queso crema estaba colgado a lo largo del plato, como la cuerda de una cometa. Tomé con confianza un tenedor y... Di. Una. Mordida.

En ese preciso momento, mi suegra hizo contacto visual conmigo. Con una gran sonrisa, empezó a hablar de lo emocionada que estaba por estar allí con los nietos. Yo estaba confundida. ¿No se dio cuenta de mi desobediencia? ¿Dónde estaba el silencio vergonzoso que había anticipado? Nunca llegó. Ella continuó hablando de lo sorprendida que estaba con la comprensión lectora de Wonder y el agudo sentido del humor de Wilder. Me di cuenta de que lo último que en realidad le importaba era si yo estaba comiendo un rol de canela. Me di cuenta de que había estado proyectando mis inseguridades sobre ella. Todo a expensas de que nos conectáramos de manera más estrecha, todo mientras la seductora calidez del rol de canela disminuía.

Me pregunté cuántas otras veces había malinterpretado la situación. Hay un dicho famoso de Anaïs Nin: «No vemos las cosas como *son*, vemos las cosas como somos *nosotros*». En otras palabras, incorporamos nuestras propias creencias, experiencias, traumas, inseguridades y prejuicios a cada situación, aunque pensemos que la estamos viendo de modo objetivo. Como resultado, **acabamos perdiendo un tiempo precioso preocupándonos por algo que no existió siquiera y que nunca sucederá. Perdemos tanta vida preocupándonos por lo que alguien más piensa de nosotros, aunque en primer lugar no estén siquiera pensando en nosotros. Luego intentamos complacer a la gente basándonos en los pensamientos que proyectamos en los demás y en las suposiciones que hacemos sobre lo que conquistaría su aprobación**. Por lo general, esa otra persona, sin saberlo, está haciendo lo mismo con nosotros, y con ello se duplica el muro de desconexión, todo con la intención de encontrar conexión y amor. La única parte de esto que podemos controlar es la que aportamos, y la única solución es ser más conscientes de ello, reunir la valentía para dejar de complacer a la gente y mostrarnos como en verdad somos, aunque eso requiera valentía y vulnerabilidad.

En el caso del rol de canela, incluso si mi suegra no hubiera aprobado mi decisión de comerlo o me hubiera juzgado por ello, *aún* nos habría acercado de una forma u otra. Porque **incluso una reacción negativa es mejor que la barrera de desconexión que conlleva el no ser auténtico**. El intercambio de energía habría sido real y conectado, aunque no hubiera sido positivo.

En este momento, Cinnabon es quien soy. Simplemente no soy el brócoli. Claro, quiero ser el brócoli con tantas ganas. Tengo grandes objetivos de brócoli en la vida, objetivos que incluyen volverme vegana sin recurrir a las galletas Oreo en cada comida. (Sí, las galletas Oreo son veganas. Sí, puedes convertirte en un vegano muy muy poco saludable con suficiente dedicación). Pero ahora mismo, no soy el brócoli.

Si eres un rol de canela, cómete el rollo de canela. Y si es tu momento de convertirte en brócoli, cómete el brócoli. Y si ese eres tú, no minimices ni ocultes tu victoria con el brócoli en un esfuerzo por complacer a los roles de canela. Sé el brócoli, de principio a fin.

NOTA VALIOSA: Para obtener una guía adicional gratuita [en inglés] sobre cómo dejar de complacer a las personas, visita <worthybook.com/resources>.

CAPÍTULO 10

LA MENTIRA: SI DESTACO, ME ECHARÁN

No intentes disminuirte por nada en el mundo;
deja que el mundo te alcance.
BEYONCÉ

NOS ENSEÑAN UN código de cómo ser chica desde una edad temprana: si destaco, podrían excluirme. No me refiero al tipo de expulsión que mi marido, Paulo, vivió en un evento de alto nivel de lucha libre profesional ~~actuada~~ donde pensó que sería divertido unirse a los luchadores profesionales reales y lanzar su propia silla desde la audiencia directo al *ring*. Sí, eso en realidad sucedió. Sí, lo escoltaron fuera del evento. Sí, me casé con él de todos modos. Nota al margen: hasta el día de hoy está orgulloso de su talento para el espectáculo y afirma que tirar la silla «tenía sentido en ese momento».

De niñas aprendemos que, si somos demasiado independientes o brillamos demasiado, corremos el riesgo de perder el amor y la pertenencia. Aprendemos a unirnos en torno a los problemas y a tomar decisiones basadas en el consenso del grupo, no en lo que nos dice nuestra propia intuición. Se nos enseña que no se puede confiar en nosotras solas. Aprendemos que, si una niña es demasiado inteligente, no será popular ni deseada por los niños. Aprendemos que tenemos que jugar el juego de encajar con mucho cuidado porque **si sobresalimos, podríamos repeler a los demás. Y si somos geniales, es posible que recibamos odio.**

Con facilidad podríamos descartar todo esto como una tontería infantil, excepto por el hecho de que estas creencias condicionadas en torno a las normas de género a menudo continúan siendo patrones arraigados a gran profundidad en la edad adulta. Y si no los reconocemos y los desaprendemos, nos hacen encogernos y escondernos. Nos impiden confiar en nosotros mismos y nos dejan infinitamente insatisfechos.

Al crecer en Londres, mi amiga Danielle se enorgullecía de no faltar a la escuela, pasara lo que pasara. A partir de los 10 años, año tras año, fue incluso en los días en que no se sentía bien. Una vez tuvo una intoxicación alimentaria y, literalmente, se negó a permitir que eso rompiera su récord de asistencia perfecta, por lo que se presentó a clase, a pesar de tener que correr al baño, avergonzada, varias veces ese día. Cuando entró en la preadolescencia y luego en la adolescencia, empezó a aprender que sus compañeros no siempre celebraban las áreas en las que sobresalía y comenzó a sentir la presión social de apagar su propia luz para poder encajar. A los 14 años, cuando estaba a punto de ganar el premio por su récord de años de asistencia perfecta a su escuela, lo saboteó todo para evitar que se burlaran de ella. De hecho, faltó un día por enfermedad, a pesar de no estar enferma, por lo que no ganaría el premio por asistencia perfecta a pesar de sus años de arduo trabajo para ganárselo. Se deshizo de todo porque temía que destacar por un gran logro la condenaría al ostracismo social. Por fortuna, las cosas han cambiado para Danielle. Hoy se muestra a diario ante millones de mujeres en todo el mundo a través de su comunidad en línea con la misión de inspirarlas a acoger sus audaces ambiciones.

Atrapados en las normas sociales

Desde que era una opción, las mujeres han aprendido a sacrificar el éxito para agradar.

¿Qué es lo primero que piensas cuando te describo a una mujer como «realmente ambiciosa»? ¿Crees que es cálida o fría? ¿Cómo crees que se viste? ¿Qué clase de madre crees que es? ¿Crees que te gustaría? ¿Encajaría con tus amigos?

¿Y si ahora te describo a un hombre como «realmente ambicioso»? Mismas preguntas: ¿Crees que es cálido o frío? ¿Cómo crees que se viste? ¿Qué clase de padre crees que es? ¿Crees que te gustaría? ¿Encajaría con tus amigos?

Décadas de estudios, incluidas investigaciones recientes en Ciencias Sociales, concluyen que, si un hombre tiene éxito, le agrada más a la gente, y si una mujer tiene éxito, en general le agrada menos a la gente.

Como seres humanos, sin importar nuestro género, todos nuestros miedos más profundos están relacionados con el temor a no ser suficientes y a que, por no serlo, no nos quieran. Entonces, si perpetuamos las normas de género de que cuanto más exitoso es un hombre, más lo amamos, y cuanto más exitosa es una mujer, menos la amamos, ¿qué crees que va a ocurrir? ¿Y que está ocurriendo? ¿Y que ha sucedido durante generaciones? Las mujeres viven su vida escondidas a plena vista, reprimiendo las ideas, ambiciones y regalos que podrían ofrecer al mundo, disminuyendo a la persona que son. Hacemos esto porque anhelamos el amor, excepto que recibir amor por ser algo que no somos, o por ser menos de lo que somos, no es satisfactorio. Solo mostrando nuestro verdadero yo podremos sentirnos en verdad amados.

Los hombres por lo general crecen bajo una presión y juicios sociales demoledores. Se les hace sentir que su éxito profesional determina su valor. Por eso sacrifican sus pasiones, ideas, talentos y dones para ocultarse detrás de una profesión por la que el mundo (y a menudo su familia) les da su sello de aprobación. Por lo general, se les enseña que SON su trabajo, y si no tienen uno lo suficientemente bueno y con ingresos suficientemente altos, entonces algo está mal con ellos. Los hombres, con la misma facilidad que las mujeres, aprenden a esconderse a simple vista, a vivir de manera incongruente con lo que realmente son y lo que en realidad quieren.

Estas máscaras que aprendemos a usar también afectan la forma en que vemos y juzgamos a los demás. Cuando dos candidatos se postulan para un cargo, cualquiera que sea, y uno es un hombre y el otro una mujer, la diferencia en la cobertura de prensa es drástica. Y si prestas atención, incluso los comentarios en la cena, en la mayoría de las mesas familiares, provienen de manera obvia de convicciones arraigadas con gran profundidad sobre en qué categoría debería entrar cada género. Habitualmente ves y escuchas comentarios mucho más despectivos y enfocados en la apariencia de la mujer.

Esto también abarca el lugar de trabajo, en especial cuando una mujer ocupa una posición de liderazgo o aspira a ocuparlo. Cuando una mujer toma una decisión firme en el trabajo después de valorar sus opciones, asume una acción ejecutiva o toma una decisión de criterio y da instrucciones a su equipo, a menudo la califican como agresiva, fría y desagradable. Cuando un hombre hace lo mismo, se le considera confiado y visionario. Una mujer líder por lo general recibe comentarios de su jefe, de recursos humanos o en su revisión de fin de año, de que «no trabaja en equipo», es «ruda» o «demasiado competitiva». Cuando se brinda una retroalimentación como esta, se obliga a las mujeres a dar un paso atrás, no involucrarse y reducir su propio potencial. Este tipo de retroalimentación se siente como una crítica que puede con gran facilidad confundirse con la verdad debido a que hemos aprendido a no confiar en nosotras mismas desde que éramos pequeñas. Esto lleva a las mujeres a pensar que para salir adelante necesitan adoptar un enfoque menos decisivo, cuando en realidad esto puede ser un veneno para su potencial.

Algunos estudios muestran que en el lugar de trabajo se acostumbra ascender a los hombres en función de su potencial futuro y a las mujeres en función de sus logros pasados. Por lo tanto, generalmente a las mujeres no se nos asciende sino hasta que hayamos demostrado al 100% que tenemos la capacidad de hacer el trabajo. En cambio, ascienden a los hombres si existe confianza en que tendrán la capacidad de hacerlo.

En otras áreas de nuestra vida, por lo general aplicamos los mismos estándares exactos. Como mujeres, no nos promovemos a *nosotras mismas* con base en nuestro potencial. En todo caso, nos convencemos a nosotras mismas de no intentarlo. Nos concentramos en la razón por la que no somos dignas de situaciones u objetos, y aquello en lo que nos enfocamos se convierte en nuestra realidad.

Se nos enseña que las mujeres deben ser cariñosas por encima de todo, así que cuando una mujer es competente, no parece suficientemente amable. Y si es superamable, se le considera más amable que competente, lo cual aprendemos de manera inconsciente que está bien. Porque, recordemos, la inteligencia y el éxito hacen que las mujeres gusten menos. Después de contorsionarnos para adaptarnos a estas normas culturales, terminamos gustando, pero no satisfechas. Le gustamos a la gente, pero quedamos anhelantes; gustamos pero estamos en agonía; gustamos pero estamos enojadas; gustamos pero estamos vacías; gustamos pero no nos sentimos dignas de ser amadas; gustamos pero estamos escondidas; gustamos pero sentimos que no valemos.

Y luego sucede que, al llegar a cierta edad, **ya nos volvimos tan buenas ocultándonos que logramos un objetivo al que siempre temimos pero que nosotras mismas orquestamos por completo: desaparecemos.** Pasamos de escondernos a sentir que nadie nos ve, ni quienes nos rodean ni el mundo y, lo que es más demoledor, ni nosotras mismas. Pasamos de escondernos a sentir que nadie nos ve y que no importamos.

Nos decimos a nosotras mismas la mentira de que nos sentimos invisibles porque somos demasiado viejas o poco atractivas, lo que en realidad solo son las viejas mentiras que evolucionaron hasta convertirse en otras apenas un poco más nuevas.

La verdad es que **nos hemos escondido de nosotras mismas durante tanto tiempo que al final nos volvemos invisibles.**

La buena noticia es que aún no es demasiado tarde para revertir esta situación.

De invisible a visible

No reduzcas quién eres
solo para caber en espacios demasiado pequeños para tu destino.
ANÓNIMO

¿Cuándo fue la última vez que tranquilamente te preguntaste: «¿Cómo me siento realmente?, ¿qué es lo que en verdad quiero?»? ¿Cuándo fue la última vez que dejaste que otra persona viera tu verdadero yo, el real? ¿Cuándo fue la última vez que te viste a ti misma en serio? ¿Cuándo fue la última vez que dijiste lo que pensabas, usaste tu voz y compartiste tu opinión sin dudar ni por un momento si valía la pena ventilarla y compartirla?

A veces no nos damos cuenta siquiera de lo que ocurre, solo sabemos que no nos sentimos vivos, conectados o realizados. Tomar conciencia de cómo te escondes y te desconectas de tu verdadera naturaleza es transformador. Recuerda cuando dejaste de levantar la mano; cuando empezaste a darte cuenta de que, si encogías lo que eres, todos los que te rodeaban se sentirían más cómodos; cuando empezaste a tener problemas para sintonizar tu propia intuición, sabiendo lo que en realidad quieres y quién eres de verdad.

La forma de pasar de lo invisible a lo visible, de no ser vista a ser vista, es decidir primero que así lo deseas. Por otro lado, tomar la decisión, paso a paso, de dejar de atenuar tu propia luz y de hacer todo en pequeño. Empezar a verte a ti misma y permitir que los demás te vean. Comunicar cómo te sientes en realidad y lo que en verdad quieres. Creer que eres digna de todo esto.

No es demasiado tarde. No tienes demasiados años.
Tus mejores días están por venir.
MALLY RONCAL

Si sientes que es demasiado tarde, ¡te aseguro que no lo es! Y tu momento es exactamente el correcto. Nunca es demasiado tarde para desarrollar tu valía personal, dar un paso adelante, hablar, aprender a amar lo que eres en realidad y avanzar hacia lo que deseas en tu vida. El cambio requiere trabajo. Viene acompañado de incertidumbre, en especial con respecto a la forma en que podrían reaccionar los demás. Pero aplasta esa vieja mentira y creencia de que reducir la persona que eres te traerá amor y date cuenta de que solo puedes fomentar el amor y la pertenencia verdaderos siendo con exactitud quien (y todo lo que) eres. Esto puede cambiar fundamentalmente todas las áreas de tu vida y tu realización en ella.

Si te tomas un momento, ¿puedes pensar en una o más formas en las que te has estado escondiendo a plena vista, restando importancia a tu talento, reprimiéndote y no compartiendo tus dones con el mundo? ¿Es porque temes que no sean lo suficientemente buenos, o te preocupa que destaques y hagas que los demás se sientan incómodos, o te preocupa que incluso puedan estar en tu contra?

Eres digna de ser vista

Ahora, empecemos juntos. ¿De qué manera, a partir de hoy, podrías empezar a vivir como quien eres en realidad? ¿Con cuál acción podrías comprometerte hoy para dejar de esconderte a simple vista y creer que eres valiosa? ¿Vas a escribir la primera palabra de tu libro? ¿Vas a descansar y a comprometerte a saber que mereces descanso y restauración sin culpa? ¿Vas a usar el traje de colores llamativos? ¿Vas a decir lo que piensas, establecer ese límite o comunicar tus verdaderos sentimientos? ¿Vas a registrar el dominio para tu futura empresa? ¿Vas a llamar a esa persona y decirle que la perdonas, no porque lo que hizo haya estado bien, sino para sentirte libre? ¿Vas a compartir esa idea mañana en el trabajo? ¿Vas a usar pantalones cortos sin importar cómo percibes que se ven tus piernas? ¿Volverás a la aplicación de citas? ¿Vas a empezar a compartir tu arte con el mundo, o tal vez en las redes sociales? ¿De qué forma tomarás medidas hoy para dejar de esconderte? ¡Decláralo! ¡Proclámalo! Hazlo con tus ~~pelotas~~ ovarios. Da el siguiente paso. **¡Mereces vivir y ser todo lo que eres!**

Tal vez hoy sea el día en que decidas que ya no reducirás tu identidad para que los demás se sientan más cómodos. Ya no atenuarás la luz ni evitarás brillar con intensidad. **Tal vez hoy sea el día en que decidas (un pensamiento, un paso, una palabra, una acción a la vez) liberarte de tus propios miedos y ver, reconocer y apreciar lo poderosa, hermosa y *valiosa* que eres para destacar como realmente eres.**

CAPÍTULO 11

LA MENTIRA: SOY UNA IMPOSTORA Y NO ESTOY COMPLETA POR MI CUENTA

Lo que temes establece los límites de tu libertad.

ERWIN RAPHAEL MCMANUS

—SOLÍA FANTASEAR con que un tipo se detendría a mi lado en la calle y me rescataría... Ya sabes, como en la película *Mujer bonita* —dijo mi amiga Lara, con timidez.

Unas amigas y yo nos habíamos reunido para almorzar y esto era una novedad para nosotras.

—¿Qué? ¿Tú? No —espetó mi amiga Jenna.

—Oh, después de ver esa película yo también soñaba despierta con eso —admití, principalmente para que Lara supiera que no estaba sola—. Quería que el tipo subiera por un lado del edificio por mí, con paraguas y todo, ¡y antes quería tener uno de esos trajes de spandex azul y blanco!

Mi amiga Julie intervino:

—Pues yo me casé con un hombre que es un padre que se queda en casa y no lo cambiaría por nada, pero ¿no nos imaginamos todas que todo ese escenario sucedería después de esa película?

Todas rieron y estuvieron de acuerdo.

—Escucha, no le lanzo mi odio a nadie, y si un tipo tiene esa clase de auto y lo necesario para pagar las cuentas, además de ser un buen bailarín, puede detenerse a mi lado en ese auto y rescatarme todo el día —dijo mi amiga Hannah mientras todas se reían.

Lara nos interrumpió.

—No, chicas, en realidad yo tenía este objetivo en serio. Como en la película, quería que un chico increíble me encontrara. Me integraría a la perfección en su mundo y viviríamos felices para siempre. Fue un verdadero objetivo para mí que perseguí y traté de manifestar.

—¿Es en serio? —preguntó Jenna, sorprendida porque Lara, quien tenía madurez emocional y era el apoyo de su familia, además de desempeñarse en un exitoso puesto corporativo, sería la última persona que uno imaginaría queriendo que alguien la rescatara.

Al escuchar todas las bromas, no pude evitar pensar en lo diferente que habría sido el camino de Lara si alguno de sus intentos por ser «rescatada» para vivir felices para siempre se hubiera manifestado.

DURANTE NUESTRA NIÑEZ, aprendemos a través de libros y películas que necesitamos que alguien más nos rescate y nos complete. Ya sea el hada madrina que transforma a Cenicienta y el príncipe que luego se casa con ella, quien luego se muda a su castillo; el leñador que rescata a Caperucita Roja del lobo; el príncipe trepando por el pelo de Rapunzel para rescatarla del cautiverio en la torre; Blancanieves y la Bella Durmiente, ambas salvadas por un beso de «amor verdadero»; el beso del príncipe que restaura la voz de Ariel en la versión animada de *La Sirenita*; o en otros innumerables ejemplos, aprendemos que solo cuando llega esa otra persona podemos al fin ser plenas y felices. Aprendemos que nosotras solas no tenemos lo que se necesita, así que nos sentamos y esperamos a que alguien llegue o lo perseguimos con fervor. De niñas aprendemos que no podemos confiar simplemente en nosotras con lo que ya tenemos dentro, entonces nos convertimos en mujeres adultas que no lo hacen. Aprendemos desde pequeñas a creer que, aunque no actuemos ni tomemos decisiones por nosotras mismas, todo saldrá bien al final porque alguien que sabe más que nosotras nos rescatará, y entonces ya no viviremos escondidas. Aprendemos a una edad temprana a ser dulces y mansas, y luego le damos a otra persona el crédito de nuestro éxito final cuando cobramos plena vida y florecemos en nuestro mejor futuro, gracias a esa persona.

Como adultas, esta narrativa de que no somos suficientes por nosotras mismas puede manifestarse con facilidad mediante el síndrome de la impostora, definido en el Diccionario de inglés Oxford como la incapacidad persistente para creer que nuestro éxito es merecido o se ha logrado de manera legítima como resultado de nuestros propios esfuerzos o habilidades. De hecho, las investigaciones muestran que el 75% de las mujeres en puestos ejecutivos han sufrido el síndrome de la impostora en sus carreras profesionales. Incluso en situaciones en las que nuestra experiencia supera las calificaciones necesarias, con frecuencia todavía nos sentimos como impostoras, ya sea al aceptar un nuevo trabajo o al aprovechar nuestro talento natural. Buscamos confirmación externa de que estamos completas, buscamos a alguien que consideramos más calificado para validar nuestras ideas y buscamos una pareja romántica que afirme nuestra valía.

Si aún no hemos encontrado a esa persona, o no hemos sido rescatadas, creemos que no estamos completas. Entonces buscamos de manera incansable el amor, sin darnos cuenta de que nosotras mismas somos amor. Nunca aprendemos que antes de buscar una pareja para toda la vida en el amor, primero debemos aprender a amarnos a nosotras mismas.

Lloramos y recordamos amores pasados que «perdimos» mientras nos contamos la historia de que estamos incompletas y que ahora no tenemos amor en nuestra vida, porque no nos damos cuenta de que ya somos amor. Sobreanalizamos un amor perdido, incluso cuando nuestra intuición sabe que no era saludable para nosotras, y nos contamos historias como «él debería haber sido» el bueno. Pero no nos damos cuenta de la verdad, y es que, como dice mi amigo Matthew Hussey, asesor personal y autor de *bestsellers*, si en realidad *debería haber sido* entonces *habría sido*. Es completamente normal y parte de nuestra naturaleza anhelar compañía, conexión y pertenencia. **Desear compañía, conexión y pertenencia es diferente a sentir que necesitamos a alguien más para estar completas o para tener amor en nuestra vida.**

Confiar en ti mismo

Además de la fantasía de necesitar un príncipe que nos salve, también imaginamos que necesitamos un mentor que nos rescate en el ámbito profesional. Las mujeres ambiciosas con frecuencia se dicen a sí mismas la mentira de que si tuvieran un gran mentor en su vida, sabrían qué hacer y cómo hacerlo. Por supuesto, los mentores pueden ser geniales, como estoy segura de que lo son los príncipes en la vida real. Pero no es ahí donde encuentras tu poder o tu grandeza.

Creo de manera plena en el poder de la tutoría, y encuentro una gran alegría y satisfacción al ser mentora de otros; también valoro y aprecio profundamente a los mentores que han llegado a mi vida y a los que están en ella, pero es importante darte cuenta de que tu magia está en TI. Con los mentores y con los amantes, no necesitas depender de nadie más para ser activa, valiosa o digna de alguna manera. Me tomó muchos años aprender esta lección y asumirla por completo. Después de todo, durante la mayor parte de mis veinte, de verdad tenía la secreta esperanza de que Richard Gere se acercara a mí en cualquier momento. Pero al final de esa película, fue el personaje de Julia Roberts quien terminó rescatándose a sí misma e inspirándolo a él a rescatarse a sí mismo también. En lugar de esperar a que lleguen las respuestas en forma de un príncipe azul, un mentor o cualquier otra persona, podemos darles la bienvenida a ellos y a sus consejos en nuestra vida con los brazos abiertos; sin embargo, en última instancia, tenemos que confiar en nosotras mismas, en nuestros instintos y en nuestra experiencia. **Una vez que aprendas a confiar en ti misma y en tu propia intuición, ya no te sentirás como una impostora ni como si necesitaras la intuición de otra persona para guiarte.**

NOTA VALIOSA: Para obtener recursos adicionales sobre cómo desarrollar tu intuición, visita <worthybook.com/resources>.

La tutoría, un gran círculo de amigos, familiares o colegas de confianza, e incluso apoyarse en datos e información, pueden ser muy útiles para tomar decisiones, pero apoyarte de forma exclusiva en alguno o en todos ellos en realidad puede obstaculizar el proceso de aprender a confiar en ti misma. Puede mantenerte atrapada en la sensación del síndrome de la impostora, en el que sientes que alguien más tiene una mejor idea de qué hacer y cómo hacerlo, y que tú, por ti misma, de alguna manera no estás calificada para saberlo.

Ahora, aunque valoro mucho los consejos que recibo de los mentores de mi vida, en realidad tomo tantas decisiones que van en contra de sus consejos como las que los siguen. Y ellos lo saben. Y cuando no sigo sus consejos, les hago saber que mi instinto me dice algo diferente y que decidí confiar en él. Paso todos los consejos que recibo, de mentores o de otras personas, a través de un filtro de mi propio saber interior o intuición. Muchas veces rezo por ello. En este proceso de filtrado, por lo general tengo una corazonada que me dice: «Sí, esa sabiduría es adecuada para ti», o: «No, si bien esa sabiduría es un gran consejo para algunos, no es correcto que la sigas en este momento». Mi trabajo es mejorar cada vez más en escuchar y luego confiar en ese conocimiento.

Desarrollar la intuición y aprender a quedarnos lo suficientemente quietas como para escuchar nuestro propio conocimiento son habilidades que desarrollamos durante toda nuestra vida. Al igual que los músculos, estas habilidades se fortalecen y tienen más memoria muscular cada vez que las usamos. Es inevitable que haya momentos en los que confiamos en nuestra intuición, y esto termina pareciendo que tomamos la decisión equivocada, pero he llegado a creer que la intuición nunca se equivoca. Podría resultar en una situación que no es la que deseábamos y eso puede parecer muy malo. Pero siempre confío en que cada decepción viene con una lección que necesitábamos aprender o volver a aprender, a fin de desarrollar la fuerza y la resiliencia que tenemos para llegar a donde estamos destinados a ir.

CUANDO CONFIAMOS en nuestro instinto y sale «mal», en realidad nunca está mal. Solo se produce un resultado que no deseábamos y una lección que necesitábamos aprender.

DESARROLLAR TU INTUICIÓN y aprender a confiar en ti misma es muy importante, por supuesto, en todos los ámbitos de la vida, pero en especial si eres alguien a quien le gusta pedir consejo a los demás o si eres alguien que constantemente busca mentores en su vida. Recuerda, los mentores pueden apoyar y *añadir valor* a tus experiencias, pero no *completarte*, ¡puesto que ya tienes todo lo que necesitas dentro de ti! Optimiza los consejos y la experiencia de los demás para tu propia vida pasándolos a través del filtro de tu propia intuición. Esta es en realidad la única manera de saber si son adecuados para ti.

Ah, y un par de consejos rápidos para compartir que me resultaron supereficaces para encontrar mentores. Durante los años en que hice crecer mi primera empresa, tuve la suerte de tener muchos mentores increíbles. Ninguno de ellos llegó por casualidad a mi vida: yo los busqué a todos. A muchos de ellos les envié notas, correos electrónicos y actualizaciones comerciales antes de que me dieran siquiera una respuesta, o me brindaran al menos 15 minutos de su tiempo para tomar un café juntos. Pero lo único que hice con gran intención, como una de sus esperanzadas aprendices, fue preguntarme: «¿Qué imagino que necesitan?» y «¿Cómo puedo servirles?». Este es un punto de inflexión. Cuando esperas recibir tutoría, es fácil pensar que no tienes nada que ofrecerle a un potencial mentor, y casi siempre eso no es cierto.

En los numerosos años en los que apenas si tenía un centavo extra, les preguntaba a mis mentores si podía llevarles café o almuerzo. Les explicaba que cualquier consejo que me dieran no se limitaría a mí; planeaba compartirlo en el futuro con tantas otras mujeres como pudiera. Todos, incluidos los mentores, se sienten realizados cuando tienen un impacto y contribuyen a algo más grande que ellos mismos. Les prometía que sería la administradora de su generosidad con su tiempo y lo usaría para multiplicar su impacto. Que estaría

Cuando confiamos en nuestro instinto y sale «mal», en realidad nunca está mal. Solo resulta en una lección que necesitábamos aprender.

ahí para ellos en todo lo que pudiera, ya sea enviándoles una cita inspiradora del día o compartiéndoles un baile divertido o un video cantando para hacerlos reír si algún día les iba mal. Literalmente les ofrecía todas las formas en que podría agregar valor a su vida (siempre gratis, porque no tenía dinero, y después continué haciéndolo gratis porque aprendí que estas son las únicas cosas que los mentores potenciales codician y no obtienen). Rara vez me aceptaron que yo les brindara algo de esto, pero casi siempre terminaron aceptando ser mis mentores, porque sabían que yo entendía este principio: **cuando tienes empatía y conoces la importancia de agregar valor a *los demás*, no solo pidiéndoles que te agreguen valor a ti, es mucho más probable que tengas éxito en tus objetivos.**

Asimismo, cuando estés a punto de comunicarte con un posible mentor, haz tu tarea antes de pedirle que te brinde su tiempo. Si tiene un libro, léelo. Lo que tiene el mentor, y por lo que quieres estar cerca de él, es su energía contagiosa, pero puedes hacer el verdadero trabajo, en su mayoría de forma gratuita en línea, leyendo sus escritos, viendo sus videos e investigando.

Eres el VIP de tu propia vida

En un evento de conferencias que tuvo lugar este año, estaba en el escenario tomando fotos con algunos de los miembros del público después de mi discurso de apertura que duró una hora. El organizador de ese evento en particular había hecho arreglos para que todos los que habían comprado un boleto VIP, que era cerca del 10% de la audiencia, se tomaran una foto con cada uno de los oradores. Al día siguiente recibí este mensaje en Instagram de alguien que no estaba en la fila VIP ese día, una mujer llamada Abbey:

«Solo un enorme agradecimiento por su mensaje en el evento. Mi hija Grace, de 18 años, y yo volamos desde Iowa. Soy madre soltera de ella y su hermana de 15 años, que eran huérfanas de la República Centroafricana hasta que Dios nos unió hace cinco años: una respuesta a las oraciones de tres almas. Grace quiere tener su propio negocio y está trabajando para creer que es valiosa. Tiene claridad y sabe su porqué. Ahora mismo ella está arriba tomando acción en grande, creando videos. No le permitieron conocerla porque no éramos VIP en el evento y quedó muy decepcionada, porque ella todavía no está lista para ver el rechazo como la protección de Dios 😊 [una referencia a mi discurso de ese día]. Pero creo que ella crecerá y alcanzará logros en el futuro hasta el punto de estar en la fila VIP para agradecerle en persona. Gracias por incluir también a Dios en su mensaje. No podría pedir una mejor mentora para mis hijas. La vemos, la vemos de verdad… [emoji de corazón]».

Se me caen las lágrimas. Mientras me sentaba a leer este mensaje en Instagram, disfruté su fortaleza y su carácter. Esta madre soltera, Abbey, es la VIP de su propia vida. No necesitaba un boleto VIP. Su confianza en sí misma y en sus hijas era el mejor ejemplo de tutoría que podían ver. En este único mensaje, sin solicitud alguna adjunta, Abbey hizo todo lo que mencioné antes que creo que es tan importante. No hizo lo fácil ni pidió cosa alguna. Solo me contó que su hija estaba arriba trabajando en el negocio de sus sueños en ese momento, que de casualidad eran aretes, ropa, bolsas, pulseras, portavasos y otros objetos de moda, y Abbey la respaldaba por completo. También entendía la importancia de agregar valor a los demás, como en este único mensaje que envió, al hacerme saber que lo que comuniqué ese día fue visto, escuchado e importante para ella y su hija. Que ella compartiera esto conmigo es un valor agregado para mí. El tipo de valor más preciado. Ella tiene la confianza de que ella y sus hijas lo resolverán y confiarán en ellas mismas y en su fe. Y envió el mensaje sin pedir nada en absoluto, simplemente lo envió con la intención de compartir su experiencia y dar las gracias.

Sentada en mi sala, un torrente de lágrimas corría por mi rostro mientras imaginaba a su hija, con anhelos y sueños, arriba en su habitación filmando videos para ayudar a correr la voz sobre su negocio. De inmediato busqué el perfil de Abbey en Instagram y busqué el enlace al negocio de su hija. ¡Lo encontré! Y mi primer paso de acción fue, por supuesto, ¡comprar regalos navideños! Sí, fui de compras y compré algunos de los adorables portavasos de girasoles tejidos para mi hermana. Luego elegí los de caritas felices para mí. Me maravillé con los aretes y las bolsas y me emocioné con las compras.

Luego le respondí a Abbey y este es un extracto del mensaje:

«Hola, Abbey, ¡muchas gracias por su mensaje! La única fila VIP que en realidad importa es la de Dios, ¡y usted, Grace y su otra hija de seguro están en la Suya! ¡Y Grace está en la segunda línea VIP más poderosa: la de su increíble mamá, quien se tomó el tiempo de escribirme un hermoso mensaje! ¡¡¡Gracias!!! Esta mañana pasé unos minutos eligiendo algunos regalos de Navidad del sitio de Grace. También le dejo mi dirección de correo electrónico, ya que me gustaría asegurarme de que usted y sus chicas obtengan entradas VIP para mi próximo evento en vivo como regalo de mi parte. ¡Me despido por hoy con amor, muchas gracias por su mensaje! Jamie».

Su respuesta sincera arrojó luz sobre un poco de la historia de su hija y de la de ellas en conjunto. Abbey es la VIP y la heroína de su propia vida. Y a través de su ejemplo, les muestra a sus hijas cómo ser VIP y las heroínas de las de ellas.

ALGUNAS PERSONAS BUSCAN un compañero o pareja potencial que los salve. Algunos buscan un mentor con la esperanza de que así lo haga. En ambos casos, estás esperando que otra persona cumpla tus sueños. Resiste la tentación de caer en la trampa que aprendemos en los cuentos de hadas infantiles, y que luego perpetuamos como adultos, de que solos únicamente somos capaces de jugar a ser pequeños, y que tenemos que esperar hasta que aquella persona llegue a nuestra vida para rescatarnos y darnos lo que necesitamos para vivir la vida al máximo. El Príncipe Azul, un mentor increíble y un boleto de lotería ganador son emocionantes y pueden ser maravillosos valores agregados si llegan a nuestra vida… pero dondequiera que vayas, ahí estás. Cualquiera que sea la relación que inicies, te llevas a TI mismo contigo. Cualquiera que sea el mentor que te dé un consejo, te llevas a TI mismo contigo. **Tu propio saber interior es más poderoso que el consejo de cualquier otra persona.**

Actúa ahora y confía en ti misma. **Estar dispuesta a ser derribado y volver a levantarte, fracasar, aprender y crecer es más poderoso que esperar a que alguien entre en tu vida y te diga qué paso dar a continuación.** No es necesario esperar a un héroe. Tienes el poder y todo lo que necesitas dentro de ti ahora mismo para vivir la expresión más elevada y verdadera de ti misma. Y cuando los príncipes, los mentores, los boletos de lotería ganadores y las sorpresas felices llegan a tu vida, son regalos en el camino de la aventura. Pero no son un boleto VIP que te lleva a una sala mágica donde te esperan todas las respuestas.

Tu conocimiento es el boleto. Cultívalo. Tu trabajo arduo y tu resiliencia son el camino. Atrévete. Tu alma es la habitación mágica. Habítala y confía en ella. No necesitas un boleto VIP cuando te das cuenta de que *tú eres* la VIP. No necesitas esperar a un héroe cuando te das cuenta de que *eres* esa heroína.

CAPÍTULO 12

LA MENTIRA: SI ME MUESTRO COMO SOY, NADIE ME AMARÁ

O te adentras en tu historia y te adueñas de tu verdad o vives al margen de tu historia, batallando por conseguir elevar tu autoestima.

BRENÉ BROWN

«ESTAS SOOOOOON las mañaniiiiiitas, que cantaaaaaabaa el rey Daviiiiiiid… a las muuuuuchachas boniiiiitas se las cantaaaaaaamooos aaasí: despieeeeerta, querida OPRAH, despieeeeerta, mira que ya amanecióóóóó…», canté completamente comprometida desde lo más profundo y lo más alegre de mi alma, lo más afinada que pude. Luego presioné un botón en mi teléfono.

—No le acabas de enviar eso, ¿verdad? —preguntó Paulo como si yo solo estuviera tratando de hacerlo reír.

—Se lo acabo de enviar en un mensaje de audio.

—Estás bromeando, ¿verdad? —dijo como si nada.

—¡No, lo acabo de enviar, de verdad! —respondí.

Se quedó boquiabierto mientras intentaba ocultar la mirada de preocupación y desaprobación. A lo largo de toda mi vida, mi familia siempre le ha cantado «Las Mañanitas» a todo pulmón al cumpleañero. Todo el mundo se involucra de forma plena y casi nadie canta afinado. Puede sonar como una manada de hienas aullando, mezclada con una orquesta infantil en su primer día de ensayo. Auditivamente es ofensivo, pero proviene de un lugar de amor. Es lo que hacemos. Así que yo continúo con esa tradición para los amigos y familiares que amo (qué suerte tienen, ja, ja).

—¿De verdad lo enviaste? —preguntó de nuevo.

—Sí —dije con confianza, aunque ahora estaba empezando a dudar de mi decisión.

—Sabes que Oprah acaba de entrevistar a Adele y filmar en vivo desde su concierto, ¿verdad?

De acuerdo, tenía razón, pero yo no estaba dispuesta a ceder.

—Si Oprah y yo vamos a seguir construyendo una amistad auténtica, tengo que mostrarme como soy en realidad —señalé.

Sin perder el tiempo, bromeó:

—Sí, pero… ¿tan pronto?

YA HABLAMOS sobre la mentira de sentir que tenemos que complacer a otras personas para sentirnos valiosos. Eso significa hacer y ser lo que creemos que ellos quieren que hagamos y seamos. Pero hay un giro en esa mentira que es importante discutir: el temor a que, si somos nosotros mismos, nuestro yo único, peculiar y auténtico, no seremos amados.

El miedo a que la gente no nos ame si revelamos quiénes somos en realidad es un miedo muy humano. Si te preocupa, ya sea entre amigos, parejas románticas, colegas, familiares o incluso tus propios hijos, que si conocieran tu verdadero yo, no te amarían tanto, no estás solo.

La mayoría de las investigaciones muestran que algunos comportamientos no auténticos e incluso perfeccionistas se desarrollan en la niñez, cuando aprendemos a ignorar nuestros propios deseos y necesidades y nos dedicamos a satisfacer las expectativas y necesidades de los demás, para obtener el sentimiento de pertenencia. Aprendemos a ocultar las partes de nosotros que no merecen elogios y aumentamos la fuerza de las que sí lo merecen. Luego continuamos con estos patrones cuando llegamos a ser adultos. Y el problema es que estos patrones nos hacen sentir vacíos, desconectados y, en última instancia, no amados en la forma en que más anhelamos el amor.

El diccionario Merriam-Webster define en inglés la palabra *auténtico* [*authentic*] como «fiel a la propia personalidad, espíritu o carácter; no falso». Las investigaciones muestran que cuando los niños sienten que su yo auténtico es visto y amado, experimentan alegría y confianza. Por el contrario, cuando no sienten que su yo auténtico es amado y aceptado, se deprimen y se vuelven inseguros. Un estudio muestra que el 25% de las niñas dicen que no se ven lo suficientemente bien sin la edición de sus fotografías, y que se toman en promedio hasta 14 *selfies* en un intento por encontrar el «look» correcto antes de elegir una que puedan publicar. Este es un desafío siempre presente en el nuevo mundo de la alta tecnología que es una parte creciente de nuestra vida diaria.

Tenemos una profunda necesidad humana de ser amados por lo que somos en realidad, es decir, todas las partes que nos conforman, y no por una versión o idea falsa o parcial de lo que deberíamos ser. Y el acto de mostrarnos de manera no auténtica para conseguir el amor es en realidad un acto inútil, porque nunca podremos conseguir el amor verdadero de esa manera. Sin embargo, seguimos intentándolo, una y otra vez, día tras día, reunión tras reunión para tomar café, máscara sonriente tras máscara sonriente de mamá transformada del comité de padres de la escuela, y perfil tras perfil de citas filtrado.

Algunos hacemos lo que los psicólogos llaman *homofilia*, es decir, buscamos la compañía de otros que son como nosotros. Pero muchos fijamos nuestra mirada en un grupo potencial de amigos (recordemos a los chicos más admirados de la escuela) y luego tenemos que transformar nuestro propio comportamiento en un intento por concordar con el grupo y ser aceptados. La mayoría de las personas que hacen esto continúan con este patrón durante toda su vida, el cual puede tomar diversas formas: perfeccionismo; ser quienes creemos que nuestra pareja quiere que seamos; mostrarnos como nuestros padres y maestros quieren que seamos y de quienes estarían orgullosos; desempeñar el papel que creemos que hará que nuestros hijos nos consideren buenos padres, o criticar a los demás mientras tomamos café para quedar bien con un grupo de

No es posible sentir verdadero amor y pertenencia cambiando a la persona auténtica que eres con el afán de intentar conseguirlo.

amigos. Este anhelo de amor y pertenencia es tan profundo que muchas veces vamos en contra de nuestros propios valores y personalidad solo para obtener la aceptación de los demás. Pero los estudios demuestran que aun cuando estas tácticas nos ayudan a ganar popularidad, en realidad reducen la felicidad, porque no vivimos en concordancia con nuestra integridad; en otras palabras, no somos auténticos.

Ocultamos partes de nosotros mismos y nos mostramos al mundo como una versión editada y reprimida. Algunas veces esto puede ser necesario por razones de seguridad y protección en situaciones poco sanas. Pero en lo que se refiere a muchas de nuestras metas más codiciadas en las relaciones, el amor y la vida, nuestro acto de disfrazar a nuestro verdadero yo no es tan sutil ni tan exitoso como imaginamos. Nos mostramos día tras día con un letrero gigante que dice *Se esconde por amor*, y es algo que nunca funciona. Solo atrae a otros que portan el mismo letrero. Cuando eres parte de un matrimonio o amistad en el que tú o la otra persona presenta una versión construida de sí mismo, la relación casi siempre carecerá de la profundidad de una conexión emocional auténtica, y sentirás que no te satisface y que le falta algo.

De nuevo, sentir verdadero amor y pertenencia solo puede provenir de ser amado por lo que en realidad eres. No se puede lograr cambiando a la persona que eres para obtenerlo. Cuando el amor se le brinda a tu yo no auténtico, tu interior no lo registra ni lo computa como amor.

Vogue y mis botas de montaña

No disfruto hacer ejercicio. De hecho, me aterra. En los últimos años, he intentado cambiar por completo mi forma de pensar en el ejercicio. Mi camino hacia la valía ha incluido superar muchas dudas sobre mí misma y sobre mi cuerpo. Aunque desearía que fuera diferente, la verdad es que durante la mayor parte de mi vida me he enfocado en hacer ejercicio con el objetivo principal de perder peso, nunca para lograr salud física y mental, vitalidad o solo para sentirme bien.

Hace algunos años, después de pasar muchos días en el hospital cuidando a mi mamá, me di cuenta del regalo que era poder seguir teniendo movilidad. Podía caminar, correr o saltar cuando quisiera, y mi mamá, por mucho que lo deseara, ya no podía hacerlo. Mi mamá Nina fue mi superheroína toda mi vida. Verla en una cama de hospital, sabiendo que, a pesar de la cantidad de opiniones que daban sus médicos, todas eran iguales: no mejoraría, fue desolador. Pero también me dio un aprecio renovado por el regalo de la salud y la movilidad. Todos los días, cuando hacía mi caminata matutina, **empecé a decirme a mí misma: «No tengo que hacerlo, PUEDO hacerlo». Decidí ver mis paseos matutinos como un regalo. Este consejo puede aplicarse a casi todos los ámbitos de la vida.**

A finales de 2022, me inscribí en un viaje de una semana a un retiro de senderismo y bienestar con algunos de mis amigos para enfocarme en la salud y la vitalidad. De las casi dos docenas de asistentes, cerca de la mitad estaban allí para perder peso y los demás para restablecer su salud o solo como un desafío. Nos dieron una dieta vegana muy estricta y nos llevaban temprano cada mañana a una ruta de senderismo diferente en las montañas, donde hacíamos caminatas de cuatro horas todos los días. Por la tarde teníamos clases de ejercicio donde se registraba nuestra asistencia.

Cuando llegué por primera vez a las instalaciones, noté que había un área completa de «cuidado de los pies» al aire libre, donde los guías de senderismo te ayudaban a aplicarte varias sustancias pegajosas, almohadillas de gel, vendajes y envolturas en los pies cada mañana antes de la caminata. Me pareció excesivo, hasta que me di cuenta de que no lo era. Para el segundo día, todos teníamos ampollas y lesiones cutáneas en talones, pies y dedos de los pies. Caminar cuatro horas al día cuando en general no sales a caminar no es cualquier cosa. Para el segundo día, cuando nuestro grupo de veinte personas estaba sentado alrededor de una única y larga mesa de comedor, se podía ver el dolor que empezaba a instalarse mientras todos nos preguntábamos para qué diablos nos habíamos inscrito.

A medida que pasaban los días, no se hizo más fácil. Para el tercer día del viaje, mi amiga Lia y yo nos habíamos agrupado con dos hombres, e íbamos rezagados en la parte trasera del grupo, luchando por subir una colina. Unas horas después, ya cubiertos de tierra, Lia, nuestros dos nuevos amigos y yo íbamos concentrados en no dejar que se nos torcieran los tobillos con las rocas inestables, asidos de nuestros bastones de senderismo como si fueran mantas de seguridad. Los cuatro nos detuvimos para tomar agua y disfrutar de la vista por un momento, y todos comenzamos a hablar, establecer vínculos más cercanos y reírnos. Me enteré de que los dos chicos, Edward y Alec, estaban casados. Estaban allí para celebrar su aniversario de bodas. Los tenis de Edward le causaban tanto dolor que Alec intercambió tenis con él. Yo llevaba una mezcla de ropa de senderismo que había comprado en una tienda de senderismo seria, pensando que de alguna manera eso podría transformarme en una excursionista seria si la llevaba puesta, pero nada de lo que llevaba combinaba en absoluto, y cada día, al cabo de dos horas, ya estaba toda cubierta de tierra y empapada en sudor. Edward y Alec estaban vestidos a la moda de una forma increíble, aunque ni con su estilo podían evitar la tierra y el sudor que nos cubría a todos cada día.

Es posible que Lia y yo hayamos sido más lentas que la mayoría, pero lo asumimos e incluso lo celebramos. Decidimos que íbamos a ser lentas *a fondo*, porque era lo mejor que podíamos hacer físicamente sin correr el riesgo de lesionarnos. Todos los días, después de caminar durante cuatro horas, Lia y yo estábamos tan emocionadas que al terminar saltábamos de alegría y luego empezábamos a hacer *twerking* para celebrarlo. (Más adelante en este libro explicaré cómo conseguimos nuestros mejores movimientos de *twerking*... Abuela, sáltate ese capítulo).

A pesar del agotamiento físico, el paisaje y el aire fresco eran en verdad increíbles. La naturaleza es tan curativa y el regalo de estar en ella no pasó inadvertido para mí.

Alec era un excursionista mucho más ambicioso que Edward, Lia o yo, así que una vez que supo que Edward tenía dos nuevas amigas para hacerle compañía, se unió al frente del grupo de excursionistas. Se convirtió en una práctica diaria que Edward, Lia y yo fuéramos en la retaguardia, a menudo media hora más lentos que la avanzada del grupo, pero lo dábamos todo.

La parte más especial de esta experiencia fue que no había recepción celular en las montañas. Así que, durante cuatro horas, estábamos solo Edward, Lia y yo, completamente presentes el uno con el otro. Me encantaba que ni nos importara, ni tuviéramos idea siquiera, de lo que hacían los demás para ganarse la vida. No iniciamos charlas triviales o superficiales. Primero nos unimos por nuestro dolor físico y por lo equivocados que debimos haber estado al inscribirnos en algo como esto. Luego nuestras conversaciones giraron en torno a las experiencias familiares y de vida y las dificultades que habíamos superado. Se sintió como un regalo pasar tiempo íntimo y de total concentración con mi nuevo amigo Edward y mi amiga cercana Lia. En el penúltimo día de mi viaje de una semana, estaba tan agotada que estuve a punto de no bañarme. Estaba segura de que no podía tener peor aspecto. Fue una dura lucha generar la energía necesaria para bañarme cuando todo lo que quería hacer era desplomarme en mi cama. Pero me bañé y vi el sudor y la tierra de la montaña correr por el desagüe durante varios minutos, y lo hice más que nada por el bien de mis amigos.

Esa noche me arrastré hasta llegar a la cena y tomé una silla al lado de Edward y Lia, mis almas gemelas excursionistas. Alguien al otro lado de la mesa del comedor le preguntó a Edward:

—¿A qué te dedicas?

A lo que él respondió:

—Trabajo en la moda.

—¿Qué haces exactamente? —le contestó ella.

Me di cuenta de que él no quería decirlo, pero no estaba segura de por qué. Supuse que solo quería estar presente, sin pensar en el trabajo. Después de un momento, dijo:

—Soy el editor en jefe de la edición británica de *Vogue*.

—¡Vaya! ¿Hablas en serio? —exclamó ella y luego dijo—: ¡Sé perfectamente quién eres! Dios mío, eso es asombroso. ¡Y estás sentado aquí con nosotros!

Miré a Lia, luego miré a Edward. Después volteé a ver la ropa que me había puesto.

—Me alegro mucho de no haberlo sabido hasta ahora —dije riendo.

Algunas personas me han dicho: «¡No mires mi maquillaje!», porque creen que tendré una opinión al respecto, puesto que fundé una empresa de maquillaje, pero nunca me fijo en el maquillaje de las personas porque durante muchos años esto me recordaba al trabajo. De la misma forma, es probable que un dentista no quiera evaluar tus dientes en una fiesta. Entonces, en este caso elegí mantener la creencia (acaso por autoconservación) de que a Edward no le importaba lo que yo llevaba puesto. Porque entre mi sudor, la suciedad y el traje de senderismo resistente pero práctico que no combinaba, mi atuendo era decididamente *no-Vogue*.

En nuestro último día, Edward, Lia y yo volvimos a caminar en la retaguardia del grupo. Todos los días cantábamos «reunited and it feels so good» [reunidos y se siente tan bien]. Coincidir con ellos cada mañana comenzó a sentirse como estar en la comodidad del hogar. Hablábamos y hablábamos y hablábamos, y luego lo busqué en Google enfrente de él y comencé a gritar: «¡EDWARD!», cuando la portada de la revista *Time* con su foto apareció y cuando vi todas las fotos de él en la primera fila de cada desfile mundial de moda. Me preguntó a qué me dedicaba y le conté mi historia de IT Cosmetics. Y Lia habló sobre la creación de su empresa de joyería y bolsos Valencia Key®. Aprendí sobre toda su odisea, desde el modelaje hasta la editorial, y cómo terminó como editor en jefe de la revista de moda más importante del mundo. Supe que su primer libro, *A visible man*, se lanzaría a finales de ese mes.

CUANDO TERMINÓ el retiro, nos mantuvimos en contacto y Edward nos invitó a Lia, a mí y a nuestra amiga Jacquie (quien también había estado en el retiro, pero caminó mucho antes que nosotros con su conjunto FITKITTY CULTURE® sin siquiera sudar) a la presentación de su libro en Hollywood. Cuando entré, vi innumerables celebridades de moda y supermodelos clamando a su alrededor. Edward estaba vestido de forma impecable, y aunque la fiesta tenía la luz muy tenue, nunca se quitó los lentes de sol. Era un espectáculo glamuroso y muy diferente del que habíamos visto pocos días antes, cuando todos estábamos cubiertos de tierra, sudor y victoria. Muchas de las supermodelos más importantes del mundo asistieron al evento. La supermodelo Cindy Crawford, su hija, la supermodelo Kaia Gerber, y yo encontramos en común la creación de negocios; y Lia, Jacquie y yo la pasamos increíble viendo cómo todo el mundo celebraba a Edward, y sentimos mucha alegría por él porque habíamos tenido la oportunidad de conocerlo de alma a alma. Varias veces, después de terminar una conversación con otro asistente a la fiesta, pasaba junto a nosotras y se detenía para darnos un gran abrazo, como lo hago yo si Paulo o mis amigos cercanos y familiares están entre la audiencia de un evento en el que yo participo. La conexión tenía profundidad y se sentía plena.

Edward, Alec, Lia y yo hemos seguido siendo amigos cercanos y a veces me pregunto si habríamos desarrollado una amistad tan cercana de haber sabido que él era el jefe de la edición británica de *Vogue* cuando lo conocí. ¿Habría sido demasiado difícil para mí resistir la tentación de tratar de ser más «cool» o más a la moda o más «interesante»? ¿O me habría dicho a mí misma que como todo el mundo quiere algo de él todo el tiempo, yo debía darle espacio y no entablar una conversación? Entonces no habría mostrado al 100% mi verdadero y auténtico yo. Y si Edward hubiera sabido que estaba en la industria de la belleza, o tal vez que teníamos amigos en común, es probable que él tampoco hubiera sido capaz de mostrarse tan vulnerable, agotado, sudoroso y cansado, como para compartir de forma plena su verdadero yo. Me gustaría pensar que ambos nos habríamos resistido a todo esto y que en realidad nos habríamos conectado con profundidad de todos modos. Pero lo que sé con certeza es que como no teníamos pretensiones ni miedos, ni nos esforzábamos por algún tipo de aceptación, y nos vinculamos mediante nuestro verdadero yo, creamos una amistad profunda y duradera.

Revelar lo real

¿La gente te conoce por lo que haces o por lo que eres? ¿Dejas que lo que haces para ganarte la vida nuble la forma en que te muestras? ¿Tu percepción sobre lo que hacen los demás para ganarse la vida influye en cuán digno te sientes de intentar hacer contacto con ellos? ¿La historia que te cuentas a ti mismo acerca de que eres «simplemente» [llena el espacio en blanco] (padre que se queda en casa, o graduado de preparatoria, o en un determinado lugar de tu carrera profesional) te lleva a mostrarte de manera más tímida y diferente con los demás? ¿La narrativa que crees acerca de que eres demasiado joven o demasiado viejo, demasiado alto o demasiado bajo, que no vienes de la zona de la ciudad o la familia adecuada o que no fuiste a la escuela adecuada, o que no tienes la experiencia o los antecedentes correctos termina interfiriendo con la forma en que te presentas y te permites conectar con los demás? Es muy fácil pensar que nos estamos protegiendo o que estamos haciendo que los demás nos quieran más, cuando en realidad estamos impidiendo que nos conozcan de verdad y que nosotros mismos nos sintamos conectados y vistos.

Sofocas la conexión humana cuando te presentas como solo una parte o por completo diferente de quién eres auténticamente. Ocultar parte o la totalidad de quién eres en verdad crea una barrera de desconexión que puede hacerte sentir solo. Nos encontramos en un momento de la sociedad en el que la soledad está en su punto más alto. Los sentimientos de desconexión están en su punto más alto. La tecnología y la inteligencia artificial en rápida evolución solo nos alienarán aún más.

Creemos que debemos presentarnos como una versión editada de nosotros mismos para ser dignos de amor, cuando en realidad es todo lo contrario. Si no eres tu verdadero yo, es imposible tener el amor más profundo y verdadero. Para mí, desaprender esta vieja mentira y reunir el valor para mostrarme como soy en realidad, incluso en los momentos en que siento que no soy suficiente, es una práctica diaria y una búsqueda de toda la vida; un riesgo, un momento real e incluso cantar una canción de forma comprometida con un amigo a la vez.

En cuanto a Oprah, mi canto no la asustó, gracias a Dios. Espero que haya encontrado refrescante lo real. Porque ella sabe mejor que cualquiera que **el camino hacia el amor y la conexión es revelar lo real**, aun cuando se trata de cantar una interpretación desafinada y por completo comprometida de «Las Mañanitas».

CAPÍTULO 13

LA MENTIRA: LAS ETIQUETAS SON PERMANENTES

Si hablarles a las plantas de forma bondadosa las ayuda a crecer, imagina lo que puede hacer con los humanos.

ANÓNIMO

NOS OCULTAMOS DETRÁS de etiquetas y nos escondemos a causa de ellas: etiquetas que alguien nos puso alguna vez y que permitimos que se nos quedaran pegadas, etiquetas que nos hemos puesto nosotros mismos, y ahora, con la tecnología, incluso las etiquetas de valoraciones que nos ponen extraños en internet; desde el momento en que se burlaron de nosotros o nos acosaron y nos dijeron por qué éramos inadecuados cuando éramos niños pequeños, hasta esa etiqueta que una vez nos puso un pariente, hasta un nombre con el que alguien nos llamó alguna vez y que nunca dejó de reproducirse en nuestra mente, hasta el momento en que nuestro ex nos hizo creer en una etiqueta y nuestro deseo de amor nos engañó para dejáramos que echara raíces dentro de nosotros; desde las palabras que nos decimos sobre nosotros mismos cada vez que nos miramos al espejo, hasta las etiquetas que reproducimos una y otra vez como una banda sonora cada vez que las cosas no salen como queremos; desde el conductor de viaje compartido que nos da una reseña positiva, hasta la marca de verificación en varias plataformas de redes sociales que indica que alguien más nos ha considerado válidos e incluso las etiquetas de los emoji en los comentarios de nuestras publicaciones que indican cómo otros califican nuestros pensamientos o nuestro arte, cuántos seguidores tenemos y cuántos «me gusta» tienen nuestras publicaciones, que cuantifican de forma pública nuestra etiqueta *popular*. **Se ha vuelto**

muy fácil ganarse la etiqueta de EXITOSO o FELIZ en nuestra identidad en línea, sabiendo al mismo tiempo que sentimos que tenemos la etiqueta de FRACASO o AISLADO en nuestra vida real. Es muy fácil confundir etiquetas falsas con identidades reales, y si no tenemos cuidado, permitimos que las etiquetas falsas afecten nuestro sentido de identidad. Las etiquetas que has dejado que se te peguen y que crees sobre ti mismo impactan tu vida entera. **Decidir eliminar esas etiquetas y elegir otras nuevas que coincidan con tu valía es transformador.**

Cómo se arraigan las etiquetas

Todo en la vida tiene simplemente el significado que le damos, la historia que nos contamos sobre ello y, a menudo, la etiqueta que le damos. Y con suficiente repetición o refuerzo, comenzamos a creer que el significado o la etiqueta es, de hecho, la verdad. Por ejemplo, si alguien me dice: «Jamie, no eres muy inteligente», y yo dejo que ese comentario se arraigue en mí y lo pienso una y otra vez, lo que sucederá después será que empezaré a notar cada vez que se refuerza la creencia de que no soy inteligente. El significado que le damos a algo puede convertirse en lo que creemos con certeza al respecto, o sobre nosotros mismos. El sistema de activación reticular de nuestro cerebro, o nuestro SAR, multiplica la velocidad a la que esto sucede.

Nuestro SAR es como un filtro gigante en nuestro cerebro que depura más del 99% de todos los estímulos que nos rodean para ayudarnos a concentrarnos en lo que es importante para nosotros. En este momento, por ejemplo, hay millones de estímulos a tu alrededor: cómo huele el aire, cómo se siente tocar cualquier parte de tu cuerpo, la textura y el color de las paredes, el tono de la luz en la habitación, cada imagen, olor y sonido que te rodea en este momento. Pero tu SAR bloquea la mayor parte para que puedas concentrarte en lo que te importa o en lo que consideras importante. Entonces, en este momento tal vez solo estés percibiendo la página de este libro o cuánto te gustaría comer una galleta con chispas de chocolate. Pero no estás prestando atención a los millones de otras posibilidades que te rodean porque tu SAR está filtrando todo menos lo que consideras importante. Lo hace para ayudarnos a sobrevivir.

El ejemplo clásico que se utiliza a menudo para describir el SAR es el del proceso de compra de un automóvil. Si compras un Honda azul y lo sacas de la agencia, de repente, durante los siguientes meses, verás Honda azules por todas partes. Antes, siempre estuvieron allí, pero nunca los notaste porque para ti no eran importantes. Ahora que posees un Honda azul, tu SAR te avisa cada vez que pasas junto a uno en la carretera.

Lo mismo ocurre con las etiquetas una vez que dejas que una de ellas se arraigue y le creas. Tomemos mi ejemplo de la etiqueta «No soy inteligente». Mi SAR reforzaría esa creencia al encontrar pruebas a mi alrededor de que no soy inteligente y resaltarlas. Cada vez que cometa un error, mi SAR me lo hará notar y me recordará: «No eres inteligente». Cada vez que no sepa la respuesta a algo, o que alguien no esté de acuerdo conmigo en un comentario en línea, o que me yo me pregunte si debo comunicar una idea, mi SAR me recordará: «No eres suficientemente inteligente». Si digo algo en particular inteligente, no lo registraré tanto. Pero ¿y esos errores? Mi SAR los magnificará de manera intensa. Antes de que nos demos cuenta, estas etiquetas negativas se convierten en creencias arraigadas, las cuales, con suficiente repetición, se convierten en parte de nuestra identidad. Aquello en lo que te concentras se multiplica. Tu SAR se asegura de ello.

De manera similar, si decides ponerte una etiqueta empoderante a ti mismo, o alguien más lo hace, entonces con suficiente repetición echará raíces y también podrá convertirse en una creencia, apegada a tu identidad. Ambos escenarios son muy importantes porque, recuerda, nos convertimos en lo que creemos.

El poder de las etiquetas

Las etiquetas son poderosas y, cuando les creemos a las que nos empoderan, pueden ayudarnos a darle forma de manera positiva a nuestra identidad y a nuestra valía personal. Un gran ejemplo de esto es el de mi querido amigo Ed, a quien mencioné con anterioridad. Cuando era pequeño, hubo un momento decisivo en el que le pusieron etiquetas que cambiaron su vida. Ed tenía dificultades en casa con un padre alcohólico y en la escuela se burlaban de él por ser pequeño. Sus compañeros de clase se burlaban de él llamándolo «Eddy espagueti». Su maestra de primer grado, la señora Smith, sabía que él tenía baja autoestima y Ed cree que ella orquestó algo que cambió su vida para siempre. Un día en clase estaban haciendo exámenes para aprobar el grado y un hombre entró en el salón y se dirigió a donde estaba la señora Smith. Él dijo: «Señora Smith, necesitamos saber quién es su estudiante más inteligente y queremos utilizar su examen para representar a la clase».

Ed escuchó a la señora Smith decir: «Ese sería Eddy Mylett. ¿Lo ves allí? Yo elegiría a Eddy; él es el más inteligente». Lo dijo sabiendo que el pequeño Eddy podía oírla. Y cuando lo hizo, los ojos de Eddy se iluminaron y se dibujó una gran sonrisa en su rostro. Él recuerda haber pensado: «Ella me eligió, soy el inteligente».

Luego, el hombre declaró: «Muy bien, Eddy Mylett, necesitamos que vengas con nosotros», y procedió a llevar a Ed a una sala especial donde se estaba examinando a los estudiantes superdotados. Ed tenía dificultades para sentirse valioso y ese día, su maestra, que creía en él, lo hizo sentir no solo inteligente, sino también especial y valorado. Y estaba dispuesta a destacarlo entre todo un grupo de niños y declararlo como el más talentoso, y Ed permitió que esa etiqueta echara raíces. Algunos días, esas palabras que su maestra había dicho sobre él eran todo lo que tenía como apoyo. Las llevaba en su mente con orgullo. Ed creció decidido a romper los ciclos generacionales de adicción en su familia y a creer de verdad que pertenecía a salones llenos de personas con excepcional inteligencia y talento. Llegó a tener un tremendo éxito empresarial y hoy, mediante su pódcast *The Ed Mylett Show*, sus plataformas sociales y sus libros, inspira a millones de personas a diario a creer también en sí mismas. Ed ha pensado en la señora Smith miles de veces en su vida, y hasta el día de hoy cree que ella hizo los arreglos para que el hombre entrara a su salón de clase para sembrar esas poderosas semillas en Ed. Y ahora él pasa su vida ayudando a otros a creer también en ellos mismos.

En *Let Me Tell You about You* (Déjame hablarte de ti), un libro en el que estaba trabajando al mismo tiempo en que yo escribía este, Ed comparte una herramienta profunda cuando se trata de etiquetas e identidad, inspirada en el don que le enseñó su maestra de primaria hace décadas. Todos y cada uno de los días de la vida de sus hijos, les ha dicho: «Déjenme hablarles de ustedes...», y luego procede a decirles palabras y etiquetas empoderantes sobre quiénes son para que estas echen raíces en la forma de una profunda valía personal. Por ejemplo, todos los días le dice a su hija Bella cosas como «Bella-bu, déjame hablarte de ti. Tú eres inteligente, eres amable, eres generosa, tienes los ojos de tu papá. Creo en ti, te amo».

Hace poco Ed visitó a su hija en su residencia universitaria de primer año en la universidad. Cuando él salía del edificio ese día, su grupo de amigos estaba allí. Al acercarse para despedirse, una de sus amigas gritó: «¿No vas a contarle primero sobre ella?». Ed empezó a llorar. Se dio cuenta de que hacer eso a diario por Bella había echado raíces, incluso en los días en que ella giraba los ojos y los ponía en blanco o no reconocía lo mucho que eso significaba para ella. Lo valoró tanto que se lo contó a sus amigos. Ed tomó las manos de Bella y dijo: «Bella, déjame hablarte de ti...», y vertió palabras verdaderas sobre la belleza y el poder de la persona que ella era. La historia de Ed me inspiró para hacer esto con mi hija Wonder y mi hijo Wilder todos los días.

Etiquetas desempoderantes

Lo contrario también es cierto y, lamentablemente, es común. Cuando las personas que nos rodean nos ponen etiquetas que nos quitan el poder, a menudo dejamos que estas permanezcan durante décadas.

Cuando familiares y amigos bien intencionados nos ponen etiquetas burlonas, no tienen idea de lo fácil que es que esas etiquetas echen raíces. Antes de darnos cuenta, ya interiorizamos las etiquetas desempoderantes que hemos escuchado decir a los demás y, de forma más común, las que nos hemos puesto a nosotros mismos. Creemos que estas etiquetas nos definen y que todos los demás también las ven. Estas etiquetas son solo palabras y, en el mejor de los casos, ya caducaron; en el peor, son mentiras absolutas, pero tienen el poder de hacernos desaparecer y sentir que no valemos nada.

La mentira: *Yo soy mis etiquetas.* La verdad: *Tus etiquetas no son permanentes. ¡Son temporales y puedes eliminar las falsas que te quitan el poder y remplazarlas con etiquetas verdaderas y empoderantes que te sirvan!*

Fui concebida durante un encuentro único entre dos personas que nunca volvieron a estar juntas. Me mantuvieron en secreto antes de que me dieran en adopción el día que nací. Podría sentirme tentada a interpretar mi propia historia con etiquetas como «no deseada», «secreto» «error» o «abandonada»... pero lo que sé que es verdad es que Dios nunca me abandonó. Lo que elijo creer, lo que sé en cada gramo de mi ser, es que Dios me ha estampado con las etiquetas más grandes, especiales y hermosas. Etiquetas que dicen: «deseada», «más que suficiente», «mi niñita preciosa», «hecha de forma maravillosa», «convocada», «cualificada», «valiosa», y me imagino un sello gigante en mi frente que dice: «elegida». Sé que él también nos ha marcado a cada uno de nosotros con estas mismas palabras, y que estas etiquetas son ciertas.

Pero esta creencia sobre mí misma no surgió de la noche a la mañana. Ha sido un esfuerzo continuo por aprender cómo remplazar las viejas etiquetas por otras nuevas que digo y creo sobre mí misma. Nuevas etiquetas en las que sabía que necesitaba creer para sentir que pertenecía, como hija, amiga, madre; en una relación amorosa; como directora ejecutiva, e incluso en la forma y el tamaño de mi propio cuerpo.

¿Qué etiquetas te has puesto que no son ciertas y sigues llevando contigo? Tal vez sean etiquetas como «no suficiente», «no calificada», «mala madre», «cometí demasiados errores», «paria», «fracasada», «insuficiente». Hoy tengo una noticia para ti: esas etiquetas no solo son mentira, sino que además no son permanentes ni fijas. Cualquier etiqueta que te pongas a ti mismo, o que te ponga alguien de tu infancia, tu familia o una persona hiriente, está hecha como una nota adhesiva. Parece que podría estar adherida para siempre, pero solo tiene ese adhesivo ligero: es removible. Y tal vez hoy sea el día en que decidas quitarte esas viejas etiquetas que te impiden vivir la vida como la expresión más plena y elevada de quien eres en realidad.

Nuevas etiquetas

¿Qué etiquetas has dejado que se te peguen y se arraiguen? ¿Detrás de qué etiquetas te escondes? Me gustaría invitarte a hacer un ejercicio sobre etiquetas con la intención de ayudarte a crear conciencia y luego empoderamiento. Lo único que requiere es que seas muy honesto contigo mismo. Este es un ejercicio de verdad y reflexión, de ti contigo. A continuación, verás tres columnas. Si deseas más espacio, puedes recrearlo en tu propio diario o cuaderno, en una hoja de papel o en tu computadora.

Etiqueta desempoderante	¿Cuál ha sido el costo de creer en esta etiqueta? ¿Qué impacto ha tenido en cada área de tu vida?	Nueva etiqueta o creencia de remplazo empoderante

ETIQUETA DESEMPODERANTE	¿CUÁL HA SIDO EL COSTO DE CREER EN ESTA ETIQUETA? ¿QUÉ IMPACTO HA TENIDO EN CADA ÁREA DE TU VIDA?	NUEVA ETIQUETA O CREENCIA DE REMPLAZO EMPODERANTE

NOTA VALIOSA: También puedes obtener gratuitamente la hoja de trabajo sobre las etiquetas [en inglés] en <worthybook.com/resources> e imprimirla.

En la primera columna quiero que escribas las etiquetas desempoderantes que te has puesto: las falsas que quizá nunca permites que los demás sepan que crees, pero aun así lo haces; las etiquetas dolorosas que tú o alguien más te puso, que son mentiras que tienes la tentación de creer. Tal vez sean etiquetas como: «fracasado», «no amoroso», «no calificado», «no gracioso», «cobarde», «poco atractivo», «demasiado viejo», «demasiado joven», «carente de valía», «dañado», «rechazado», «indeciso», «no lo suficientemente inteligente». Puede resultar útil pensar en las etiquetas que se refieren a determinadas partes de tu vida, como tu personalidad, nivel de logros, edad, habilidades, cuerpo, potencial y pasado.

Ahora la columna del centro. Esto podría ser lo más difícil que hagas hoy, pero quizá sea lo más importante. Al lado de cada etiqueta, quiero que escribas qué costo ha tenido en tu vida creer esa etiqueta. ¿Qué costo ha tenido en tus relaciones? ¿Cuánto te ha costado en tu trabajo o en tus ambiciones? ¿Qué costo ha tenido en tu alegría? Luego profundiza. Por ejemplo: ¿la etiqueta no solo te costó perder algo, sino también la confianza para ir tras lo que seguía? O si una etiqueta te costó tu voz en una relación, ¿eso se convirtió en una bola de nieve que te hizo no decir lo que pensabas con tus amistades? ¿Cuánto te ha costado cada etiqueta en el nivel superficial y cuánto te ha costado más allá de eso, como en la forma en que te muestras o en el ejemplo que das a las personas que más te importan en tu vida? Puedes dedicar varios minutos, varias horas o incluso varios días a esto.

Cuando hice este ejercicio por primera vez, me cambió la vida. Me di cuenta de que algunas de las etiquetas que me puse a mí misma, o que alguien más dijo sobre mí y elegí creer, me habían hecho *sentir* menos y, con el tiempo, creer que yo *era* menos que nadie. Y descubrí que las etiquetas más hirientes son las que me pongo yo misma.

Es muy revelador considerar lo que nos ha costado en nuestra vida cada una de nuestras etiquetas desempoderantes. ¿Se han interpuesto en tu camino al perseguir tus sueños? ¿Has permanecido en una relación poco saludable por culpa de ellas? ¿Has dejado que un amigo te maltrate a causa de ellas? ¿Has dejado de decir lo que piensas debido a ellas? ¿Has dejado de verte en el espejo por culpa de ellas? ¿Has perdido tu alegría y tu entusiasmo por la vida a causa de ellas? ¿Te abstienes de compartir tus ideas con los demás por culpa de ellas? ¿No usas traje de baño en público por ellas? ¿Te quedas afuera de una fiesta y nunca bailas en la pista de baile a causa de ellas? Si te has etiquetado a ti mismo como «no valioso», ¿cuánto te ha costado eso en tu vida?

Finalmente, en la columna de la derecha, al lado de cada etiqueta desempoderante, quiero que escribas una creencia que la remplace. Algo que tú *sepas* que es cierto sobre el núcleo y la esencia de quien eres: algo que *tu creador* diría de ti, o que diría tu mejor amigo; algo que asumes en tu alma que es cierto acerca de ti mismo; una nueva etiqueta o creencia con la que deseas remplazar la anterior. Tal vez si tu etiqueta anterior era «no atractivo», tu nueva etiqueta sea «hecho maravillosamente a su imagen» o «hermoso», «hermosa». Si tu antigua etiqueta era «incapaz de ser amado, tal vez tu nueva etiqueta sea «digno de amor» o «incondicionalmente amoroso» o «hecho del amor para el amor». Si tu antigua etiqueta era «deficiente» o «defectuoso», tal vez tu nueva etiqueta sea «victorioso» o «resiliente». Si tu antigua etiqueta era «mala mamá», tal vez tu nueva etiqueta sea «mamá amorosa». Tu nueva etiqueta es la verdad de lo que eres. Es tu verdadero tú, el TÚ con el que naciste, antes de que el mundo, el agrado de la gente, el odio, el dolor, el juicio y la duda te enseñaran quién ser.

No podemos solo ignorar y enterrar las historias profundas que nos contamos sobre nuestra identidad en torno a la valía, porque seguirán apareciendo, con más fuerza cada vez, para siempre. Cuando las reconocemos, empiezan a perder su poder y empezamos a darnos cuenta de que no son ciertas porque nuestra alma sabe que no lo son. Cuando hacemos el trabajo de no creerles, continúan encogiéndose. Su volumen de autoridad en nuestra vida, pensamientos e identidad continúa disminuyendo.

Aquí hay algunos consejos sobre *replantear el pensamiento*, o remplazar viejas etiquetas desempoderantes por otras nuevas y verdaderas. Una teoría dice que tienes 17 segundos para interceptar un pensamiento negativo y remplazarlo por uno positivo antes de que eche raíces. En tu vida diaria, cuando te venga a la mente esa vieja etiqueta, capta e intercepta en un instante ese pensamiento y remplázalo en tu mente con tu etiqueta nueva y verdadera. Asegúrate de sentir la verdad de esa etiqueta nueva y verdadera. Haz esto con tanta frecuencia como puedas, hasta que ya no necesites el recordatorio y se convierta en una segunda naturaleza y un hábito.

Otro ejercicio útil es escribir todas las etiquetas antiguas en notas adhesivas o en hojas de papel. Luego haz un ritual quemándolas o rompiéndolas en pedazos y tíralas al basurero o al inodoro para que desaparezcan para siempre.

Escribe tus nuevas etiquetas empoderantes en tu diario de gratitud o en notas que pegues en los lugares que ves con más frecuencia durante el día, como el monitor de tu computadora, el clóset, el teléfono o el auto. Escríbelas en el espejo de tu baño con marcador borrable o con maquillaje para verlas todas las mañanas cuando te cepilles los dientes. Escríbelas como si fueran absolutamente ciertas. Por ejemplo: «SOY VALIOSO», «SOY UNA MAMÁ CARIÑOSA», «SOY LISTA», «SOY GRACIOSO», «SOY HERMOSA».

Refuerza estas nuevas etiquetas con tu creatividad hasta que echen raíces. Haz de una de ellas tu palabra del año. Configura una o dos de las nuevas etiquetas como recordatorios diarios en tu teléfono celular para que cuando suene la alarma y veas tu teléfono, te recuerde tu etiqueta nueva y verdadera. Escríbelas con marcador permanente en el interior de las etiquetas de tu ropa favorita; serás el único que las verá cada vez que te vistas. Deja una lista de ellas en tu escritorio. Si quieres llegar a medidas más extremas, hazte una pulsera o un tatuaje con tu nueva etiqueta empoderante más importante. Notarás que cuanto más refuerces tus palabras positivas, más las verás en todas partes porque tu SAR se asegurará de que así sea. Y si publicas en las redes sociales una foto de la forma en que recuerdas tus nuevas palabras y etiquetas, ya sea una nota adhesiva en tu espejo o incluso un tatuaje, asegúrate de etiquetarme. ¡Yo la volveré a publicar para inspirar a otros a eliminar sus etiquetas antiguas y decidir creer en las nuevas! Los recordatorios visuales son herramientas poderosas; también puedes usar tu libro *Invencible* como recordatorio. Cuando termines de leerlo, coloca tu libro *Invencible* en un lugar donde lo veas todos los días y te recuerde tus lecciones, herramientas y conclusiones favoritas; pero, lo más importante: tu valor. Ya sea que coloques tu libro en la mesita de café de tu sala, en el mueble del baño o en el escritorio de la oficina, los estudios demuestran que los recordatorios visibles pueden hacer una gran diferencia a la hora de alcanzar tus objetivos.

Las etiquetas desempoderantes se sienten pesadas, como si llevaras insignias de mentiras por todas partes. Quitar estas etiquetas de forma permanente se siente como verdad y libertad. Adoptar etiquetas verdaderas y empoderantes se siente como energía, un viento edificante bajo tus alas.

Las etiquetas se hacen, se pueden deshacer y se pueden quitar.

Eres el autor de tu propia identidad. Eres el personaje principal de la historia de tu vida y la descripción del personaje depende de ti y de nadie más. Creo que una de las habilidades más importantes en tu vida es dominar el arte de comunicarte contigo mismo. Cuando cambias tu historia y cambias tus etiquetas, cambias tu vida.

PARTE III

TRANSFORMAR

El viaje de tu persona: construir una valía personal inquebrantable y un amor propio incondicional

CAPÍTULO 14

EL SECRETO PARA LA REALIZACIÓN: LA VALÍA PERSONAL ES EL MULTIPLICADOR

A veces, el siguiente nivel de vida no es un logro, sino una armonización.

BRENDON BURCHARD

EN ESTE MOMENTO de tu vida, ¿dirías que estás realmente realizado?, ¿o sientes que te falta algo? Quizá no estés muy seguro de qué es, pero tal vez te haces preguntas como: «¿Esto es todo lo que hay?». O quizá te digas a ti mismo: «Pensé que a estas alturas, y con todo lo que he logrado, me sentiría feliz, pero resulta que no es así», «Tengo mucho por qué estar agradecido, así que le diré al mundo que lo tengo todo, pero no puedo deshacerme de este anhelo que siento por algo más. Aunque no importa cuánto más consiga o construya, esto no resuelve el anhelo» o «Debo ser alguien desagradecido y egoísta si con todo lo que tengo aún me siento insatisfecho». En lo que se refiere a la respuesta verdadera y honesta a cómo te sientes ahora mismo en lo más profundo de tu ser respecto a tu grado de realización en la vida, este capítulo podría ser la clave que te ayude a descifrar el código para entender por qué te sientes así y qué puedes hacer al respecto.

La herramienta de la que estamos a punto de hablar cambió de manera fundamental mi vida entera y me emociona mucho compartirla contigo. Me ha ayudado a comprender por qué me sentía vacía a pesar de haber logrado tantas de mis metas, y me ha ayudado a avanzar a toda velocidad en el camino hacia la verdadera realización. Abróchate el cinturón, porque se sentirá como si estuviéramos de regreso en el salón de clases por un minuto. ¡Pero no te preocupes, aquí estoy contigo! Este capítulo puede parecer un poco serio, pero no vinimos aquí para hacer las cosas en pequeño, vinimos a desarrollar una verdadera valía personal. Además, prometo que habrá mucha más diversión después. Así que estaremos en clase durante algunas páginas, y yo estaré sentada junto a ti. Incluso te compartiré mis notas, por si las necesitas, y cuidaré tu asiento si tienes que correr al baño o tomar un refrigerio y regresar. El maestro al frente de la clase es tu conocimiento, tu alma, y es el mejor maestro vivo. Y cuando suene el timbre al final de la clase, podremos ser compañeros de estudio después, en este hermoso viaje de toda la vida. ¿Le entras?

Las cuatro claves para la realización

Mientras que la **valía personal** es un requisito absoluto para la verdadera realización, un fuerte sentido de valía personal por sí solo no es suficiente para lograr los mayores sentimientos de éxito y felicidad en la vida. Se requieren algunos otros componentes. Para lograr la máxima realización, también necesitas **confianza en ti mismo, crecimiento** y **contribución**. Hemos cubierto un amplio terreno en **valía personal** y **autoconfianza**, y para tu realización final, el **crecimiento** y la **contribución** también son clave.

La necesidad de **crecimiento** puede presentarse de muchas formas: adoptar un nuevo pasatiempo, leer un libro, trabajar en terapia, asumir un nuevo desafío o trabajar de forma continua para hacer crecer una pasión existente. Hay una alegría y vitalidad que sientes cuando estás creciendo, y la mayor parte del crecimiento en la vida proviene de actividades, tanto internas como externas, que desarrollan tus habilidades, competencias y rasgos, y de manera inevitable, tu confianza en ti mismo.

Para lograr el máximo éxito, felicidad y plenitud, también necesitas la sensación de **contribución**: aportar algo a los demás, a una causa o a algo más grande y más allá de ti mismo. Las investigaciones muestran que las personas que se ofrecen como voluntarias se sienten más satisfechas con su vida y reportan una mejor salud general y mental. La necesidad de contribuir se puede satisfacer de muchas formas en tu vida, desde solo hacerle saber a otra persona que la ves y que es importante, hasta ayudar dando servicio a los demás, donando tu tiempo, tu dinero o tus ideas.

Confianza en ti mismo, **crecimiento** y **contribución** son necesidades humanas fundamentales para alcanzar la máxima felicidad, plenitud, significado y alegría. Podría escribir un libro completo sobre la confianza, el crecimiento y la contribución, pero la clave y el enfoque aquí es cómo se relacionan con la valía personal.

Descifrar el código: la ecuación de la plenitud verdadera

Para agregar más información a la montaña de estudios sobre la valía personal, la confianza en uno mismo, el crecimiento y la contribución, a través de investigaciones en el mundo real en forma de innumerables interacciones, historias y experiencias compartidas con los millones de mujeres que se han convertido en parte de mi viaje de IT Cosmetics, y mediante la tutoría de un grupo de asesores increíbles, obtuve esta ecuación como una receta innovadora para la verdadera satisfacción en la vida.

Primero, estima en qué nivel estás en estas tres áreas de tu vida ahora mismo: confianza en ti mismo, crecimiento y contribución. Luego multiplica la suma total de ellos por tu nivel de valía personal. Esto te dará tu nivel actual de satisfacción. (Nota para todos aquellos que no aman las matemáticas: ¡Les aseguro que no necesitan «hablar matemáticas» para aplicar esto a su vida en este momento!).

Al comienzo de este libro escribí estas palabras: **en la vida no te elevas hacia lo que crees que es posible, caes en lo que crees que mereces.** Innumerables estudios e investigaciones respaldados por la ciencia demuestran la importancia de la valía personal, la confianza en uno mismo, el crecimiento y la contribución para alcanzar una realización general en la vida, pero el más decisivo de estos componentes para la verdadera realización es la valía personal. Es el multiplicador. Cuando sumas tu confianza en ti mismo, tu crecimiento y tu contribución, y luego multiplicas ese total por tu nivel de valía personal, obtienes tu nivel de verdadera realización. E incluso si tienes mucha confianza en ti mismo, estás creciendo y estás haciendo una contribución significativa a la sociedad, y tu valía personal está en ceros, no te sentirás realizado. Porque **la valía personal es el multiplicador y cero multiplicado por cualquier número es igual a cero.** Es así de simple: no podrás alcanzar la verdadera plenitud en la vida sin ella. Porque puedes tener distintos niveles de cualquiera o de todas estas tres cualidades: confianza en ti mismo, crecimiento y contribución, pero nunca podrás sentirte en verdad realizado si no sientes que vales.

ECUACIÓN DE LA PLENITUD VERDADERA

©Jamie Kern Lima

(Confianza en ti mismo + Crecimiento + Contribución) × Valía personal = Nivel de plenitud

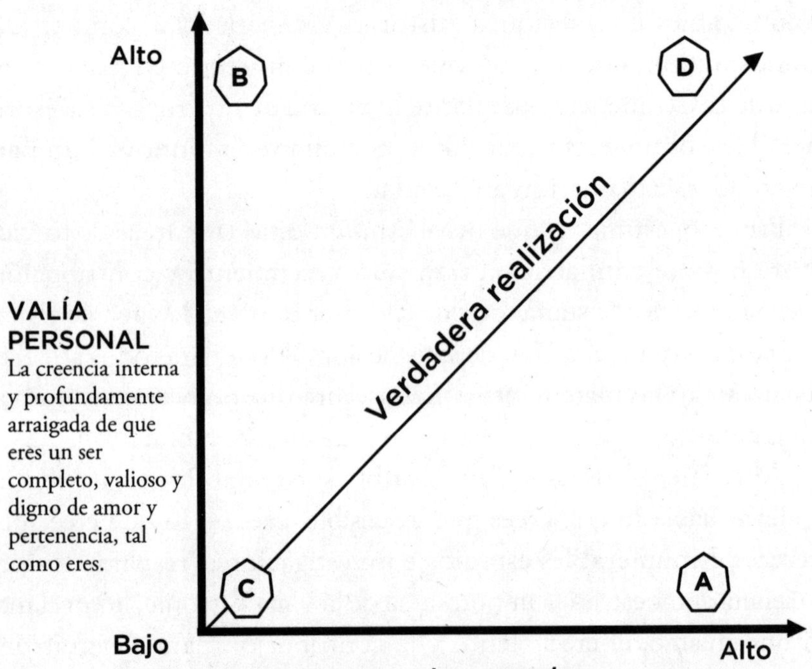

La suma de:
(CONFIANZA EN TI MISMO + CRECIMIENTO + CONTRIBUCIÓN)

Tu nivel de confianza en ti mismo + lo mucho que estás creciendo y evolucionando en tu vida y como persona + tu enfoque en el servicio y la contribución a los demás.

VEAMOS cuatro ejemplos en la gráfica de la ECUACIÓN DE LA PLENITUD VERDADERA y analicemos dónde te encuentras en tu vida en este momento. ¡Y luego explora en dónde te gustaría estar! Para cada uno de los siguientes cuatro ejemplos, consulta la gráfica de la ECUACIÓN DE LA PLENITUD VERDADERA para visualizar dónde aterrizan.

La persona A tiene un éxito increíble en el exterior. Se desafía a sí misma para aprender y crecer, y realiza acciones para ayudar a servir a los demás. A pesar de parecer que es exitosa y que tiene la vida ideal, se siente perpetuamente insatisfecha. Hay muchos perfeccionistas y personas de alto rendimiento que se localizan en este lugar y no pueden entender por qué sienten que les falta algo y que son inadecuados. No importa cuánto logren, nunca es suficiente y no se sienten realmente felices ni realizados.

La persona B siente una profunda sensación de paz, valor y amor, pero no se siente competente ni segura de sus propias habilidades y capacidades. Y si bien puede estar contenta, carece del gozo de la verdadera realización que surge al generar confianza, crecer y aportar a los demás más allá de ella misma.

La persona C tiene baja valía personal y baja autoconfianza. Es probable que no se desafíe a sí misma para crecer y que solo piense en ella, sin considerar cómo ayudar a los demás, ni en la forma más pequeña. La persona C está profundamente insatisfecha con la vida.

La persona D está en verdad realizada. Tiene una fuerte valía personal inherente y cree que tiene altos niveles de habilidades y cualidades. Es probable que siempre esté creciendo, aprendiendo o desafiándose a sí misma para probar algo nuevo. Y no solo se enfoca en su propia felicidad y realización, sino también en situaciones más allá de ella misma. Es probable que sea empática con los demás y trate de ayudar y servir en la vida, ya sea con palabras amables, una mano amiga, o mediante grandes y pequeñas contribuciones.

Muy bien, ¡es hora de una clase de matemáticas divertida con todo el potencial de cambiar tu vida! Pongamos esta ecuación en práctica en tu vida ahora mismo para ver dónde te encuentras en la gráfica. La simplifiqué para obtener una representación visual de tu nivel de cumplimiento actual.

A continuación, solamente califícate del 1 al 10 con base en una evaluación honesta de tu vida actual en las cuatro áreas clave, y escribe tu puntuación junto a cada una de las cuatro categorías en el espacio en blanco a la izquierda.

____ **Confianza en ti mismo** (cómo te evalúas y te valoras a ti mismo en función de cualidades, competencias y rasgos externos. Con cuánta firmeza crees en tus habilidades para enfrentar los desafíos de la vida, qué disposición tienes para intentar emprender algo que quieres y tener éxito).

____ **Crecimiento** (ocupaciones, tanto internas como externas, que desarrollan tus habilidades, competencias, características y pasión).

____ **Contribución** (dar tu tiempo, talentos, energía o recursos a otros, a una causa o a algo más grande y más allá de ti mismo).

____ **Valía personal** (la creencia interna y arraigada de que eres un ser completo e innatamente digno de amor y pertenencia, **tal como eres**).

Ahora solo ingresamos los números para ver dónde te encuentras en la gráfica.

Paso 1. Escribe tus puntajes de confianza en ti mismo, crecimiento y contribución en los espacios en blanco y haz la suma total. Tu total debe estar entre 0 y 30:

________	+	________	+	________	=	________
Calificación de confianza en ti mismo		Calificación de crecimiento		Calificación de contribución		TOTAL

Paso 2. Marca el número de la suma **total** del paso 1 en el eje horizontal de la siguiente gráfica.

Paso 3. Escribe aquí tu puntuación de valía personal: _________.

Paso 4. Marca este número del 1 al 10 en el eje vertical de la siguiente gráfica.

ECUACIÓN DE LA PLENITUD VERDADERA

©Jamie Kern Lima

(Confianza en ti mismo + Crecimiento + Contribución) × Valía personal = Nivel de plenitud

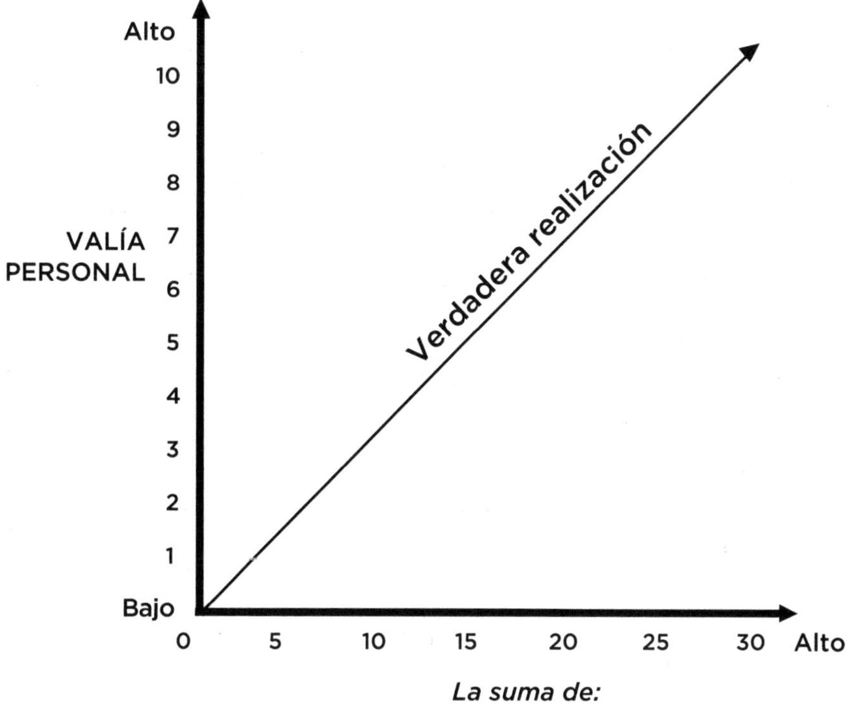

Ver dónde te encuentras en esta gráfica en este momento te brinda una representación visual rápida y simplificada de tu nivel actual en la ECUACIÓN DE LA PLENITUD VERDADERA. Es probable que tu puntaje caiga por encima o por debajo de la diagonal y eso está totalmente bien, pero cuanto más cerca estés de la mitad superior derecha de la gráfica, mayor será tu nivel de satisfacción.

NOTA VALIOSA: Si bien utilizamos una imagen rápida y fácil para entender dónde te encuentras en la gráfica, para una exploración más profunda de esta ecuación, visita <worthybook.com/resources>.

¿Te sorprende ver en qué lugar te encuentras hoy en esta gráfica?, ¿o sientes que está bien? Si sientes que obtuviste una puntuación más baja de lo que esperabas, no temas, mejor asume tu poder. Esta es solo una herramienta para tomar conciencia de dónde te encuentras ahora y saber que tienes una emocionante oportunidad de aventurarte hacia una vida aún más plena si así lo deseas. Todos somos una obra en progreso y nuestro camino para desarrollar una valía personal sólida es de por vida.

Recuerda: la valía personal es el multiplicador. Ten en cuenta que, si te das puntuaciones muy altas en confianza en ti mismo, crecimiento y contribución, pero tu autoestima se sitúa en 1 o 2, entonces sentirás muy baja tu satisfacción general en la vida. Tener todo lo demás sin valía personal no es suficiente para una verdadera realización. Puedes sentirte realizado en un trabajo, pero no en la persona que eres. Puedes sentirte realizado ante el ojo público o en cómo te presentas ante tu familia y ante todos los demás, pero si no tienes una valía personal profunda, interna e innata, siempre sentirás que te falta algo y no experimentarás el mayor sentimiento de verdadera plenitud en la vida. Es probable que siempre sientas que lo que estás haciendo y lo que has logrado no sean suficientes, o que tú eres deficiente. **Si tu valía personal se siente como cero, entonces tu puntuación de satisfacción es 0.** El asunto es que sin autoestima sentirás un profundo vacío. Una baja valía personal significa que tendrás una sensación mínima de realización, y una alta valía personal la multiplica.

Esta gráfica es una gran herramienta que puedes revisar con frecuencia a medida que implementes las herramientas de este libro y avances hacia la construcción de una valía personal inquebrantable. Yo descubro que cada vez que la vuelvo a revisar, soy una persona diferente a la de antes y, de forma lenta pero segura, al concentrarme en estos cuatro elementos de mi vida, en especial en la base de la valía personal, voy avanzando pasito a pasito en mi camino hacia la verdadera realización.

LA CLAVE MÁS importante, sin la cual nunca lograrás la máxima satisfacción en la vida, eres tú, ahora mismo, eres en verdad valioso, exactamente como eres. Creer esto no significa que no sigas persiguiendo con pasión todo aquello que deseas en la vida; significa que cuando en realidad lo consigas, podrás disfrutarlo, y si no lo obtienes, aun así te sentirás realizado y, de modo inquebrantable, valioso. ¿Has logrado metas, has logrado grandes acontecimientos, has logrado aquello que siempre habías deseado (una relación o hijos o una casa o un peso objetivo o un trabajo), se ha hecho al fin realidad tu sueño, dedicaste tu tiempo y tus dones para ayudar a los demás, pero después tenías todavía una sensación de vacío o como si no te hubiera traído el tipo de satisfacción final que esperabas? Si es así, es probable que se deba a que obtienes la exaltación emocional que aporta un impulso de confianza en uno mismo, la satisfacción que aporta el crecimiento o la alegría que aporta la contribución, pero aun así tienes una falta de autoestima subyacente. La valía personal es el multiplicador y el factor más importante para lograr un éxito **verdaderamente satisfactorio**: éxito personal, empresarial, financiero, espiritual, en el amor y en la vida.

CAPÍTULO 15

¿TE VES?

Ser amado produce una sensación cálida. Amarte a ti mismo se siente como si tuvieras el sol entero dentro de ti.

BILLY CHAPATA

—ES UN INCENDIO. Evacúe ahora. La alarma de incendio es real.

El trabajador del hotel hablaba frenético. La alarma de incendio había estado sonando durante bastante tiempo sin parar, y esta era la segunda vez que yo llamaba a la recepción.

—¿Qué? Antes me dijo que no lo era.

Con rapidez me di cuenta de que ese no era el momento de preguntar por qué unos minutos antes me habían asegurado que era una falsa alarma y que no había de qué preocuparme. Ahora solo tenía unos segundos para decidir qué hacer. ¿Esto era algo que debería preocuparme o fue solo un problema menor que provocó que sonara la alarma? Todavía sosteniendo el rizador eléctrico en mi cabello, abrí la puerta de mi habitación en el séptimo piso de un hotel en Londres. Me estaba preparando para el lanzamiento de mi empresa en el Reino Unido y ya corría el riesgo de llegar tarde. La gente corría por el pasillo. Di un par de pasos a través de este y vi una escena que nunca olvidaré.

A la vuelta de la esquina y a lo largo del pasillo hasta los cuatro elevadores, todo el piso se estaba llenando de humo. Parecía salir también por la parte inferior de las cuatro puertas de los elevadores. En un instante entré en modo supervivencia. Me sentí por completo en *shock* y concentrada con intensidad. Mi mente recorrió posibles opciones, algunas de las cuales tuve que eliminar en un segundo: no podíamos saltar desde el séptimo piso porque era demasiado alto; era obvio que no podíamos tomar los elevadores. Miré hacia arriba y abajo del pasillo en ambas direcciones buscando las escaleras. No podía ver una señal. *Deben estar en alguna parte*, pensé. Corrí a mi habitación y le grité a mi amiga Lia, quien se estaba preparando en mi habitación:

—¡Vamos! ¡Tenemos que salir ahora!

Tomé mi computadora portátil, lo cual, en retrospectiva, no tiene sentido, ya que había otras cosas más útiles que podría haber tomado, ¡como quizá mis zapatos! Sin un plan, Lia y yo salimos corriendo de la habitación. Mi asistente, Zega, quien estaba en el mismo piso, se nos unió en el pasillo. Paulo había salido del hotel unos veinte minutos antes para recoger el desayuno en una panadería, así que hice una nota mental marcándolo como seguro. Corrimos por el pasillo.

—Voy a buscar una salida —declaré—. ¡Llamemos rápido a las puertas de los demás y gritemos fuego!

Nunca olvidaré la expresión del rostro de Lia cuando vio el pasillo y los elevadores llenándose de humo. Se movía como una capa de nubes, pero en lugar de estar en el cielo, estaba a unos treinta centímetros del suelo. La escena en verdad parecía sacada de una película. La mandíbula de Lia se abrió y ella quedó helada. Y cuando digo que se congeló, quiero decir que dejó de moverse. Miré en todas direcciones, pero no pude ver señal alguna de escaleras por ningún lado.

Una mujer llegó gritando por el pasillo preguntándonos cómo salir. Vi una gran ventana al final del pasillo y supe que teníamos que llegar hasta ella. No vi otra opción. Las cuatro corrimos hacia adelante. Lia tomó mi mano y corrió en silencio detrás de mí. Por lo general, soy alguien que está en sintonía con la energía de todos los que me rodean, pero en este caso, estaba por completo entumecida a pesar de la gente que gritaba a mi alrededor, casi como si estuviera en algún tipo de modo supervivencia intensificado y mi cuerpo priorizara mi concentración sobre todo lo demás. Nunca había vivido algo parecido. Bloqueé por completo todo lo que me rodeaba y que no parecía que pudiera ayudarme a sobrevivir.

Cuando llegamos a la ventana, había una gran manija. Me agaché y la abrí. Detrás de la ventana había un andamio de metal. Descalzas, salimos por la ventana y llegamos a la escalera de emergencia, que era un conjunto de escaleras metálicas soldadas al exterior del edificio. En completo silencio, comenzamos a bajar. Otros nos siguieron. Siete pisos más abajo, las escaleras terminaron entre escombros de construcción. Cuando mis pies descalzos tocaron las rocas afiladas, los montones de metal y escombros en el suelo, agarré de nuevo la mano de Lia. Tomadas del brazo, lo atravesamos y llegamos a una calle donde cientos de espectadores se estaban agrupando. Volví a mirar el edificio y vi que toda la parte superior del hotel estaba en llamas. Sobre el piso superior, se elevaba un espeso humo negro y las llamas alcanzaban entre tres y seis metros de altura hacia el cielo. En ese momento, mientras Lia y yo estábamos descalzas en la calle, aferradas la una a la otra, hicimos contacto visual y ambas comenzamos a sollozar.

Modo supervivencia

Cuando recuerdo esa experiencia, pienso en las reacciones muy diferentes que todos tuvimos: algunas personas en el hotel entraron en pánico, otras gritaban, Lia y otros se quedaron paralizados. Y no estoy segura de cuántos más reaccionaron como yo lo hice, entrando directo a un modo supervivencia casi mecánico, silencioso y concentrado en resolver el problema porque sentíamos que nuestra vida estaba en juego.

Me disocié para sobrevivir. Bloqueé por completo lo aterrador que era el piso de humo y, aunque por lo general soy empática, también bloqueé el pánico y el miedo de las personas que me rodeaban y me desconecté de los míos.

Es muy claro que esta forma de supervivencia me ayudó en el incendio del hotel. Pero imagina si pasara mi vida cotidiana de esa manera. No sería lo ideal. Y, sin embargo, durante la mayor parte de mi vida, eso es exactamente lo que he hecho. Por defecto, he hecho y he sido solo lo que necesitaba para sobrevivir a la situación; para ganarme la aprobación, para escuchar «buena chica» y después «buen trabajo». Estar en modo supervivencia significó sacrificar partes vitales de mí misma. Escondí partes mías que pensaba que eran inferiores, con la esperanza de que otros pensaran que yo era mejor. Al enterrar partes de mí y lo que sentía que me hacía vulnerable, terminé ocultándome de la verdadera conexión, la intimidad y la experiencia más elevada y plena de la vida, durante la mayor parte de mi vida.

El modo supervivencia puede convertirse con gran facilidad en la forma en que vivimos el día a día. Así, se vuelve en nuestro estado emocional y nuestra zona de confort predeterminados. Nos lleva a ser quien creemos que debemos ser para sobrevivir o para optimizar nuestra vida o nuestra relación en ese momento; quien creemos que debemos ser para proteger nuestro corazón, nuestro sentido de pertenencia, nuestro orgullo, nuestro trabajo, nuestra aprobación y el lugar de donde obtenemos amor. Cuando mantenemos un estado constante de ser quienes creemos que debemos ser, vivimos la vida desconectados de quienes somos en realidad. Y si hacemos esto durante el tiempo suficiente, podemos empezar a perder contacto con la persona que en realidad somos.

Hay muchas formas en las que elegimos desconectarnos o vivir en un estado constante de supervivencia porque no nos sentimos valiosos. Nos enfrascamos en un estado de ocupación constante; vivimos en un estado constante de agobio; nos disociamos y nos adormecemos; vivimos sin autenticidad ni integridad, distanciados de quienes somos en realidad y de lo que queremos. Podemos sonreír o incluso entretener a toda la sala, todo ello manteniendo un muro imaginario entre nosotros y otra persona, el entorno que nos rodea e incluso entre nuestra cabeza y nuestro corazón. Nos podemos desconectar de un grupo o multitud con la misma facilidad con la que nos desconectamos de una conversación con una persona que, desde el exterior, o incluso ante la otra persona, puede parecer profundamente íntima.

¿En verdad te conectas contigo y te conoces? ¿Te ves a ti mismo?

Esta barrera de desconexión puede parecer protectora, como una táctica de supervivencia y, por supuesto, nos sirve de manera saludable en muchas situaciones, incluso cuando nos sentimos incómodos, inseguros o con una sensación de desconfianza hacia otra persona o lugar. Sin embargo, cuando traemos dentro una barrera de desconexión por defecto, la cual nos separa de los lugares y las personas con las que anhelamos una conexión verdadera, incluidos nosotros mismos, puede tener un costo significativo, tanto para nuestro bienestar emocional como para el físico.

Si bien un tema común es considerar la conexión con los demás, lo que no es tan común es la conexión con nosotros mismos. Así que llevemos nuestra atención del exterior al interior. ¿Te estás mostrando ante ti mismo como realmente eres? ¿En verdad te conectas contigo mismo y te conoces? ¿Te ves a ti mismo?

La enorme cuota de la desconexión

Piensa en todas las mentiras de las que hemos hablado hasta ahora en este libro. Cuando vivimos esas mentiras, terminamos presentando una historia falsa de quiénes somos o cómo nos sentimos, ya sea para hacer feliz a otra persona, porque creemos que necesitamos actuar para ser amados, porque pensamos que si ven nuestro verdadero yo, dejaremos de agradarles o dejarán de amarnos, porque creemos que somos demasiado o no estamos completos, porque tememos que nos rechacen o nos descubran, porque queremos impresionar, o por muchas otras razones. Todo ello provoca desconexión de los demás y de nosotros mismos, y el precio de la desconexión es grave.

La mayoría de los comportamientos que conducen a la desconexión tiene sentido en nuestra mente, y cuando combinamos estas creencias con el cableado de nuestro cuerpo para sobrevivir y protegernos, todos estos comportamientos con facilidad pueden parecer estrategias justificadas. Todos anhelamos el amor y la pertenencia y tememos no tenerlos. Muchas veces no nos damos cuenta de que cuando no somos quienes realmente somos, entonces no tenemos verdadero amor ni pertenencia de todos modos. No es posible. Podemos tener la fachada de ello, pero no es una conexión verdadera, plena y auténtica cuando no participas en ella con autenticidad.

Lo mismo puede decirse de la conexión que tienes contigo mismo. **La única manera de tener una conexión verdadera e íntima contigo mismo es ver, reconocer y aceptar plenamente quién eres de forma auténtica**, y creer que eres digno de ello. Cuando no estás alineado o estás desconectado de quién eres en realidad, es fácil que puedas sentirte solo y aislado, incluso en un salón lleno de gente, en un paseo en coche con tu familia, tomando un café con un amigo cercano, en tu cama con tu pareja o cuando te miras en el espejo. Y es esa desconexión, aunque sea con uno mismo, la que cobra un alto precio.

HAY UN VIDEO muy popular en línea, tal vez lo hayas visto, de cómo reacciona un bebé cuando su cuidador deja de hacer contacto visual con él. En el video, un cuidador comienza a ignorar de manera intencional a un dulce bebé. Al principio, el precioso bebé parece desconcertado. Entonces comienza a mostrar expresiones faciales de tristeza. Después de poco tiempo, con el cuidador todavía negándose a mirarlo a los ojos, se puede ver con claridad que el bebé comienza a sentir dolor, miedo y una profunda tristeza. Sus ojos se llenan de lágrimas de desesperación y miedo al abandono. A medida que pasa un periodo más largo en el que el cuidador se niega a hacer contacto visual, el bebé comienza a mostrar más signos de angustia emocional. Al final, empieza a llorar y se angustia. El video te llega hasta la médula y te dan ganas de saltar a través de la pantalla para calmar y abrazar al bebé. Es difícil no llorar al verlo.

Todos necesitamos lo que este bebé necesita: ser vistos, valorados y amados. ¿Te imaginas negándote a reconocer la existencia de este bebé que tienes enfrente? ¿Qué sentimientos despertaría en ti ignorar esta dulce y preciosa alma? Es probable que no puedas imaginarte haciendo algo como esto intencionalmente. También es doloroso imaginarse a uno mismo en el lugar del bebé, desenado que lo vean, lo amen y le aseguren su existencia y su seguridad, y el miedo que surge cuando se le niega esa atención.

Sin embargo, ¿tratas a tu propia alma de esta manera todos los días? ¿Vas por tu vida ignorando tus profundas necesidades de ser visto, amado, digno de reconocimiento y seguro de que estás a salvo en tus propios brazos? ¿Ignoras que te tienes a ti mismo?, ¿y que tu Creador está en ti y te cuida, te ve y te ama? ¿Son tus necesidades y las mías, en este momento, diferentes a las de ese bebé en cuanto a necesitar conexión? No. Necesitamos amor y conexión tanto como ese bebé. Solo aprendimos a adormecernos, desconectarnos, disociarnos y sobrevivir sin ellos. Porque a la mayoría de nosotros, y a las generaciones anteriores, no nos enseñaron a satisfacer estas necesidades por nuestra cuenta. Nos enseñaron a crecer, ponernos la ropa interior de niña grande, ser desinteresadas, aguantar, animarnos, ser fuertes, ponernos a trabajar, cuidar a todos los demás.

Aprendimos a categorizar las necesidades como debilidad, en especial las emocionales o las que están en el terreno del alma. Muchas veces hemos aprendido a equiparar el no tener necesidades emocionales con la fortaleza. Aprendimos a considerar los logros externos como éxito, sean en la familia, en la apariencia o en la profesión. Pero esos logros externos no satisfacen la necesidad de conexión que solo se consigue compartiendo nuestro auténtico yo y siendo vistos y amados. Lo más importante es que necesitamos satisfacer estas necesidades de nosotros mismos hacia nosotros mismos. Y necesitamos recibirlas y brindarlas para fomentar una verdadera conexión con los demás.

Esto nos lleva a la pregunta: ¿Qué te ocurre si no te miras a ti mismo a los ojos, si no te ves a ti mismo, si vives en un constante estar ocupado o en modo supervivencia, si te ignoras o te escondes de ti mismo y de los demás? ¿Tratas a tu propia alma como si fueras un cuidador que no establece contacto visual con ella? ¿Sientes por dentro lo que sentía el bebé, pero lo disimulas ante el mundo e incluso ante ti mismo, tal vez con una camiseta que dice AMOR y una sonrisa para demostrarlo?

La desconexión es una enfermedad.
Doctor Bruce D. Perry

La desconexión es una forma de trauma. Y cuando vives desconectado de ti mismo y de los demás, puedes estar rodeado de gente y aun así sentirte solo, aislado e invisible. En su libro *¿Qué te pasó?*, el doctor Bruce D. Perry, psiquiatra y neurocientífico, dice: «La falta de conexión es una adversidad que te pone en riesgo de sufrir problemas de salud física y mental». Afirma cómo «el aislamiento y la soledad pueden provocar la sensibilización de los sistemas de respuesta al estrés y, de esa manera, pueden ser traumáticos».

Vivir desconectados puede protegernos a veces, pero si nos hace renunciar a la verdadera conexión humana y la comunidad, también puede causar este tipo de trauma.

Con el papel cada vez más predominante de la tecnología, los teléfonos inteligentes y las computadoras en nuestra vida diaria, estamos expuestos más que nunca a una mayor información (incluidas las malas noticias y tragedias). El doctor Perry señala que este tipo de estrés en nuestra vida es la forma moderna de trauma. Se puede regular el estrés por medio de la conexión humana y la comunidad: cuando discutimos y compartimos eventos negativos con otros, nos ayuda a calmarlo, regularlo y procesarlo. Cuando no podemos hacer esto, cuando el estrés se vuelve incesante en nuestra vida, puede convertirse en angustia... y en trauma.

Las redes sociales y la tecnología facilitan y hacen más común esta desconexión y disociación. Remplazamos las conversaciones en persona con correos electrónicos y mensajes de texto. Sustituimos las llamadas telefónicas por mensajes de audio. Y nuestras palabras nunca se conectan con las de la otra persona en tiempo real.

En lugar de llamar para saludar a las personas, vemos su última publicación en las redes sociales y asumimos equivocadamente que les está yendo muy bien y que no necesitan que las llamemos. Publicamos nuestra mejor versión representativa de nosotros mismos en una aplicación de citas y deslizamos el dedo, preguntándonos si lo que dicen los perfiles de nuestros prospectos es acaso cierto, o si en verdad se parecen a sus fotos. Silenciamos nuestros comentarios reales sobre la experiencia, ya sea de un conductor de viaje compartido inadecuado o de una entrega de comida que haya salido mal, porque queremos obtener una buena calificación de ellos en nuestra cuenta. Publicamos lo más destacado de nuestro día en las redes sociales en lugar de lo que sentimos realmente. Nos desplazamos por las historias de los demás y, muchas veces, nos sentimos inferiores cuando comparamos nuestra vida real detrás de escena con las publicaciones destacadas seleccionadas de todos los demás. **De forma paulatina evolucionamos hasta sentirnos cada vez menos *completos*, y cada vez más *solos*.** Y muchos hemos adquirido el hábito de abordar esa soledad publicando una foto feliz para asegurarle falsamente al mundo y a nosotros mismos lo contrario. La desconexión se amplía.

Muchos vivimos escondidos, nos presentamos sin autenticidad o sentimos que estamos en modo supervivencia, disociados de nuestros sentimientos o de quienes somos en realidad. Nos anestesiamos llenando nuestro calendario, sumergiéndonos en el trabajo o regodeándonos en nuestras agendas y problemas del día, los de nuestros hijos o los de otras personas.

Nuestros medios de supervivencia prescritos por nosotros mismos por lo general suelen consistir en nuestros sabores favoritos de anestesiamiento: estar ocupado, la comida, las sustancias, la tecnología, las compras, los juegos y escondernos a plena vista, ya sea solos o con otros, y mucho más. Estas actividades entierran simultáneamente nuestros sentimientos, talentos, sueños y necesidades. Cuando vamos por la vida de manera no auténtica, escondiéndonos o anestesiados, es posible que sintamos menos dolor inmediato, pero eso solo es a corto plazo. Podríamos protegernos un poco de lo negativo, pero también nos impedimos aprovechar nuestro propósito, alegría, creatividad y vitalidad. Podemos decir que el dolor de voltear hacia atrás en nuestra vida y preguntarnos si en verdad la disfrutamos es tal vez un dolor mucho mayor a la larga. **Llegamos, pero no hacemos que valga la pena.**

Cuando se trata de tu vida, ¿estás viviendo para llegar o para que valga la pena?

Cinco atajos poderosos hacia la valía personal

Ahora veamos cinco poderosas herramientas que son atajos para desarrollar la valía personal o autoestima. Como ocurre con todas las partes de este libro, sabrás en tu alma si alguna te llama la atención o todas; pero, en caso contrario, sáltatelas. He descubierto que las cinco son poderosas y eficaces en mi búsqueda por creer que soy valiosa y para avanzar hacia vivir una vida más plena y con conexión.

Atajo 1: ver hacia afuera y hacia adentro

Si te cuesta trabajo amarte a ti mismo y notas que regresas una y otra vez a enfocarte en tus defectos como tú los percibes, aquí tienes un atajo poderoso para revertirlo: comienza a amar y apreciar la belleza y los aspectos positivos de las cosas que te rodean. Cuando empiezas a ver intencionalmente lo bueno en todo lo que te rodea, se convierte en una forma de pensar, de ser, un hábito. Un replanteamiento de cómo programar tu mente para ver cosas que, con el tiempo, gota a gota, se irá filtrando en ti hasta que comiences a ver lo positivo, las fortalezas, el bien y la belleza en ti mismo.

Cuando se trata de tu vida, ¿estás viviendo para llegar o para que valga la pena?

Un contundente estudio reciente encontró que el 91% de las personas y el 93% de los adolescentes dicen que el diálogo interno negativo es un obstáculo clave que interfiere con su capacidad para sentir alegría. El Joy Study, encargado por Ulta Beauty, también encontró que a pesar de lo común que era el diálogo interno negativo entre las más de 5000 personas encuestadas, el 67% dijo que es una parte tan importante de su funcionamiento que no nota siquiera que lo está haciendo. La mayoría también dijo que carecía de las herramientas y los recursos para superar el diálogo interno negativo y recuperarse de situaciones difíciles. Si conoces a alguien que batalle con su diálogo interno negativo, por favor, enséñale estos atajos de valía personal o compártele tu ejemplar de *Invencible*. Cuando nos damos cuenta de que mucho de lo que pensábamos que nos ocurría solo a nosotros en realidad le ocurre a la mayoría de las personas, puede ayudar a que nos sintamos menos solos para luego dar el siguiente paso y aprender a sentirnos *completos*.

Es muy importante tomar conciencia de tus pensamientos y de las palabras que te dices sobre ti mismo, ya que el amor propio no puede crecer y florecer en un ambiente lleno de vergüenza y menosprecio. Incluso hay estudios que muestran que las plantas no pueden crecer cuando están rodeadas de personas que hablan con negatividad sobre ellas. También hay experimentos que demuestran que los recipientes de arroz cocido fermentan maravillosamente o empiezan a enmohecerse y pudrirse dependiendo de si alguien le habla al arroz de manera positiva o negativa o si lo ignora por completo. Cuando hablamos o pensamos todo el tiempo con palabras negativas sobre nosotros mismos, nuestra energía vibratoria disminuye y nos destruye la esperanza, el optimismo y la alegría. Aun así, muchos nos hemos estado castigando emocionalmente durante tanto tiempo que es un hábito difícil de romper. Enfocarse con intención en los atributos buenos y positivos tanto de las personas como de los lugares y todo lo que te rodea puede ser una herramienta poderosa para combatir esto.

Desarrollar tu autoestima y comenzar a amar lo que eres es la forma más rápida de cambiar cualquier problema en la vida, porque las vibras que envías y cómo reaccionas ante las situaciones cambia por completo. Permíteme explicar también lo contrario de esto, para tener una perspectiva importante. Hay un dicho famoso: «No ves todo como es, ves todo como eres tú». Otro es: «Las personas lastimadas hieren a las personas». Ambos llegan a la misma conclusión: las personas que no se aman a sí mismas y que no son felices en su interior también suelen ver así las situaciones en el exterior. Si alguien no se ama a sí mismo y no es feliz por dentro, es mucho menos probable que ame de verdad a los demás o sea feliz por ellos. Si alguien siempre se castiga a sí mismo por dentro, es mucho más probable que mire a su alrededor y vea que todo está mal por fuera. **No ven la rosa en el tallo, ven las espinas, y luego se quejan de cuántas espinas hay en el mundo**. Ven las noticias y se quejan o se conectan a internet, trolean y clavan espinas a los demás.

Esto suele ser un reflejo de su falta de amor propio. Este estado mental, con el tiempo, ha provocado que se formen rutas neuronales profundas en su mente, hasta el punto en que el odio a sí mismos se ha convertido en su zona de confort.

Bueno, si eres alguien que quiere descubrir cómo amarse más por dentro, pero le cuesta ver lo mejor de si mismo y amarse, aquí tienes un truco INCREÍBLE. ¡Toma todo lo que dije arriba y dale la vuelta! Esto es lo que quiero decir.

Si bien es cierto que no ves todo como es, sino como TÚ eres, lo contrario también es cierto e igual de efectivo. En lugar de verte como eres, puedes verte a TI como son las COSAS. Lo sé, léelo de nuevo. Pero ahora te explico qué estoy diciendo. El primer paso es empezar a ver lo que te rodea desde una perspectiva positiva. En lugar de ver las espinas en el tallo, mira y ama la rosa y su belleza. Estás viendo la verdad, solo que te enfocas en una parte diferente de ella. Cuando comienzas a concentrarte deliberadamente en lo BUENO de aquello que te rodea, poco a poco crearás nuevas vías neuronales en tu cerebro y, con el tiempo y de forma inevitable, empezarás a ver y concentrarte en lo BUENO que te rodea. Y aquello en lo que te concentras se convierte en tu realidad. Es contagioso. Entonces, cuando te despiertes por la mañana, en lugar de pensar: «Uf, estoy cansado», concéntrate en pensamientos como: «Vaya, tengo mucha suerte de sentir estas sábanas cálidas y secas, de recostar mi cabeza sobre una almohada suave y de despertarme en un espacio seguro donde puedo ponerme de pie. ¡Qué hermoso!». En lugar de concentrarte en esa abolladura de la puerta de tu auto que te molesta cada vez que vas a abrirla, concéntrate en lo bendecido que es tener el privilegio y la libertad de poseer y conducir un automóvil. En lugar de ver aquella actividad molesta que está haciendo tu hijo, mira sus preciosos labios y mejillas, y disfruta del momento de saber que nunca volverá a ser tan pequeño. Esto puede parecer ridículo, pero en lugar de molestarte lavando los platos, maravíllate con la creación de la esponja y la facilidad con la que el jabón para platos hace espuma. Todo es hermoso si decidimos verlo de esa manera.

Y no se trata solo de tener pensamientos positivos, aunque esa es una gran estrategia. Se trata de una herramienta respaldada por la ciencia que cambiará tu vida y la forma en que te amas a ti mismo. Si practicas ver de forma intencional el amor y la belleza en todo lo que te rodea, dejarás de castigarte en tu interior e inevitablemente comenzarás a ver el amor y la belleza en ti mismo. Se convierte en tu patrón, tu hábito y, al final, tu forma predeterminada de experimentar la vida. Aquello en lo que te concentras se hace más grande y lo que aprecias se aprecia. Así que cuando aprendes a apreciar lo que te rodea, y luego todo aquello dentro de ti, todo cambia. Cuando reconoces y aprecias el valor de todo lo que te rodea, comienzas a amplificar el valor dentro de ti. **Cuanto más reconozcas la belleza que te rodea, más verás la belleza dentro de ti.**

Atajo 2: escritura y valía personal

Si llevas un diario o planeas comenzar con la escritura de uno, hay una herramienta específica que me ha parecido especialmente eficaz como atajo hacia la valía personal o autoestima. Cuando escribas un diario sobre eventos o experiencias de tu vida, sean positivos o negativos, anota junto a ellos la fecha y luego vuelve a leerlos seis meses después. Cuando hagas esto, en particular con las experiencias difíciles o negativas, tómate un tiempo para reflexionar y escribir con intención sobre algo que hayas aprendido del evento o la situación y al menos una cosa buena que se haya derivado de ellos: si fue una lección aprendida o una forma en la que creciste a partir de la situación. O tal vez solo la fortaleza que desarrollaste o el conocimiento que adquiriste al pasar por ello. También puedes volver a hacer esto al cabo de un año. Esto no solo ayuda a replantear la experiencia pasada en una que sea más positiva, sino que también ayuda a solidificar tu conocimiento de que puedes superar las cosas difíciles, que no te definen ni impactan tu profunda identidad interna.

Atajo 3: intenciones más elevadas, mayor valía personal

En muchos casos hablamos y actuamos sin considerar las intenciones que hay detrás de lo que decimos o hacemos. Tomarse el tiempo para considerar en verdad, y tal vez volver a enfocar, nuestras propias intenciones puede ser un poderoso atajo hacia la valía personal. Cuando tus intenciones para decir y hacer son buenas, y reconoces tus propias buenas intenciones, tu valía personal se fortalece, porque, en el fondo, generalmente creemos que las buenas personas merecen lo bueno y son valiosas. A menudo juzgamos si alguien es una buena persona o no en función de lo que creemos que son sus intenciones: si son positivas o negativas, si son para ayudar o hacer daño; si son cuidadosas o no. Así también nos juzgamos a nosotros mismos. Entonces, cuando desarrollas el músculo que se concentra en las buenas intenciones que hay detrás de lo que haces y dices, sea algo grande o pequeño, obtienes un atajo instantáneo hacia una mayor autoestima; prestar atención y reconocerte a ti mismo es clave. Date una palmadita en la espalda imaginaria (o real) cada vez que reconozcas tus propias buenas intenciones. Así, de forma lenta pero segura, tu diálogo interno positivo se volverá más fuerte y verdadero que el diálogo interno negativo que por lo general nos dice mentiras durante todo el día.

Atajo 4: eres digno de ser visto, escuchado y comprendido

En sus 25 años como anfitriona del *Oprah Winfrey Show*, Oprah entrevistó a miles de invitados, incluidos varios presidentes de Estados Unidos y las superestrellas más famosas del mundo, y todos tenían algo en común. Sin importar quiénes fueran o cuán estimados fueran por la gente en general, al final de sus entrevistas, todos se inclinaban hacia ella y le preguntaban lo mismo: una versión de: «¿Cómo estuvo?». Necesitaban confirmación de, como dice Oprah: «¿Me viste, me escuchaste, te importó lo que dije?».

Nuestra necesidad de sentirnos dignos de ser vistos, escuchados y comprendidos es la esencia de la persona que somos. Y todo comienza con vernos, oírnos y comprendernos a nosotros mismos.

Si verte a ti mismo es algo con lo que tienes dificultades, un truco para resolverlo es *ver* de verdad a alguien más. Si te cuesta verte al espejo y mirarte a los ojos, si te cuesta reconocer tu propia belleza y tu valor, y reconocer tu propia dignidad, hazle saber a otra persona que la ves y la escuchas, y que te importa lo que tiene que decir.

Descubrí que una de las herramientas más rápidas para conseguir lo que necesitamos en la vida, en especial cuando nos cuesta conseguirlo, es primero darlo. Sí, esto puede parecer contradictorio al principio y podrías estar pensando: «¿Cómo puedo dar algo cuando soy yo quien lo necesita?». Pero es una herramienta poderosa que funciona.

Es como la tercera ley del movimiento de Newton: por cada acción o fuerza en la naturaleza, hay una reacción igual y opuesta. Cuando ves a alguien más y lo ves de verdad, te verá a ti también.

Puedes hacer esto con un extraño en la cafetería o quizá con otra persona en la fila de la caja del supermercado. Una forma sencilla de hacerlo es establecer contacto visual y solo saludar. O pregúntale cómo va su día. O hazle un cumplido sincero y honesto sobre algo que notes.

De hecho, estamos sufriendo tal epidemia de soledad en el mundo que, cuando te tomas un momento para ver y reconocer realmente a otra persona, en muchos casos podrías ser la única persona que vea en todo el día y que hace contacto visual con ella. Quizá seas la única persona en todo el día que le recuerda que existe, que importa, que la ven y que es digna. Y cuando ves a alguien más, empiezas a sentirte visto también. Primero por esa persona, de una manera hermosa y poderosa, y con el tiempo y con mayor facilidad, por ti mismo.

Atajo 5: ventanas y espejos para tu alma

¿Cuándo fue la última vez que te miraste al espejo, directo a tus propios ojos, y te viste de verdad? ¿Cuándo fue la última vez que mantuviste contacto visual con tu pareja o ser querido de manera que lo vieras y te viera? Algo sucede en nuestra alma cuando alguien nos mira profundo a los ojos y nos ve de verdad, en especial cuando nosotros mismos nos miramos a los ojos. Cuando haces esto el tiempo suficiente, no notas nada físico, comienzas a conectarte con mucha mayor profundidad que eso.

Tómate un instante y recuerda un momento de tu vida en el que, tal vez, te hayas enamorado de una pareja romántica potencial y puedas mirar su rostro o su cuerpo, sin problema. Cuando hace contacto visual contigo, y sus ojos se encuentran con los tuyos y mantiene ese contacto, obtienes una intensidad de sentimientos y emociones completamente diferente. Puede ser abrumador hasta el punto de que incluso mires hacia otro lado. Esto se debe a que cuando de verdad ves dentro de tus propios ojos, o cuando alguien más realmente ve dentro de los tuyos, se supera la visibilidad superficial y se puede penetrar en una conexión a nivel del alma.

Y si bien la emoción del contacto visual con una persona que te gusta puede ser emocionante, verte a ti mismo en verdad, así como la belleza que eres, es un amor aún más poderoso.

Como te amas a ti mismo es como les enseñas a los demás a amarte.
RUPI KAUR

Para impulsar la verdadera práctica de la conexión, es muy importante que primero aprendas a conectar AUTÉNTICAMENTE contigo mismo. ¡El verdadero tú! Es hora de VERTE de verdad en toda tu milagrosa valía.

Trabajo frente a un espejo

Una forma de fomentar una verdadera conexión contigo mismo es la práctica del trabajo frente a un espejo, creado originalmente hace más de cuatro décadas por la difunta e icónica maestra transformacional, escritora y experta en amor propio Louise Hay. El trabajo frente a un espejo consiste en la práctica de mirarse a uno mismo mientras se dicen afirmaciones positivas. Puedes decirlas en voz alta o en voz baja, durante largos periodos de tiempo o incluso por breves momentos. Hay considera que el trabajo con el espejo es «uno de los regalos más amorosos que puedes darte a ti mismo», y la práctica tiene como objetivo ayudarte a fortalecer tu conexión contigo mismo, **superar tu crítica interna**, aprender a amarte y creer en las afirmaciones positivas que estás diciendo sobre ti. Si es la primera vez que oyes hablar del trabajo con el espejo, puede que te parezca un poco extravagante, o incluso una tontería, pero en las décadas transcurridas desde que Hay lo creó, la ciencia se puso al día y ahora lo respalda. Además de los innumerables estudios que muestran cuán poderosos son tus pensamientos, así como las palabras que te dices sobre ti mismo, un estudio de 2017 publicado en el *Journal of Positive Psychology* (Revista de Psicología Positiva) descubrió que trabajar con el espejo mejoraba la eficacia del diálogo interno compasivo y la variabilidad del ritmo cardiaco. En otras palabras, el trabajo con el espejo puede ayudar a sanar el corazón y el alma.

Si con frecuencia sientes soledad en tu vida, aprender a conectarte de forma profunda contigo mismo a través del trabajo con el espejo puede ser el paso transformador y fundamental para combatirla. **Nuestra profundidad de conexión con los demás solo puede ser tan profunda como nuestra profundidad de conexión con nosotros mismos.**

Entonces, ¿qué es el trabajo frente a un espejo y cómo funciona?

Para empezar, busca un espejo. La cámara de un teléfono celular no funcionará porque, cuando miras la lente de la cámara o tu cara en la pantalla, en realidad no puedes establecer contacto visual directo. Necesitarás un verdadero espejo donde puedas establecer contacto visual directo contigo mismo. Puede ser un espejo pequeño o grande, incluso uno en tu baño o en tu auto. En las enseñanzas de Hay, ella aconseja comenzar mirándote a los ojos y observando lo que ves. ¿Te ves? Solo fíjate… ¿realmente te ves? ¿No solo en forma física, sino a nivel del alma? Entonces, solo respira. Luego, mientras mantienes contacto visual contigo mismo, di tu nombre seguido de *te amo. Yo te amo de verdad*. Entonces: «[Tu nombre], te amo. Yo te amo de verdad».

Esta podría ser la primera vez que haces esto y quizá en el pasado hayas considerado que mirarte al espejo era algo que preferirías evitar, o algo que te tienta a encontrar cosas que determinaste que son defectos y fallas. El verdadero trabajo con el espejo es una práctica que cambia todo esto. Cuando dices «[Tu nombre], te amo. Yo te amo de verdad», las enseñanzas de Hay refieren que el objetivo es que te conectes con tu niño interior que probablemente haya sido descuidado. Y cuando comienzas a conectarte con tu niño interior que desea tanto ser amado, y tal vez no lo ha sido en muchos años, comienzas a cuidar de ti mismo a un nivel más profundo que antes. Hay aconseja que si estas palabras son demasiado difíciles de decir, puedes comenzar diciendo: «[Tu nombre], estoy dispuesto a aprender a apreciarte». Y luego progresar desde allí.

Un estudio encontró que el 70% de las mujeres y el 80% de las niñas se sienten más seguras y positivas cuando invierten tiempo en cuidar de sí mismas. El trabajo con el espejo puede ser un método poderoso de hacerlo.

Si te miras al espejo y de inmediato escuchas un diálogo interno negativo, es solo tu antigua forma de pensar. Reconoce estos pensamientos, luego déjalos ir, y enseguida vuelve a mirarte a los ojos y di: «Te amo. Yo te amo de verdad». También puedes decir: «[Tu nombre], te amo y te acepto». Cuando te amas y te aceptas a ti mismo, las compuertas de la conexión pueden abrirse de golpe.

Ser hermoso significa ser uno mismo. No necesitas ser aceptado por los demás. Necesitas aceptarte a ti mismo.
Thich Nhat Hanh

Cuando dices: «[Tu nombre], te amo. Yo te amo de verdad», puede que al principio no sientas que es cierto o que lo sientas incluso extraño, pero es muy poderoso. A medida que comiences a incorporar esta práctica a tu vida, puedes agregarla a tu rutina matutina diciendo cada mañana en el espejo: «Te amo, ¿qué puedo hacer por ti hoy?». Luego escucha lo que sientes.

También puedes practicar el perdón frente al espejo. Para empezar, mírate a los ojos y di: «Te perdono». Podrías incluso ser específico, por ejemplo: «Te perdono por aferrarte a viejos patrones no sanos», «Te perdono por decirte a ti mismo afirmaciones hirientes» o: «Te perdono por tus errores del pasado». Luego, al final, repítete a ti mismo: «Te perdono y soy perdonado». Al final de cualquier trabajo frente al espejo que hagas, querrás reforzar el amor y la aprobación hacia ti mismo.

Puedes hacer afirmaciones frente al espejo, como: «*Te veo*», «*Creo en ti*», «*Te amo*» o «*Tú eres valioso*». Incluso puedes escribir esas afirmaciones en tu espejo. Si tienes un espejo grande, puedes sentarte frente a él, así será más probable que te quedes un poco más. Intenta hacerte preguntas como: «*¿Qué puedo hacer para que seas feliz hoy?*».

Las investigaciones respaldan la idea de que nos beneficiamos de los elogios específicos por un esfuerzo significativo y que podemos ofrecérnoslos nosotros mismos. Por ejemplo, podemos decir algo específico, como: «Fue sorprendente cómo hablaste hoy en esa reunión, a pesar de que estabas nervioso», «¡Realmente investigaste esa presentación tan a fondo que estoy muy orgulloso de ti!» o «Buen trabajo al tomarte dos minutos de tiempo fuera hoy en lugar de perder la calma con los niños». Este tipo de retroalimentación puede ayudarnos a desarrollar una mayor conciencia de nosotros mismos y reforzar nuestro sentido de valía personal.

La ciencia de comprender el poder del trabajo con espejos, de diversas formas, se amplía día a día. En su libro *The High 5 Habit* [El hábito de chocar los cinco], mi amiga Mel Robbins nos enseña cómo el simple hecho de mirarse en el espejo todos los días y chocar los cinco dedos libera dopamina en el cerebro y aumenta la felicidad. Este simple hábito ha ganado millones de fanáticos en todo el mundo que ahora incorporan esta práctica diaria a su vida.

Conforme la ciencia se pone al día con el impacto positivo de las afirmaciones y el trabajo con el espejo, los padres de todo Estados Unidos están comenzando a enseñar estas prácticas a una edad temprana. En una búsqueda rápida en TikTok o Instagram, verás videos por todas partes de pequeños mirándose al espejo y repitiéndose palabras de aliento y afirmación con mucha pasión. Si bien la ternura de estos hace que se vuelvan virales, también están creando herramientas importantes para la autoestima a lo largo del camino.

La mayoría de los adultos no ha oído hablar siquiera del trabajo frente al espejo, y mucho menos creció escuchando sobre él, y si ese eres tú, no es demasiado tarde para empezar a incorporar a tu vida el poder que tiene, aunque se relacione con tu niño interior, que siempre permanece dentro de ti.

Aquí hay un mantra para el niño interior que escribí y que me ayudó a sanar la falta de valía en mi vida. Y es un honor para mí compartirlo también contigo. Para empezar, mírate profundamente a los ojos y tal vez empieces a ver a tu niño interior. A continuación, considera esta idea: cuando pensamos en bebés y niños, por lo general creemos que de forma innata y automática son dignos de amor, que no tienen que ganárselo. Pero ¿por qué cambiamos las reglas cuando se trata de nosotros mismos? ¿Cuándo decidimos que ahora necesitamos ganarnos el amor de alguna manera, muchas veces de forma condicional? En tu vida, ¿cuándo cambió el mundo que te rodea y empezó a decirte que tenías que ganártelo? ¿Fue bajo la apariencia de padres bien intencionados que solo intentaban replicar lo que significaba ser un buen padre transmitiendo las expectativas de lo que significa ser un buen hijo o hija? ¿Fue a través de libros o de las presiones culturales o cuando la comparación se impuso?

Vuelve a la época en la que eras bebé. Imagínate sosteniendo en brazos a tu versión bebé. Si te ayuda, incluso puedes pegar en el espejo una foto tuya de cuando eras bebé o solo un infante. Después, si te sientes bien, quizá te rodees con tus brazos en un gran abrazo mientras te miras a los ojos, en la foto o en el espejo. Di: «Te amo. Eres muy digno de amor. Has sido digno de amor desde el día en que naciste, y de igual forma eres digno de amor ahora mismo. No hay acción alguna que hayas hecho o que puedas hacer que te haga no digno de amor. Eres valioso, totalmente completo, por completo merecedor. Te amo. Te veo. Me importas mucho. Eres muy valioso. Estás completo en ti mismo. Eres valioso tal como eres. Te amo. Eres muy amado. Eres digno de recibir amor y de dar amor. Tú eres amor. Te amo».

Si eres una persona que practica alguna fe específica, también puedes incorporar la oración al trabajo con el espejo. Una de mis formas favoritas de hacer esto es mirarme a los ojos e imaginar verme a mí misma como Dios me ve, sabiendo que estoy hecha a su imagen; enteramente valiosa.

Para comenzar a incorporar la práctica de conectarte contigo mismo con mayor profundidad utilizando el trabajo con espejos en cualquiera de sus formas, puedes comenzar poco a poco, aunque sea solo durante treinta segundos a la vez. Luego aumenta gradualmente hasta llegar a cinco o diez minutos por sesión. No existen reglas estrictas ni formas correctas o incorrectas de hacerlo, solo confía en lo que sientas que está bien para ti. Puedes usar tu tiempo de trabajo frente al espejo para hacer afirmaciones diarias o para poner una lista de reproducción de música relajante de fondo y solo hacer contacto visual contigo y verte a ti mismo. Puedes ampliar tu práctica para considerar algunos de los elementos mencionados con anterioridad, incluyendo enfocarte en el perdón o la aceptación. También puedes pronunciar palabras de aliento sobre ti mismo y el día que te espera, como: «Tú puedes hacerlo. Dios te cuida. La vida siempre ocurre *para* ti. Naces enteramente capaz y valioso en tu totalidad». También puedes llevar más allá del contacto visual tu trabajo ante el espejo y mirar fijo y celebrar tu cuerpo en el espejo. Asegúrate de que cuando empiece a sonar la vieja banda sonora de la crítica, la silencies de inmediato y vuelvas a hacer afirmaciones amables, amorosas y VERDADERAS.

Cuando aprendemos a vernos, oírnos, comprendernos, conectarnos y amarnos a nosotros mismos, eso cambia todos los aspectos de la vida.

Si te levantas cada mañana y decides amarte a ti mismo un poquito más que ayer, esos minúsculos pedacitos se suman.

Louise L. Hay

Nota valiosa: Para obtener recursos adicionales sobre el trabajo con el espejo, una lista de reproducción y afirmaciones diarias, visita <worthybook.com/resources>.

CAPÍTULO 16

CONOCE TU PORQUÉ, Y ENTONCES VUELA, NIÑA, VUELA

Si no ves un camino claro hacia lo que quieres,
a veces tendrás que crear uno tú mismo.
MINDY KALING

«NO ERES LA persona adecuada para nosotros ni para nuestros clientes. La respuesta es no». Ese doloroso rechazo fue crucial. Llegó justo después de cientos de otros rechazos a lo largo de los dos años previos en los que yo trataba de hacer despegar mi empresa IT Cosmetics. Esta vez tenía muchas esperanzas de no recibir otro no. Estaba al borde de la bancarrota y me encontraba en un espacio en el que, a diario, reunía toda la fuerza que tenía para no dejar que mis dudas sobre mí misma me controlaran. Quería algún tipo de señal, que alguien creyera en mí y en la visión de mi empresa, algún tipo de impulso positivo, alguna indicación en alguna parte de que debía seguir adelante.

Antes de la llamada, había visualizado varias veces recibir un «sí» en mi cuerpo. Tenía tantas ganas de mostrar mis productos en el canal de compras por televisión en vivo QVC. Sabía en mi interior que, si podía conseguir una oportunidad en la televisión en vivo, podía demostrar y comprobar lo bueno que era mi producto y que en verdad funcionaba. Entonces, al escuchar: «No eres la persona adecuada para nosotros ni para nuestros clientes. La respuesta es no», sentí como un puñetazo insoportable en el estómago.

¿Alguna vez has sentido que se supone que debes hacer algo, solo lo sabes, pero nadie más parece estar de acuerdo contigo, o no importa cuánto intentes manifestarlo, sencillamente no ocurre? Podrías tener grandes deseos de una pareja y con valentía te registras en la aplicación de citas, y tal vez incluso tengas muchas primeras o segundas citas, pero ¿más allá de eso nada parece funcionar? Tal vez pusiste con arrojo tus dones, talentos, productos o ideas en el mundo y no fueron aceptados. Sentiste que nadie «lo entendió» ni «te entendió». Cuando esto sucede, y en especial una y otra vez, resulta muy fácil renunciar: decidir que es una prueba de que no tenemos lo necesario para lograrlo. De que nuestro instinto tiene que estar equivocado. Y si no tenemos cuidado, eso puede convertirse muy pronto en la creencia central de «no lo merecemos» y, con el tiempo, volverse una identidad.

Después de este doloroso rechazo de QVC, me acosté bajo las sábanas, incapaz de contener las lágrimas por tercer día consecutivo. Sencillamente no lograba encontrarle sentido. *¿Por qué mi instinto siente que se supone que debo hacer esto? Cuando me tranquilizo y medito o me pongo a orar, siento paz en la idea de que debo estar haciendo esto. Sin embargo, todo y todos a mi alrededor dicen lo contrario.*

Esa mañana escribí estas palabras en mi diario que fluyeron a través de mí, de mi pluma al papel, de una manera que se sentía como una descarga divina: *Conoce tu porqué, y entonces vuela, niña, vuela.* Leí estas palabras todos los días hasta que dejé de necesitar el recordatorio.

El *porqué* de mi sueño en ese momento era mucho más grande que yo misma. Verás, toda mi vida crecí amando esas imágenes en los anuncios de belleza y en la televisión, pero en el fondo siempre me hicieron sentir que yo estaba incompleta. Cuando lancé mi empresa, tenía una visión mucho más amplia, una en la que nadie parecía creer en ese momento. Quería tener como modelos a mujeres reales de todas las edades, formas, tonos de piel, tamaños y desafíos de la piel. Quería llamarlas hermosas y decirlo en serio. Este *porqué* era profundamente importante para mí en lo personal, porque yo quería poner fin al dolor perpetuo de *estar incompleta* que proviene de ver representaciones tan falsas y retocadas con Photoshop de lo que se considera bello. Quería cambiar la definición de belleza en la industria de la belleza para todas las niñas que de otro modo estarían expuestas a ella y aprenderían a empezar a dudar de sí mismas y para todas las mujeres adultas que todavía lo hacen. Este *porqué* era profundo y significativo para mí. Y después de recibir ese rechazo difícil de aceptar por parte de QVC, me sentí tentada a renunciar a mi sueño. En ese momento, escribí esas palabras en mi diario, porque necesitaba recordar que lo que estaba haciendo era mucho más grande que yo. Y esas palabras, *Conoce tu porqué, y entonces vuela, niña, vuela*, literalmente, me ayudaron a levantarme de la cama y seguir adelante. Porque para mí importaba mucho más **por qué** lo estaba haciendo que lo duro que fuera y la cantidad de trabajo que implicaba.

Tu porqué

Creo en la importancia de agregar un profundo y poderoso *porqué* a cada meta y sueño, grande y pequeño. Porque cuando lo haces, es mucho más probable que lo logres. Esto es cierto, ya sea que el objetivo sea tangible, como *Quiero bajar mi colesterol veinte puntos*, o que el objetivo sea más cualitativo, como *Quiero sentirme más feliz y presente cada día.*

En tu camino de aprender a creer que eres suficiente y en verdad VALIOSO, es muy importante dedicar tiempo para comprender en serio tu PORQUÉ, que es profundamente personal, para querer creerlo.

Tratar de extender nuestras alas y volar hacia la valía y la dignidad requiere determinación. Durante toda nuestra vida hemos aprendido mensajes que mantienen en tierra nuestro vuelo hacia la dignidad. **Llevar el peso de nuestro sistema condicionado de creencias puede parecerse a intentar volar con globos de plomo atados a nuestras alas. Saber tu porqué se convierte en viento bajo tus alas.**

Cuando tienes una gran meta, un sueño o una visión en la vida, casi nunca es suficiente con saber con claridad qué es, y tampoco realizar acciones para llevarla a cabo. Un ingrediente secreto muy importante que hace que sea mucho más probable que el sueño ocurra es identificar tu *porqué*. Tu *porqué* es tu razón profundamente

Necesitamos visión para mantener la esperanza. Y tu porqué actúa como tu visión.

personal para hacer lo que estás haciendo, tu razón para desear lo que deseas. Tu *porqué* te brinda el significado y el propósito que actúan como combustible.

Me he apoyado en mi *porqué* en la realización de muchas metas y sueños en todos los ámbitos de mi vida. Perseguir nuestras metas y sueños, para cualquiera que sea tan valiente como para embarcarse en ello, casi siempre es difícil. Sin una visión clara de hacia dónde vamos y *por qué*, es mucho más fácil abandonarlos en el camino o nunca embarcarse en ellos. Pienso en ese momento tan doloroso en el que QVC me rechazó de nuevo y en lo desanimada que estaba. Y después pienso en cómo terminamos construyendo la marca de belleza más grande en la historia de QVC y cómo terminé apareciendo yo misma en vivo en la televisión durante más de 1 000 programas. No puedo evitar pensar en lo fácil que podría haber sido que todo eso *no* sucediera.

Este es un paso que la mayoría de las personas no conoce o se salta porque no se da cuenta de lo importante que puede ser. Piensa que saber hacer algo es suficiente, pero rara vez lo es. Esta es una de las razones por las que tanta gente abandona con facilidad sus objetivos. No ha identificado una razón que sea tan significativa que justifique *por qué* tienen que suceder, y no es que *deberían* suceder, sino que en definitiva *tienen* que suceder. **Cuando tienes un fuerte *porqué* para alcanzar tu objetivo, se convierte en algo en lo que puedes apoyarte cuando te sientes desanimado. Puede ser el combustible que te mantenga motivado e inspirado. Es la razón que identificaste como el *porqué* de que *tengas que* seguir haciendo lo que estás haciendo.**

Descubre quién eres y hazlo a propósito.
Dolly Parton

Ahora mismo quiero ayudarte a identificar un *porqué* en tu búsqueda personal de creer que eres VALIOSO.

En mi ejemplo anterior, mientras lloraba bajo las sábanas después de un rechazo importante, saber *por qué* yo hacía lo que hacía me ayudó a decidirme a seguir adelante. **Necesitamos visión para mantener la esperanza. Y tu *porqué* actúa como tu visión**. Cuando pienso en ese momento en que lloraba en mi cama, si no me hubiera apoyado en mi porqué y en su lugar hubiera decidido que las palabras de QVC, «La respuesta es no», eran la gota que colmó el vaso, toda mi vida habría cambiado. Habría dejado que las dudas de otra persona sobre mí se convirtieran en dudas de mi propia cabeza y, con el tiempo, habría terminado **dudando y cancelando mi propio destino**. Pero puesto que sabía por qué hacía lo que hacía, aun cuando no estuviera resultando como yo quería, contaba con eso como una de mis herramientas en las que apoyarme para levantarme y seguir adelante. Incluso a lo largo de los años de rechazo, me lo recordaba al despertar cada mañana. Despertaba creyendo que podía cambiar la industria de la belleza y pensando en cosas como *Las niñas y las mujeres de todo el mundo necesitan que yo hoy siga adelante.*

Piensa en tu propio viaje hacia creer que estás completo en ti mismo. Y creyendo que eres digno de tus mayores anhelos y tus sueños más descabellados, quiero que consideres *por qué* los quieres. ¿Cuál es tu verdadero y profundo *porqué*?

Quizá sea para decidir que el ciclo generacional de aprender a complacer a los demás mientras te traicionas a ti mismo se detendrá en ti, ya que deseas algo mejor para tus hijos. Quizá sea con el objetivo de impulsar a los demás a creer que son valiosos. Tal vez sea para algún día ayudar a otras personas que han vivido traumas o contratiempos similares a los tuyos. O tal vez sea un ejemplo vivo de cómo aprender a hacer cosas difíciles, para que otras personas vean lo que es posible y empiecen a creer que también lo es para ellas. Quizá sea para aprender a amarte a ti mismo de forma incondicional a fin de que puedas atraer y, después, dar y recibir esa clase de amor en una relación íntima o de amistad. Tal vez sea porque deseas desarrollar la confianza y la resiliencia a fin de exponer tu arte, tus ideas o tu historia al mundo, para ayudar a tus hijos a creer que ellos también son dignos de hacer eso. Quizá sea aprender a hablar con tu voz y decidir que es digna de ser escuchada, para poder hablar por aquellos que no tienen las mismas oportunidades. Tal vez sea iniciar tu propio Círculo de Valía para hacer contacto con los demás y animarlos. Y quizá sea tan simple como saber que tienes suficiente confianza y te sientes lo bastante digno para ser quien en realidad eres, con lo cual de forma automática inspirarás a otros a hacer lo mismo.

Todas las mañanas escribo en un diario de gratitud y con frecuencia también escribo mis metas. Y si bien escribir tus metas reales en papel es algo poderoso, hago dos adiciones a la práctica tradicional de escribir metas. Primero, redacto mis metas como si ya fueran ciertas y ya hubieran sucedido. Por ejemplo, en lugar de decir: «Quiero levantarme temprano, meditar y caminar al menos treinta minutos cada mañana», escribo: «Me levanto temprano, medito y camino treinta minutos cada mañana». O en lugar de: «Un día seré una de las autoras más vendidas de *The New York Times*», escribo: «Soy de las autoras más vendidas de *The New York Times*». O en lugar de: «Voy a aprender a priorizar el descanso», escribo: «Priorizo bien el descanso». Escribirlas como si ya hubieran sucedido ayuda a conectar tu cerebro y tu cuerpo para creer que sucederán, y así podrás actuar en consecuencia con mayor facilidad. La segunda adición que hago a la práctica tradicional de establecer metas consiste en escribir, al lado de cada meta, una lista de mis *razones* específicas y significativas para lograrla.

Cuando escribes el *porqué* que hay detrás de la razón por la que es absolutamente necesario lograr cada meta, es decir, tu *porqué* auténtico y arraigado a profundidad, llevas las cosas a un nuevo nivel y haces que sea más probable que tu sueño se haga realidad. Es como fijar metas con esteroides. Porque cuando le das significado y emoción a algo que deseas, ya no solo se trata de un pensamiento en tu cabeza, sino también de lo que sientes y con lo que conectas a través de tu cuerpo.

Cuando le das suficiente significado y emoción a una meta, multiplicas de manera exponencial tus posibilidades de que se cumpla.

Tu *porqué* es el significado y la emoción. No es suficiente saber *cómo*. Muchos de nosotros sabemos cómo comer sano, pero no lo hacemos. Sabemos cómo hacer ejercicio, pero no lo hacemos. También necesitas casar el *cómo* con el *porqué*, un *porqué* que es tan profundamente personal para ti que nada se interpondrá en tu camino, aun cuando las batallas cuesta arriba se vuelvan difíciles.

Entonces, ¿por qué en tu única y hermosa vida debes aprender a creer de verdad que eres valioso? Dedica todo el tiempo que puedas a considerar y tener claridad en esto. Es posible que sepas la respuesta al instante, o podrías necesitar algo de tiempo para escribir, rezar o meditar sobre ello. Y una vez que hayas identificado tu porqué, vuelve a él con frecuencia, pues quizá también descubras que evoluciona con el tiempo. Una vez que lo conoces, se convierte en una herramienta invaluable de apoyo durante los contratiempos y en tu combustible durante el avance de la misión.

Conoce tu porqué, y entonces vuela, niña, vuela.

NOTA VALIOSA: Puedes descargar gratis la hoja de trabajo *Why* and goal-setting [Tu *porqué* y establecimiento de metas] en <worthybook.com / resources>.

CAPÍTULO 17

CÍRCULO O JAULA

Ten cuidado con contar tus sueños a personas que no son soñadoras.
TRENT SHELTON

DESPEGUEMOS EL CURITA de inmediato: ¿las personas que te rodean con mayor frecuencia, incluidos tus amigos y tus seres queridos, son tu círculo o tu jaula?

A continuación, te muestro algunas formas de deducir cuál sientes más verdadero.

Piensa en cómo te hace sentir tu círculo interno. Tómate un momento, tal vez incluso cierra los ojos y pregúntate: «¿Me empoderan? ¿De verdad quieren lo mejor para mí y no solo lo que ellos creen que es mejor para mí? **¿Lideran con amor?**». O «¿Son desempoderantes? ¿Quieren que me ajuste a sus expectativas sobre mí? **¿Lideran con miedo?»**.

¿Compartes todo lo que eres, sabiendo que te aman por todo lo que eres? ¿O les escondes partes de ti mismo para que no te juzguen, no te hagan sentir vergüenza o te amen menos?

¿Tienen creencias diferentes sobre cuestiones políticas o sociales y se apoyan mutuamente de todos modos? ¿O te presionan para que creas en las de ellos?

¿Sientes que son como un círculo edificante y de apoyo, que forma un abrazo gigante a tu alrededor y te eleva más alto con manos y hombros de apoyo en los que puedes pararte? ¿O los sientes más como una jaula de expectativas que te pesan, te jalan hacia abajo y te mantienen confinado, con un letrero engañoso en la puerta de la jaula que dice *Pertenencia*? Sabrás la verdadera respuesta porque la sentirás en tu cuerpo.

Así como podemos conocer el océano porque siempre sabe a sal,
podemos reconocer la iluminación porque siempre sabe a libertad.
BUDA

Tu círculo interno debería sentirse como un abrazo y tener sabor a libertad. Debería ser un lugar donde puedas respirar, arruinar, equivocarte, llorar, y todo lo demás, con la certeza inquebrantable de que no te negarán el amor si lo haces.

Un círculo de apoyo fuerte refuerza la valía al amarte, aceptarte y recordarte que eres valioso y estás completo tal como eres. Una jaula es lo contrario y te hace querer cambiar u ocultar quién eres con la esperanza de obtener pertenencia, comprensión, aprobación y amor.

Tu círculo actual

Cuando se trata de nuestro círculo más cercano, la mayoría de las personas nunca elegimos deliberadamente el grupo del que nos rodeamos. Muchas veces dejamos que los entornos en los que vivimos o en los que crecimos determinen quiénes son las personas con las que nos rodeamos, y luego nos convertimos en un producto de nuestro entorno. El grupo de nuestro entorno se convierte en nuestro círculo predeterminado, ya sea familia, grupo de pares, compañeros de clase o compañeros de trabajo.

Cuando piensas en las personas con las que hablas con más frecuencia, a las que pides consejo o con las que pasas tu tiempo libre, ¿las respetas y admiras? ¿Han ido a donde quieres ir? ¿Son inspiradoras, evolucionadas en el ámbito emocional y tienen los atributos a los que aspiras en la vida? ¿Cuidan su cuerpo y su salud de la misma manera que tú quieres cuidar la tuya? ¿Aman a los demás y a sí mismas de forma incondicional?

Si estás sentado ahí ahora mismo pensando que tu círculo actual, ya sea formado por familiares, amigos o ambos, es un poco como una jaula, pero los amas y no quieres abandonarlos, no te preocupes. Esa no es la única opción. De hecho, la mayoría de nosotros estamos rodeados de personas que en la mayoría de los casos son buenas, pero que nos fueron dadas por defecto y que en realidad podrían frenar nuestro crecimiento si no transformamos la dinámica de la relación en adelante. Si sientes que tu círculo actual es más bien una jaula y quieres algo diferente para tu vida, parte de convertirte en la persona que en realidad naciste para ser es tomar conciencia de esto, encontrar formas saludables para que estas relaciones evolucionen y para crear nuevas relaciones que te permitan desarrollar un círculo interno saludable y empoderante.

Tu círculo interno debería ser un lugar donde puedas respirar, arruinar, equivocarte, llorar, y todo lo demás, con la certeza inquebrantable de que no te negarán el amor si lo haces.

Las diferencias pueden unir o dividir

Dado el panorama político y la evolución de la tecnología, incluidas las redes sociales y la forma en que ahora recibimos información, muchos de nosotros enfrentamos un nivel completamente nuevo de división en las mesas familiares, en los mensajes de texto en grupos de amigos y en las reuniones navideñas. Los días de debates saludables entre seres queridos sobre temas candentes fueron remplazados por división e intolerancia frente a puntos de vista diferentes. Este es un nuevo tipo de jaula que se está creando, una con un letrero que dice: «Confórmate y acepta o serás excluido».

Esta jaula va más allá de los familiares y amigos cercanos, y ahora implica presión social para pasar el tiempo solo con personas que creen lo mismo que tú. Y en algunos círculos, si no lo haces, corres el riesgo de ser cancelado, condenado al ostracismo o excluido. En la cultura moderna de la cancelación, a menudo vemos cómo se avergüenza y se juzga a las personas por pasar tiempo con otras que no creen en lo mismo que ellas. Nos presionan para rodearnos solo de **personas con ideas afines**, cuando lo que importa es que nos rodeemos de **personas con corazones afines**. Algunas de las personas que tienen el corazón más grande pueden sentir de manera muy diferente que tú en cuanto a temas controvertidos. De manera similar, algunas personas que podrían estar de acuerdo contigo en algunos temas también podrían tener distorsiones en su mentalidad, su moral o su capacidad de amar más allá de sí mismas. Cuando pasas tiempo con personas que tienen puntos de vista diferentes a los tuyos sobre política, fe o temas sociales, no significa que estés de acuerdo con ellas y en definitiva no significa que seas malo. Significa que tendrás una comprensión mayor y más profunda de la humanidad y de cómo, en esta preciosa vida que tienes, podrías ayudar a sanarla a través del amor.

Pasa tiempo con personas con corazones afines, no necesariamente con ideas afines.

Me gusta proponerme pasar tiempo con personas que votan, viven y aman de manera diferente a como yo lo hago; que no están de acuerdo conmigo en muchos de los temas más debatidos. Y todas me aportan algo, aunque no esté de acuerdo en absoluto con ellas; de hecho, es justo porque no estamos de acuerdo.

Nunca podrás comprender a la humanidad, y, por lo tanto, no podrás tener impacto en ella, si no comprendes a los humanos que la conforman. Nunca podrás atraer a más personas a tu versión luminosa si solo pasas tiempo con quienes ya están en ella.

Estamos en un momento en el que tener la valentía de ser el *primero* es más importante que nunca. **Puedes ser el primero en tu familia o grupo de compañeros en amar más y juzgar menos, el primero en tomar una postura y celebrar de forma intencional las diferencias en lugar de cancelar a las personas por ellas, el primero en darse cuenta de que la forma más rápida de anestesiarse es *solo* pasar tiempo con personas que estén de acuerdo contigo.**

ANTES DE PENSAR que tu familia o tu grupo de pares no valen si no manejan bien las diferencias, da un gran paso atrás y reconoce que la mayoría de las personas no es consciente del impacto que tienen en ella las nuevas formas de obtener información. Pasamos a gran velocidad de un periodismo con investigación de antecedentes a información gratuita en línea para todos y sin barreras que obstaculicen su entrada. Busca en Google cualquier cita popular y de inmediato verás miles de resultados con esa cita que atribuyen el crédito a varias personas diferentes. En realidad, nadie puede probar quién lo dijo primero. El crecimiento explosivo de internet, combinado con la ausencia de barreras que obstaculicen la entrada, ha creado una mezcla heterogénea de credibilidad variable.

Las personas que pasaron décadas confiando en las noticias ahora también confían en fuentes de información en línea no verificadas y no distinguen la diferencia. Para echar más leña al fuego, tienes algoritmos en redes sociales que te proporcionan más artículos, anuncios, productos y personas que refuerzan tus creencias sin mostrar puntos de vista opuestos. Solo se nos muestran «hechos» que respaldan nuestros puntos de vista, y estos «hechos» llegan a nuestras redes sociales, noticias, bandejas de entrada de correo electrónico y teléfonos. Esto lleva a las personas a tener una visión muy sesgada de la información y los acontecimientos.

Mientras que las películas como *Red social* ayudan a arrojar luz sobre estas cuestiones, los nuevos desafíos se están acumulando más rápido de lo que cualquiera puede seguir. La inteligencia artificial se infiltra a gran velocidad en todos los ámbitos de nuestra vida. Algunas personas influyentes en internet ahora utilizan *bots* para obtener «me gusta», comentarios e interacción falsos; en los videos ahora se edita la apariencia de la cara y la forma del cuerpo de alguien de manera indetectable para nuestros ojos; lo que vemos integralmente ya no es real siquiera. Y, sin embargo, este espacio es también el futuro del comercio y la comunidad.

Pasa tiempo con personas con corazones afines, no necesariamente con ideas afines.

Entonces, si sientes que tu familia, tu grupo de pares y tus colegas están más divididos que nunca, y si el tiempo que pasas con ellos se siente más como una jaula que nunca, que no te sorprenda. Debes saber que no estás solo en esto. Ser consciente de ello es importante a la hora de decidir el papel que quieres desempeñar en todo esto, para no correr el riesgo de quedar atrapado… bueno, enjaulado.

Cuando nada está mal en tu círculo, solamente que no es el adecuado para ti

A veces hasta una familia o un grupo de compañeros cariñosos y amables puede interponerse en el camino de tus sueños. Puede ser casi tan difícil distanciarse de las personas con buenas intenciones como abandonar a las que no son buenas para ti. Lo que quiero decir con esto es que todos anhelamos amor y pertenencia: ser tomados en cuenta se siente bien y que otras personas nos necesiten y nos quieran genera la misma sensación de bienestar. Pero no debería costarnos tener que atenuar nuestra luz ni renunciar a acoger y convertirnos en todo lo que somos.

Muchas personas pierden su llamado a ser las primeras a cambio de encajar. La tentación de vivir una vida en pequeño, atenuar nuestra luz o cambiar a la persona que somos para encajar ocurre con la misma facilidad tanto cuando estamos en círculos poco saludables como cuando estamos rodeados de personas que quieren lo mejor para nosotros, aunque sepamos que lo que creen que es mejor para nosotros no lo es. Si sientes que te muestras solo como una parte de quien eres o que reprimes tus sueños, ideas, opiniones y ambiciones para poder pertenecer a un círculo, se trata de la misma jaula y puede ser más difícil salir de ella. Tal vez sabes que necesitas aceptación, o descanso, o alegría, y tu familia solo es más o menos buena en esas cosas, así que te quedas en esa zona de confort, más o menos descansando, más o menos sintiendo alegría, más o menos siendo aceptado, sintiéndote más o menos valioso, y eso es más o menos bastante bueno. Pero también es solo más o menos lo que necesitas y lo que es posible. Un ejemplo de esto es la historia que conté acerca de cómo mi papá quería que siguiera trabajando en el gimnasio porque ganaba mucho dinero, cuando mi alma sabía que debía perseguir mis sueños.

¿Te convences de no vivir según la expresión más verdadera y elevada de ti mismo porque donde estás es suficientemente bueno, suficientemente cómodo y seguro, y no provoca dolor? ¿Sientes que lo único que mereces es lo «suficientemente bueno»?

Si permanecer en tu círculo actual te hace sentir que estás reduciendo lo que realmente eres, al precio de convencerte de abandonar tu propia verdad y tu llamado, entonces es hora de reevaluarlo.

Mantener la paz a tu alrededor nunca debería costar mantener la paz dentro de ti.

Amar desde una perspectiva global

Es tentador acumular resentimiento hacia nuestras familias o amigos cuando sentimos que no nos aman o no nos aceptan tal como somos, como si tuviéramos que ajustarnos a sus expectativas para que nos amen. El resentimiento es la amargura y la indignación que sentimos por cómo nos ha tratado otra persona. Sin embargo, aferrarse al resentimiento solo daña a la persona que lo alberga; aunque es una opción tentadora, es de baja vibración. Es mejor el perdón. El perdón no significa que lo que hicieron, cómo nos hablaron o cómo nos trataron esté bien; simplemente significa que no vamos a prestarle más atención ni dejar que nos consuma energía y que vamos a liberarnos. **Muchas veces las personas solo hacen lo mejor que pueden con los recursos y la capacidad que tienen.** Esta comprensión me ha liberado del resentimiento y me ha ayudado a tener empatía.

Una vez que estás en el camino de ver a las personas de tu entorno con una visión sin prejuicios, te das cuenta de que todo el poder está en ti, no en ellas. Tú decides el tipo de relación que tienes o no con las personas de tu círculo actual, y cómo quieres crecer y evolucionar en adelante.

Una lección importante para absorber de inmediato: solo porque estás creciendo, cambiando, mejorando y sanando, no significa que alguien más en tu círculo o jaula también desee hacerlo. No puedes hacer cambiar a alguien que no quiera hacerlo. **Parte del camino hacia la libertad es liberar tus propias expectativas sobre cómo crees que deberían ser los demás y amarlos tal como son.** Luego decide cuáles son los mejores y más saludables límites e interacciones que deseas tener con ellos en adelante. ¿Los quieres en tu círculo interno, en tu círculo externo o en ninguno de los dos?

Recuerda, cuando eres el primero en tu familia en querer más para tu vida, desafiar el *statu quo*, tomar un riesgo, apostar por ti mismo y tus ideas y talentos, romper un ciclo generacional, pensar, votar o amar de manera diferente, eres un pionero. Pero ser pionero puede resultar solitario. Tanto es así que muchas personas optan por amoldarse a los demás para mantener ese sentido de pertenencia. No obstante, cuando cambias o adaptas lo que eres para pertenecer, en realidad no perteneces en absoluto, porque no es tu verdadero yo el que pertenece. No sentirás el verdadero amor y la satisfacción de pertenecer a menos que seas tu yo auténtico.

Círculo interior y círculo exterior

Imagina dos círculos, uno interior y otro exterior. Ambos importantes.

Tu **círculo interior** son las personas con las que eliges tener más cercanía: los que son el viento bajo tus alas; quienes te inspiran a volar a mayores alturas; con quienes compartes tus secretos; los que no proyectan en ti sus propios miedos; quienes de verdad quieren lo mejor para ti y no solo lo mejor para ellos mismos; a quienes *les* importas y te cuidan; quienes te ven a ti y a tus opiniones, anhelos, ambiciones, desafíos y peculiaridades, todo a través del lente del amor.

Tu **círculo exterior** también está formado por personas que te importan y amas. Pero sus sistemas de creencias, hábitos y evolución emocional pueden provocar la sensación de una jaula en tu vida, dependiendo de las circunstancias. Podrían ser la familia que te crio, los amigos que tuviste cuando eras niño o un colega con el que te sientas en el trabajo. Puede que sean personas que en realidad te agradan, pero con las que solo quieres pasar tiempo en determinadas situaciones. Podrían ser personas con las que te encanta hacer ejercicio todos los días, pero a quienes nunca les confiarías tus secretos; o personas a las que quieres ver durante las vacaciones, aunque notas que cada vez que pasas tiempo con ellas, sientes más baja tu energía y escondes partes de quien eres para que se sientan cómodas. Pueden ser personas a las que amas y te importan de forma profunda, y pueden ser muy amables y cariñosas; no obstante, solo son capaces de ver tus opiniones, anhelos, ambiciones, desafíos y peculiaridades a través del lente del juicio, el miedo o una capacidad limitada.

Ambos círculos te rodean y te dan una sensación de pertenencia. Pero puedes darles a las personas que están en ellos grados muy diferentes de acceso a ti, priorización, confianza, vulnerabilidad y tiempo. Ambos círculos, así como las personas que los integran, deben sentirse como círculos y no como jaulas. A veces sientes que una persona es un círculo, pero cuando te acercas a ella se convierte en una jaula, por lo que necesita permanecer en tu círculo exterior para que puedas tener una relación sana y amorosa con ella. Y si hay una determinada persona que aporta energía tóxica a tu vida de forma constante, no debería ocupar un lugar en ninguno de los círculos. Pertenecen al exterior del círculo externo y puedes amarlas desde una distancia saludable cuando sea posible.

Si cargar con la gente a tu alrededor agota tu capacidad, entonces es *demasiado* pesada.

Todo es posible cuando tienes cerca a las personas adecuadas para apoyarte.
Misty Copeland

Da un enorme paso hacia atrás y observa a las personas que te rodean, incluidas las que te criaron. Observa sin juzgar; solo mira qué sientes que es verdad para ti. Algunos pueden parecer ejemplos que aspiras a emular y otros pueden parecerte advertencias. Puedes sentir que algunos agotan toda tu alegría cuando estás cerca de ellos, mientras que otros llenan tu tanque de felicidad cuando los ves. Solo comienza a observar y sentir su impacto en ti. Al iniciar el proceso de diseñar y reorganizar tus círculos internos y externos, la observación y la conciencia son muy importantes. **No puedes volar hacia las alturas de tu llamado con globos de plomo atados a tus alas.**

Bebidas azules, Cheetos y residuos emocionales

Algunas bebidas azules dejan residuos azules en la lengua. Los Cheetos dejan residuos color naranja en los dedos. (Y, por supuesto, el colorante de rubor en polvo, original de IT Cosmetics, deja una favorecedora mancha rosa en las mejillas 😊). La teoría del «residuo emocional» explica que las emociones de las personas dejan huellas en su entorno físico, las cuales pueden impactar, influir y ser percibidas por otros.

En otras palabras, la energía y las vibras de las personas con las que pasas el tiempo se quedan en ti como residuo. A diferencia del residuo azul o naranja que puedes ver de forma física, el residuo emocional es invisible al ojo; pero, en definitiva, puedes sentirlo. Además, a diferencia de los residuos azules o naranjas que pueden desaparecer en una o dos horas, los residuos emocionales pueden durar mucho más tiempo. Pueden incluso durar para siempre si no eres consciente de ello y no lo evitas con toda intención.

¿Qué prefieres, mantener la paz a tu alrededor o mantener la paz en tu interior?

¿Alguna vez has entrado a una habitación donde hay una o más personas dentro y sentiste que tu propia vibración cambiaba? Y luego, cuando saliste de esa habitación, ¿te costó quitártela de encima? Eso es un residuo emocional.

De manera similar, ¿alguna vez has estado cerca de alguien y te has sentido mucho más vibrante, alegre y vivo gracias a esa persona?, ¿o alguien que tal vez solo te haga sentir visto, escuchado, comprendido y contenido emocionalmente? Todos estos son tipos de residuos emocionales que sientes después de estar con diferentes personas.

A veces son solo pequeñas cosas de las que tomas nota de cómo te hacen sentir con el tiempo. Cuando mi esposo Paulo y yo empezamos a salir, una vez caminábamos por un estacionamiento y, mientras nos abrazábamos y besábamos para despedirnos, en el mismo momento en que nuestros labios se tocaron, hubo una chispa eléctrica visible. Si bien mi mente sabía que era probable que se debiera a algún tipo de electricidad estática, también creo en las señales y me emocioné mucho. Él y yo no podíamos creerlo y al instante nos sentimos eufóricos como estudiantes con la alegría del amor floreciente. Más tarde le describimos el emocionante momento a un miembro de la familia que no tuvo, en absoluto, reacción alguna. Recuerdo cómo su falta de energía derribó de inmediato la nuestra. Hasta el día de hoy, amo de verdad a ese miembro de la familia, pero no es parte del círculo interno al que llamo cuando suceden cosas emocionantes o bobas. **No significa que ame menos a esa persona, solo significa que estoy protegiendo de forma intencional el regalo y la vibración de la energía alegre cuando la siento zumbar.**

Ser consciente de los residuos emocionales es importante, porque si la energía es contagiosa, seleccionar el tipo de energía que tienes a tu alrededor y la frecuencia de tu exposición a ella puede afectar todos los aspectos de tu vida. Ser consciente del residuo emocional que sientes puede ser una gran herramienta a la hora de decidir a quién quieres en tu círculo interno, en tu círculo externo o en ningún lugar cerca de tus círculos.

Límites

Establecer límites saludables y decidir intencionalmente quién tiene qué niveles de acceso a ti, así como la cantidad de tiempo y atención que les brindas, puede resultar atemorizante, en especial si tiendes a complacer a las personas y solo quieres que todos sean felices. Pero debes dar un gran paso atrás y priorizar lo más importante, tanto para tu salud como para tu alegría. **¿Qué prefieres, mantener la paz a tu alrededor o mantener la paz dentro de ti?**

Has sanado demasiado como para no elevar el estándar
sobre quién tiene acceso a ti.
CATHY HELLER

Brené Brown contó una vez la historia de cómo les enseñó a sus hijos a nunca rodearse de lo que ella llama «los que soplan velas». Ella utiliza la analogía de que cada uno de nosotros tiene una llama dentro, la cual es nuestro espíritu, nuestra alma, nuestra luz, para explicar la importancia de rodearnos de personas que celebren que nuestra llama brille con intensidad y la protejan.

Son personas que tienen espacio en su vida para la luz que viene con nosotros. Ella aconseja a sus hijos y a otras personas que se aseguren de no rodearse del tipo opuesto de personas, los que soplan velas, o peor aún, de aquellos que te convencen de que tu luz no es digna de brillar o intentan decirte que tu llama se apagó por sí sola.

ESTABLECER UN LÍMITE es como frenar el viento o el aliento que viene hacia ti y que está a punto de apagar tu flama.

Un límite podría consistir en comenzar a decir cómo te sientes de verdad, incluso cuando tengas la tentación de complacer a los demás con una mentira. Puede significar decir *No* porque así es como te sientes cuando tienes la tentación de decir un *Sí* de mentiras. Podría significar decirles a tus padres que aprecias todo lo que han hecho, pero que eliges criar a tus propios hijos de diferente manera; o ser el primero en tu familia en perdonar, aunque otros todavía guarden rencor; o compartir solo partes de tu vida con las personas en quienes confías como administradores de la información; o proteger tu paz compartiendo tus ambiciones con las personas que las celebrarán, y no con aquellas que las criticarán; o dedicar de forma intencional mayores cantidades de tiempo a los miembros activos y potenciales de tu círculo interno y reducir el tiempo dedicado a tu círculo externo.

Algunas personas pueden tener problemas con que establezcas límites, pero el verdadero problema es que ellos aún no han hecho el trabajo para sanar y darse cuenta de ello.

> *Las únicas personas que se molestan porque estableces límites son aquellas que se benefician de que no lo hagas.*
>
> BRIAN WEINER

La necesidad de establecer límites saludables es algo que casi siempre tendrás que reconocer, determinar e implementar tú. Y no te sorprendas si mantenerlos es un desafío para toda la vida, especialmente cuando la mayor parte de nuestra vida hemos optado por buscar el amor y la pertenencia en las personas del entorno en el que crecimos, ya que son a ellas a quienes les hemos pedido consejo incluso cuando no tienen idea o no comprenden nuestra situación. En ellos hemos buscado consuelo y pertenencia, incluso cuando es posible que no tengan la capacidad de satisfacer nuestras necesidades. Y es probable que las relaciones sean recíprocas en diversos grados, así que no te sorprendas si los nuevos límites que implementes también encuentran resistencia. Como seres humanos, uno de nuestros temores más profundos es sentirnos incompletos y, si no estamos completos, no seremos amados. Cuando creces, cambias y te diversificas, tus amigos o familiares pueden sentir que no están completos o que ya no son dignos de tu amor. Entonces, comprender esto mientras trabajas para construir límites nuevos y saludables puede ayudarte a enfrentar con gracia su resistencia potencial.

Cuando regresas a casa, durante las vacaciones, o cuando te incorporas a grupos de compañeros del círculo externo, quizá notes que dejas de mantener tus límites en su lugar. Muchas veces, cuando volvemos a casa o vemos a viejos amigos o vamos a viejos lugares o entornos que no vieron nuestra grandeza, nos resulta muy difícil no sentir el síndrome del impostor o no volver a sentir que no valemos o no merecemos. Esta es la zona de peligro: los momentos en los que tienes que permanecer hiperconsciente de las proyecciones de los demás y de su pensamiento limitante y su capacidad limitada. De lo contrario, comenzarás a caer en viejas acciones, viejos comportamientos, viejos patrones y, lo peor de todo, una vieja identidad y creencia de lo que mereces. Es posible que empieces a sentir que te estás metiendo de nuevo en una vieja piel de serpiente o en la tripa de una salchicha que ya te queda pequeña y de la que te habías despojado.

Establecer límites puede parecer una traición a los demás. Pero no aprender a hacerlo es casi siempre una traición a uno mismo.

Puedes comenzar a implementar límites saludables diciendo cómo te sientes en realidad sin disculparte, diciendo *No* cuando quieres decir *No* y solo diciendo *Sí* cuando quieres decir *Sí*, valorando tu propio tiempo y pidiéndoles a los demás que hagan lo mismo, así como comunicando tus necesidades a los demás. Sé firme y amable sin dar demasiadas explicaciones.

«No» es una frase completa.
ANÓNIMO

Es muy probable que sea un proceso imperfecto. Puede que haya tropiezos, obstáculos y reveses en el camino, pero no te detengas. Recuerda: **establecer límites puede parecer una traición a los demás. Pero no aprender a hacerlo es casi siempre una traición a uno mismo.**

Selecciona tus círculos y a tu familia

A medida que creces y evolucionas, tal vez decidas que tu círculo interno actual es más hermoso de lo que podrías haber imaginado. O puedes decidir hacer algunos ajustes, establecer algunos límites nuevos y seleccionar un círculo interno y un círculo externo revisados. La familia, el grupo de pares y los colegas con los que te has aventurado en la vida hasta ahora pueden desempeñar un papel grande o pequeño en ambos.

Tu círculo puede estar conformado por dos o cinco personas, solo asegúrate de que sean las adecuadas.

A menudo, cuando las personas inician una búsqueda hacia la sanación y el crecimiento personal, adoptan la idea de la familia elegida. Esto significa que las personas que consideras tu familia más cercana podrían no ser las mismas personas con las que creciste, ni estar relacionadas contigo por sangre. Podrían solo ser personas en tu vida con las que tienes la profundidad, la cercanía y la intimidad que considerarías como de familia. Tal vez escuches términos cariñosos utilizados para describir el gran afecto por los amigos que se consideran familia elegida, como «hermana de otro padre» o «hermano de otra madre». La familia elegida puede ser la gente con la que pasas las vacaciones y reuniones importantes; también puede incluir a toda o una parte de la familia con la que creciste o en la que naciste. La familia elegida es exactamente a quienes eliges como familia.

Tu círculo puede estar conformado por dos o cinco personas, solo asegúrate de que sean las adecuadas.

También puedes cultivar tus amistades de esta manera. Quizá los amigos más cercanos con los que creciste ya no concuerden con la persona en la que te has convertido, y es posible que se hayan distanciado. Está bien. Como adulto, siempre es posible cultivar amistades nuevas y cercanas. **Los verdaderos amigos desean lo mejor para ti en función de tus sueños y anhelos, no basándose en lo que creen que es mejor para ti según sus propios sueños y anhelos.**

Una de las numerosas razones por las que un gran círculo interno es tan importante para vivir tu mejor vida es que las personas que lo integran te recuerdan tu grandeza, dones, belleza y lo poderoso que eres TÚ. Porque todos nosotros, incluso las personas más famosas y elogiadas en el ámbito público, necesitamos que nos lo recuerden.

De hecho, yo tengo una lista de algunas de las palabras y afirmaciones más amables que la gente de mi círculo interno me ha dicho sobre mí; la leo en privado cada vez que tengo la tentación de olvidar o de sentir que *estoy incompleta o soy insuficiente.*

Pasa tiempo con personas que te acerquen a tu futuro, no a tu pasado.

ANÓNIMO

Los elefantes y tu círculo interno

Me encanta la historia que la autora y líder de opinión Jen Hatmaker comparte para ilustrar cómo se hace presente en tu vida un círculo interno.

Jen estaba pasando por una etapa muy difícil en su vida cuando una amiga cercana le envió una foto de elefantas, todas hembras, de pie en una formación circular. Todas las elefantas estaban orientadas mirando desde el centro del círculo hacia afuera, con sus traseros y colas apuntando hacia el centro. Al principio, Jen no entendía por qué su amiga le enviaba una foto de elefantes. Su amiga le describió cómo en la naturaleza, cuando una mamá elefanta está dando a luz o cuando un elefante está herido, todas las demás elefantas de la manada lo rodean, encerrándolo en el centro de la formación del círculo. Se reúnen muy juntas y cierran filas para que no se pueda ver a la mamá elefanta o al elefante herido en el centro, y protegen a los más vulnerables de su grupo de la vista de los depredadores y de potenciales daños. Luego, las elefantas pisotean y patean la tierra para enmascarar el olor con el polvo y ahuyentar a los atacantes. Envían una señal clara de que si alguien intenta atacar a su ser querido mientras es vulnerable, primero tendrá que atravesar su círculo interior.

Jen describe cómo, cuando nace la cría de elefante, las hermanas elefantas arrojan tierra con las patas sobre el recién nacido para proteger su piel, y luego empiezan a barritar, y su música gloriosa celebra la nueva vida, la hermandad y algo hermoso que nace en un mundo hostil, como Jen dice, «lleno de enemigos e incertidumbre». La imagen de las elefantas adoptando esta formación es una gran alegoría del poder de un hermoso círculo interno. Un círculo nos respalda y nos protege cuando somos débiles o vulnerables. Hacen sonar con fuerza sus trompetas para celebrar cuando damos a luz nuevas ideas y nos embarcamos en nuevas victorias. Unas veces estamos en el centro del círculo que nos protege, y otras veces somos parte del círculo que protege de forma feroz a nuestros seres queridos vulnerables. Lloré la primera vez que escuché a Jen Hatmaker hablar y compartir esta analogía porque sentí su verdad. Cuando tenemos el don de tener amigos, familiares o seres queridos de este tipo como parte de nuestro círculo interno, y cuando estamos

Los verdaderos amigos desean lo mejor para ti en función de tus sueños y anhelos, no basándose en lo que creen que es mejor para ti según sus propios sueños y anhelos.

presentes con ellos de la misma manera, experimentamos el sentimiento más hermoso.

Y cuando no podemos contar con las personas de nuestro círculo para que estén presentes con nosotros, nos respalden o nos animen a alcanzar nuestro mayor potencial, podemos terminar sintiéndonos vacíos y desconectados. Seleccionar círculos internos y externos empoderantes, que te aman y valoran exactamente por lo que eres de forma innata, refuerza la valía.

LO HERMOSO es que tu historia siempre se está desenvolviendo y puedes construir y continuar seleccionando tus círculos, por el resto de tu única, heroica y bella vida. Y puedes decidir cómo quieres mostrarte en ellos.

¿Las personas con las que eliges pasar tiempo, incluidos tus amigos y seres queridos, forman más un círculo o una jaula?

Perdí a un amigo mientras escribía este libro. En su brazo tenía un tatuaje con una cita famosa de John Shedd que decía: «Un barco está seguro en el puerto, pero los barcos no se construyen para eso». Siempre me ha encantado esa cita. Me recuerda cómo todos nacemos con una mente y un alma hermosas, llenas de pensamientos e ideas salvajes e imaginativas que el mundo necesita con desesperación.

Puede que estés a salvo en un puerto silencioso o en un círculo que se parece más a una jaula, pero no fuiste creado para eso. Fuiste creado para desafiar el océano y sentir el agua salada salpicar tu piel y los vientos hinchar tus velas. Fuiste hecho con todo lo necesario para el trabajo duro que logra los sueños de tu corazón. Fuiste creado para sobrevivir a las olas y tomar el sol. Fuiste creado para navegar por aguas inexploradas y celebrar la maravilla de las gloriosas aventuras que te esperan y que tienen tu nombre. Eres digno de expresar tus opiniones, correr riesgos y cambiar la cultura. Eres digno de enfrentarte a los acosadores, aprovechar tu valentía y defender a otros que no pueden permitirse el lujo de aprovechar la suya. No te quedes atrapado en una jaula que se autodenomina círculo. No te canceles a ti mismo y no pierdas tu llamado. Tu alma y el mundo necesitan lo que solo tú puedes dar.

Se necesita intencionalidad y convicción para decidir que eres digno de estar solamente en círculos y no en jaulas. Se necesita valentía para confiar en ti mismo, aun cuando los demás te dicen que atenúes tu luz. Y se necesita una inmensa valentía para vivir como tu verdadero yo, cuando no hay nadie más como tú. Tal vez a tu mente le resulte cómoda una jaula que te atrape, pero tu alma sabe que naciste para volar libre y que mereces un círculo de apoyo y celebración, un círculo que actúe como el viento bajo tus alas durante tu viaje.

NOTA VALIOSA: Obtén más información sobre cómo unirte a un Círculo de Valía o crear el tuyo en <worthybook.com/resources>.

CAPÍTULO 18

SOBREEXPUESTO Y SUBDESARROLLADO

Nada funcionará a menos que tú funciones.
MAYA ANGELOU

ME SALTÉ EL ESPERADO traje de negocios: me puse un cómodo vestido de punto rosa que me daba la sensación de una piyama y me deleitaba al saber cómo su alegría informal estaba disfrazada con una pizca de pedrería. Decidí ser yo incluso si eso significaba no adoptar la imagen que correspondía a la sala y a las conversaciones en las que estaba a punto de entrar. Lo que no sabía era que esa sería la única vez que conocería a uno de los raperos más famosos del mundo. Estuve en el evento Forbes 400, en el que la revista *Forbes* celebra a las 400 personas más influyentes de la filantropía. El evento es increíble y me siento muy conectada cada vez que tengo la bendición de ser invitada. Las ideas y las mentes brillantes presentes en la sala, junto con el compromiso de ayudar a la humanidad, son impresionantes.

Ese año en particular, el evento se celebró en la ciudad de Nueva York y pasamos el día discutiendo ideas e iniciativas innovadoras y lo concluimos con un coctel con entretenimiento en vivo. Un amigo mío había trabajado antes con este rapero y quería presentarnos. Pensé que sería un saludo de dos segundos y estaba absolutamente segura de que él no tendría idea de quién era yo, pero tan pronto como le estreché la mano, me dijo:

—Me encanta tu infomercial.

«¡¿Qué?!», pensé.

—¿En serio? ¿Lo has visto? —dije con sorpresa.

«¿Qué hacía él viendo mi infomercial de televisión en el que muestro maquillaje en mujeres reales con problemas de piel reales?», intenté mantenerme presente y escuchar mientras me explicaba que había estudiado el infomercial y me felicitaba por el éxito de este.

—Sí, es brillante cómo colocaste el producto y luego te quitaste el maquillaje para conectar con los clientes —dijo.

Le di las gracias, hablamos un rato más y luego nos separamos.

Lo primero que pensé mientras me alejaba después de conocerlo fue que **casi nunca es un accidente cuando alguien tiene éxito.** El éxito en todas sus formas casi siempre deja pistas. Y una de esas pistas se expresa mejor en las palabras de la fallecida doctora Maya Angelou: «Nada funcionará a menos que tú funciones».

Aunque me sorprendió que este rapero de fama mundial, con una carrera de varias décadas, hubiera visto mi infomercial de televisión, recordé cómo analizo a todo tipo de personas que tienen éxito en todo tipo de industrias porque me encanta intentar reconocer patrones y aprender por qué tuvieron éxito. Es probable que tuviera tanto éxito en su carrera no solo por su talento, sino también porque había sido un estudiante de toda la vida y un gran trabajador comprometido con el desarrollo y con estudiar la excelencia dondequiera que la viera, en caso de que eso pudiera ayudarlo a mejorar. Tiene una carrera sólida, y es probable que se deba, en parte, a que su desarrollo ha sido paralelo a su exposición.

Estamos en una cultura que glorifica la gratificación instantánea. Hay toda una generación que espera que la asciendan a un puesto de trabajo elegante antes de completar su primera pasantía. Y aunque estoy completamente a favor de la ambición, es fundamental comprender que tú eres el administrador de tu potencial, crecimiento, posibilidades y sueños.

He leído muchos libros que son muy optimistas y están llenos de lo que parece una positividad genérica, pero se saltan la parte de *la realidad*, es decir, la parte con la que obtendrás resultados *realmente reales*, y de eso se trata este libro. Mi propósito en este capítulo no es desinflarte. Te aseguro que tienes todo lo que necesitas dentro de ti ahora mismo para lograr tus mayores anhelos y tus sueños más descabellados. Te aseguro que eres digno de ellos. Sin embargo, hay un ingrediente fundamental en la fórmula del éxito que la mayoría de la gente tiende a pasar por alto. Para lograr en verdad tus objetivos finales, incluido desarrollar una autoestima y una autoconfianza duraderas, debes perfeccionar la habilidad para generar tu propio impulso a lo largo del camino. Te prometí que estaría a tu lado en estas páginas y que te cuidaría, así que tengo que hablar sobre cosas realmente importantes. Muy bien, vamos.

Expertos en exposición

¿Alguna vez has seguido a alguien en las redes sociales que sea superpopular, conocedor o inspirador, solo para darte cuenta un día de que nunca ha hecho lo que dice? Solo son muy buenos hablando de ello.

Como el mundo de la tecnología evoluciona a gran velocidad, ya no hay barreras ni se requieren certificaciones para convertirse en un «experto» o «gurú». Uno de los beneficios de esto es que los emprendedores, creadores, inventores de productos y artistas pueden hacer llegar sus obras al mundo de forma directa, sin depender de un intermediario que diga «sí» o «no» a fin de llegar a su audiencia o clientes. No tienen que depender de una empresa que decida si desea distribuir o promocionar su producto, invento o arte. Hay numerosos beneficios más, pero también hay algunas desventajas importantes.

Las personas que solo tienen popularidad o la capacidad de cultivarla ahora pueden compartir su experiencia sobre cualquier tema que elijan. En el pasado, se contrataba a una persona popular para respaldar un producto o servicio, pero ese producto o servicio por lo general era una empresa establecida que tenía que seguir todas las normas reglamentarias y de seguridad para su producto o servicio.

Ahora, personalidades populares venden sus propios productos o servicios, a menudo sin contar con los conocimientos, la experiencia, la infraestructura o la comprensión de la seguridad y el cumplimiento de las normas de regulación. Por ejemplo, considera esto: ¿has comprado productos promocionados en las redes sociales sin considerar si provienen de una fuente segura, aprobada y confiable?

¿Recuerdas los días en los que la reseña de un crítico en el periódico o en la televisión tenía tanto poder? La gente confiaba en que los críticos tenían un conocimiento profundo de la industria. Entonces, si un crítico le daba a un restaurante, una película o un libro una reseña de cinco estrellas, la gente confiaba en él y compraba el producto. Y la reputación del crítico, a menudo basada en décadas de generar confianza, estaba en juego. Bueno, ahora la gente ve menos televisión, lee menos el periódico y obtiene más información en línea, y casi todo el mundo, tenga o no experiencia o cualificación, es ahora un crítico declarado.

Durante los años que trabajé como periodista en noticias de televisión, cada palabra que escribía en cada historia tenía que ser verificada. Si cometías un error y se difundía entre los espectadores como verdad, podían despedirte por el error. La estación se retractaba de inmediato ante las cámaras y pedía disculpas a los espectadores. De manera similar, como periodistas, se nos prohibía emitir nuestras opiniones sobre cualquier tema: nuestro trabajo consistía en informar los hechos, y una opinión de cualquier tipo también era motivo de despido. Trabajando en estaciones de televisión, fui testigo de primera mano de cómo mis colegas, a menudo con décadas de experiencia, se enorgullecían y encontraban su propósito al presentar historias objetivas para ayudar a que los espectadores estuvieran mejor informados. Hoy en día, hay un sinfín de artículos en línea e innumerables sitios web que los publican como noticias, cuando rara vez alguien verifica los datos y están llenos de fuentes no investigadas. Actualmente, es casi imposible comprobar quién dijo primero algo en particular, ya que innumerables sitios web atribuyen todas y cada una de las citas a múltiples fuentes «originales».

Los «expertos» en línea que nosotros y nuestros hijos ahora seguimos están, en muchos sentidos, **sobreexpuestos y subdesarrollados.** Cuando los expertos, los productos o las empresas ganan popularidad, su número de seguidores y las consiguientes ventas de productos florecen. Las personalidades *online* se consideran especialistas y luego, sin conocimiento ni experiencia, brindan consejos que afectan la salud física y mental, la seguridad, los negocios, las relaciones y la vida de las personas. Con una enorme popularidad, pero sin conocimiento ni experiencia, los riesgos para los consumidores son enormes.

EXISTEN MUCHAS VENTAJAS no visibles y poco conocidas por tener cierto tipo de barreras que ahora han desaparecido en internet. Mientras construíamos IT Cosmetics, tuvimos que cumplir con los estrictos estándares de seguridad, reglamentación y control de calidad de muchos de nuestros socios minoristas. También tuvimos que realizar pruebas exhaustivas de alergia y seguridad, así como cumplir con el etiquetado y las pautas de seguridad de la FDA. En cambio, hoy en día aparecen empresas de cosméticos por todas partes en línea y, si están vinculadas con una personalidad de renombre, los productos se venden como pan caliente. Muchos no están regulados en absoluto, lo que significa que no pasan por pruebas de seguridad, y el consumidor no tiene idea de lo que en realidad se pone en la cara y el cuerpo. Esto es aún peor en la industria alimentaria y de suplementos, donde los consumidores ingieren estos productos no regulados.

Por supuesto, hay agencias gubernamentales encargadas de supervisar todo esto, pero están demasiado dispersas y no tienen la infraestructura para manejar la velocidad con la que las empresas aparecen con una foto y venden el producto directo a los consumidores. Es fácil conseguir un sitio web sofisticado y de apariencia creíble, y hacer que los *bots* promocionen un producto con cientos o incluso miles de reseñas falsas. Y el resultado es que nadie sabe que el producto que está comprando está sobreexpuesto y poco desarrollado. Esto pone en riesgo la salud y la seguridad de los consumidores.

LO MISMO OCURRE en las categorías de orientación y servicios. Si alguien es un *influencer*, un líder de opinión o un «experto» en algo, cuando su popularidad y su comunidad crecen a un ritmo más rápido que su propia pericia, conocimiento y verdadera experiencia en la vida real, se encuentra en una situación difícil. Empieza a ganar dinero mediante visualizaciones de videos, anuncios, programas, eventos en línea o colocación de productos, y se produce un círculo vicioso. Necesitan mantener un alto número de «me gusta» y visualizaciones en cada publicación para que el dinero publicitario y los patrocinadores sigan llegando. Pero a diferencia de un experto que pasó décadas adquiriendo la experiencia que lo llevó a la fama, en este nuevo mundo la persona puede construir ese tipo de fama sin base alguna de conocimiento y experiencia sobre la cual sustentarse. Ahora están sobreexpuestos y subdesarrollados. Y después, para colmo, quienes observan estos ascensos meteóricos, tanto jóvenes como mayores, comienzan a creer que trabajar duro para adquirir experiencia no es necesario y que el sueño del éxito y el dinero es… bueno, ¡fácil!

Detrás de escena, hay expertos en relaciones y amor en línea que venden cursos sobre el matrimonio y que permanecen en relaciones poco saludables para mantener la fachada que han promovido en línea. También hay expertos en amor y sanación que ocultan que en realidad están en la infancia de su propio viaje de sanación y que aún no han aprendido a amarse a ellos mismos. Promueven ideas que no han sido investigadas, probadas, y que ni ellos mismos han experimentado siquiera. Detrás de las barreras de la tecnología, los filtros y los sitios web sofisticados, esto puede ser difícil de detectar.

Con la rápida exposición que muchos experimentan en este nuevo mundo que conecta directamente con el consumidor a través de la tecnología, es muy fácil caer en la trampa de saborear el éxito y luego querer tanto como sea posible. O sentir que necesitas aprovechar el golpe de suerte antes de que se termine y no preocuparte por si tienes la infraestructura o el desarrollo para sostenerlo a largo plazo. Es difícil decir no a la fama, al dinero o a la gente que te celebra. Es difícil decir no al éxito a corto plazo, incluso si sabes que lo estás construyendo sobre una base con muchas grietas y puntos débiles. Es difícil resistirse al atractivo de las victorias a corto plazo que complacen a los inversionistas, los jefes, los equipos, los colegas, los socios, las familias y los seguidores de las redes sociales.

Si bien sobrellevé los primeros años de construcción de IT Cosmetics, que vinieron con cientos de rechazos y frecuentes roces con la quiebra, cuando comenzamos a tener éxito en las ventas, la marea cambió por completo. De repente, todas las tiendas minoristas que me habían dicho que no durante años me querían. Por esa época, una de mis mentoras me dio consejos firmes sobre cómo ser un regulador del impulso. Me contó varias historias sobre otras marcas que crecieron con gran rapidez en popularidad y demanda, aceptaron toda exposición y firmaron acuerdos con todos los que querían comercializar y vender sus productos. Pero debido a que sus propios equipos no pudieron cumplir con todos los aspectos necesarios para tener éxito, incluidas operaciones, finanzas, seguridad, control de calidad, soporte legal, contratación, *marketing* y educación, no lograron cumplir con los socios minoristas y al final descontinuaron los productos en las tiendas. Me dijo que si permitía que hubiera demasiado crecimiento antes de que mi infraestructura pudiera mantener el ritmo, todo podría derrumbarse.

Estarás sobreexpuesto y subdesarrollado en el amor si no te amas también a ti mismo.

Tener demanda de mis productos después de años de rechazos hizo que me fuera difícil decirle «No» a la nueva oleada de minoristas que al fin me querían. Se siente tan bien que te quieran. Pero también sabía que, si entraba a sus tiendas demasiado pronto y demasiado rápido, estaría sobreexpuesta en relación con lo desarrollada que estaba la infraestructura de mi empresa en ese momento. También sabía que, si no iba a sus tiendas y tenía éxito en las ventas de inmediato, me echarían con la misma rapidez con la que me dieron la bienvenida.

Mi mentora me escribió una nota que decía: «Ganar en cosmética es un juego de ejecución perfecta», y la colocó sobre mi escritorio. Lo que ella estaba diciendo era que debíamos asegurarnos de que nuestro desarrollo siguiera el ritmo de nuestra exposición para que pudiéramos sostenerlo y tener éxito. Así que decidimos rechazar todas las nuevas solicitudes para lanzar nuestros productos que provenían de los innumerables minoristas que de repente nos querían y, en cambio, nos centramos en entregar con total atención a minoristas, como ULTA Beauty, que habían creído en nosotros desde el principio y compartían la visión de inclusión y de celebrar la belleza única de cada persona. Construimos nuestro equipo e infraestructura y trabajamos duro para crecer hasta el primer puesto en su departamento de prestigio, y esperamos hasta que nuestro desarrollo alcanzara a la demanda que había por nuestros productos antes de expandirnos a otros minoristas. Mi mentora me enseñó la lección fundamental de ser administradora de tu propio impulso. Hasta el día de hoy, creo que para tener éxito a largo plazo en nuestro negocio era clave decir NO a las victorias a corto plazo y ser muy conscientes de que nuestra exposición coincidiera con nuestro desarrollo en una proporción saludable.

Hoy en día, muchas empresas gastan todo su dinero en exposición publicitaria y en hacer crecer sus plataformas de redes sociales, pero no invierten en desarrollo, como muchos «expertos» en línea. Recibir el aplauso del mundo y equiparar la exposición con el éxito hace que sea fácil deslizarse por la pendiente resbaladiza que te lleva a terminar en el lado equivocado de la ecuación de sobreexposición y subdesarrollo. Sin embargo, a largo plazo, las empresas, el arte, las ideas y las personalidades no durarán si solo se enfocan en la exposición e ignoran el desarrollo.

Esta lección se aplica también a tu vida personal y a tus relaciones. Es difícil decir «No» a lo que parece amor. Es tentador dar prioridad a la búsqueda de una pareja amorosa cuando aún no has aprendido a amarte a ti mismo. **Estarás sobreexpuesto y subdesarrollado en el amor si no te amas también a ti mismo.** Cuando estás subdesarrollado, es más probable que te atraiga alguien que te refleja la falta de amor que tienes por ti mismo, o alguien que te quiere más de lo que tú te quieres a ti mismo, en cuyo caso hay mayor probabilidad de que sabotees todo o que no dure. Louise Hay enseñó originalmente que si buscas una pareja romántica o un amigo, debes escribir todos los rasgos que deseas en ellos. Luego concéntrate por completo en SER tú mismo esa persona, la que tiene esos rasgos. Porque el tipo de amor que atraemos de otra persona refleja la cantidad de amor que tenemos por nosotros mismos.

A TRAVÉS DEL REGALO de conocer a decenas de miles de emprendedores y líderes de opinión a lo largo de los años, he encontrado patrones y líneas que tienen en común en su vida. Cuando las personas construyen un éxito sostenible a largo plazo, ya sea en forma de negocio, talento, reputación o capacidad de formar relaciones duraderas y amorosas en su vida, casi nunca es por accidente. Casi siempre proviene de un compromiso con el trabajo duro y el desarrollo continuo, sin importar el nivel de éxito ya alcanzado.

Permitir que nos sobreexpongamos y nos subdesarrollemos puede resultar contraproducente, con sentimientos de síndrome del impostor o incongruencia. Cuando nos mostramos de la manera «finge hasta lograrlo», pretendemos ser algo que no somos. Está bien presentarse como compañero o guía junto a otros, pero no afirmar que sabes más de lo que sabes. Puedes mostrarte y decir esta es mi experiencia, y, **sin importar cuál sea o no tu experiencia, es hermosa cuando es verdad. Pero cuando priorizas la gloria en lugar del viaje auténtico, no durará.**

Cuando priorizas la gloria en lugar del viaje auténtico, no durará.

ES IMPORTANTE notar que estar sobreexpuestos y subdesarrollados es algo muy diferente a la excusa común de «no estar listos» para perseguir nuestros sueños. Siempre estás listo para mostrarte con autenticidad. Veámoslo en detalle. Porque creer que estás listo no significa que ahora puedas pilotar un avión sin entrenamiento y, por lo tanto, te subas al asiento del piloto sin preparación. Significa que eres digno y estás listo para comenzar tu emprendimiento de convertirte en piloto. No estar calificado puede ser una mentira y también puede ser un hecho mesurado. A veces aparece una mentira que nos decimos a nosotros mismos. *No estoy calificado para compartir mi historia en un libro. No estoy calificado para inventar un producto, o iniciar un negocio, o encontrar el amor incondicional.* Todas son mentiras, pero cuando se trata de calificaciones fácticas constatables, como: *No estoy calificado para pilotar un avión porque nunca lo he hecho*, son verdaderas. La conciencia de uno mismo es muy importante aquí.

Las personas mienten a los demás acerca de estar más calificadas que ellos y se mienten a sí mismas acerca de estar menos calificadas. Parte de desarrollar la valía y la confianza en ti mismo implica tomar plena conciencia de cómo tu desarrollo y experiencia son paralelos a tus acciones y a la historia que le cuentas al mundo sobre quién eres. Cuando son congruentes, eres libre y tienes poder. Cuando son incongruentes, estás viviendo una farsa, y casi nunca dura. **La mayoría de las personas no fingió hasta que lo logró, solo continuó hasta que su preparación coincidió con la oportunidad.**

Tu desarrollo conduce a tu destino

Cuando continúas avanzando, la determinación empieza a parecer talento y el trabajo duro empieza a parecer genialidad.
ERWIN RAFAEL MCMANUS

Es importante hacer cosas difíciles para enfocarte en tu desarrollo, incluso cuando la exposición sea más divertida; para cumplir las promesas que te haces a ti mismo; para ganártelo tú mismo. No significa que no tendrás golpes de suerte, gracia, ayuda divina o milagros. Solo significa que cuando sucedan, creerás con mayor facilidad que eres digno de ellas. Una gran parte de creer que los mereces es saber que estás presente, trabajando duro, dando lo mejor que puedes, y que continúas creciendo y desarrollándote.

No dudes en perseguir tus metas y sueños con plena confianza; solo asegúrate de recordar que tú eres el administrador de tu propio desarrollo y de tu propia exposición durante tu viaje. Si no logras desarrollar las áreas críticas para tu vocación, corres el riesgo de sabotear tu propio éxito. Sé el administrador de tu propio impulso. Evalúa las áreas en las que necesitas mejorar tu arduo trabajo, disciplina y desarrollo. Esto podría significar desarrollar un conjunto de habilidades, comprometerte con hábitos diarios, desarrollar tu forma de pensar, fortalecer tu valía, comenzar el camino hacia la sanación de tu trauma o solo adquirir más experiencia. Tu alma sabrá qué áreas se sienten subdesarrolladas. Y cuando empieces a desarrollarlas, te sentirás bien. En este sentido, aceptar tu valía no significa que tus mayores anhelos y sueños más descabellados se harán realidad por puro milagro. Tomar conciencia y comprometerte con tu propio desarrollo en el camino es fundamental. **Asegúrate de comprobar con frecuencia cómo tu exposición y éxito externos coinciden con tu éxito de desarrollo interno.** Mantenerlos alineados es clave para desarrollar y mantener una confianza en ti mismo y una autoestima inquebrantables.

Las personas les mienten a los demás acerca de estar más calificadas que ellos y se mienten a sí mismas acerca de estar menos calificadas.

CAPÍTULO 19

TRANSFORMACIONES

En medio del invierno, descubrí que dentro de mí había un verano invencible.
ALBERT CAMUS

SI LEES LIBROS INSPIRADORES, de autoayuda o transformadores, o has consumido ese tipo de contenido en línea o en pódcast, probablemente hayas escuchado a más de un autor o conferencista inspirador comparar el viaje de transformación con la oruga y la mariposa. La mayoría de la gente sabe que una oruga forma un capullo y luego emerge como una hermosa mariposa, y esta analogía se usa por lo general para describir muchos tipos de experiencias transformadoras. Eso es lo más detallado que pueden llegar a ser estas analogías. Sin embargo, lo más importante es una parte de la metamorfosis de la que nunca he oído hablar a nadie.

Esta es la parte buena, la parte que es más real, cruda y aplicable, y por la que quizá hayas pasado o estés pasando ahora mismo. Durante la metamorfosis, la oruga se disuelve por completo en líquido dentro del capullo. Sí, líquido absoluto. Con el tiempo se desarrolla y se transforma. Sus alas se forman y emerge a través del capullo. Nos la imaginamos volando como una hermosa mariposa, y fin de la historia; pero, de hecho, en esta etapa entra en una fase de tremenda vulnerabilidad, una fase de grandes penurias, donde sus posibilidades de supervivencia están en juego. Verás, como si licuarse no fuera en sí suficientemente difícil, emerge del capullo con las alas mojadas, incapaz de volar. Estará completamente indefensa si cae al suelo y queda a merced de los depredadores. Esta es la fase de su desarrollo a la que es más difícil sobrevivir. Si logra superarla y sus alas se secan, las extiende y puede comenzar a aletear, entonces podrá volar hacia su futuro.

Cuando atravesamos nuestros propios capítulos de transformación en la vida, fácilmente podemos sentir que nos estamos desmoronando y licuando. Después, incluso cuando superamos esa fase, nuestras alas están mojadas y no estamos seguros de si están formadas por completo o si lograrán sostenernos cuando caigamos o intentemos volar. Cuando percibimos que estamos mojados, nos sentimos vulnerables ante amigos y conocidos que podrían intentar impedirnos el vuelo. **Nos topamos con personas que tal vez no comprendan el viaje de transformación en el que estamos y nos juzguen. Puede que ni siquiera comprendan que somos una mariposa, porque podrían ser orugas durante todo su ciclo de vida.**

No entenderán que eres una mariposa si toda su vida siguen siendo orugas.

Verás, cuando una mariposa pone huevos, solo uno o dos de cada cien sobreviven para convertirse en mariposas. La naturaleza, junto con los depredadores, las enfermedades, los herbicidas y los insecticidas, mata al 98% de ellos. Esto no es muy diferente a lo que sentimos cuando nuestras dudas sobre nosotros mismos y nuestros sistemas de creencias condicionados por nuestra misma cultura nos mantienen conformes, dudando de nuestra grandeza y jugando a ser pequeños. La mayoría permanecemos escondidos, nunca perseguimos nuestros sueños, nunca nos sentimos valiosos y nunca llegamos a ser la expresión plena de nosotros mismos.

Cada vez que me encuentro con una mariposa, no solo me maravillo de su belleza, también pienso en todo lo que atravesó para llegar a donde está ahora, como un milagro en movimiento, victorioso y revoloteante. Pienso en cómo desafió las probabilidades de que solo uno o dos de cada cien huevos sobrevivieran. Recuerdo cómo superó el proceso de licuarse por completo y cómo emergió de su transformación con alas húmedas y vulnerables, sin estar segura de que se secarían, se extenderían y funcionarían. En el mismo momento en que vemos una mariposa ante nuestros ojos, significa que ha soportado muchas dificultades y vulnerabilidades para emerger en todo su esplendor.

Cada vez que veo una mariposa, siento asombro, admiración y deleite. Con frecuencia le tomo una foto y la guardo en una carpeta de mi teléfono, y luego regreso a ver las fotos cuando necesito inspirarme y recordar cómo **muchas veces nuestra mayor belleza llega después de nuestras temporadas más difíciles de transformación**. Cada mariposa que vemos tiene una historia que quizá no sea muy diferente a la tuya y a la mía.

¿Te brindas gracia y paciencia para dejar que tus alas se sequen? ¿Les brindas gracia y paciencia a las personas que encuentras y que tal vez no comprendan esta experiencia transformadora? ¿Te cuestionas o sientes que no cuentas con lo necesario para tener éxito cuando lo que en realidad sucede es que tus alas todavía se están secando?

El cambio es progresivo y, a veces, silencioso.
Está ocurriendo. Te aseguro que está sucediendo.
GLENNON DOYLE

Sin importar cuál sea nuestro pasado, podemos desafiar las probabilidades de la vida. Así como lo hicieron una o dos de cada cien mariposas que lo lograron. Creo que es seguro decir que si piensas en cien personas que quizá conozcas o hayas conocido en tu vida, probablemente una o dos de esas cien alguna vez hayan atravesado el camino con valentía hacia vivir la expresión más elevada y verdadera de sus almas. ¿Vas a ser uno de los pocos que extienden sus alas y vuelan con toda la gloria para la que nacieron? ¿O serás uno de los otros 98 que no lo hacen? Creo en mi corazón que tienes lo necesario para convertirte con valentía en uno de los que lo logran entre los cien que no lo hacen. Y si conoces a alguien que se encuentre en una transición de licuación en un área de su vida en este momento, cuéntale esta historia. Tener perspectiva y un significado esperanzador relacionado con ella es muy poderoso.

A través de su libro, titulado *Indomable*, Glennon Doyle impactó en las almas de diversas latitudes mediante una toma de conciencia que compartió en una simple frase: «Permanecía en este matrimonio por mis hijos, pero ¿querría yo este matrimonio para ellos?». Conozco en persona a gente que decidió poner fin a su matrimonio después de leer esto. La verdad de Glennon encendió una verdad en ellos. Seguían teniendo relaciones infelices porque creían que era lo mejor para sus hijos. Pero no era un ejemplo de matrimonio que quisieran dar a sus hijos. Cuando se dieron cuenta, como Glennon, transformaron su manera de pensar y sus creencias arraigadas, y tomaron diferentes decisiones. Decidir que mereces una buena relación y que tus hijos merecen un ejemplo de ello es más fácil decirlo que hacerlo. Se necesita un fuerte sentido de valía personal para dejar de lado la etiqueta de CASADO. La sociedad espera y celebra el matrimonio, y en algunas familias y comunidades el divorcio se considera un fracaso. Se necesita una increíble valentía, fuerza, resistencia y un gran esfuerzo por transformarse para desaprender una creencia que ya no te parece correcta. En cambio, es una victoria elegir valientemente poner fin a un matrimonio no saludable, en lugar de mostrarles a tus hijos una definición de matrimonio que nunca querrías para ellos.

Hemos hablado de descifrar el código para alcanzar la máxima satisfacción en la vida y cómo los ingredientes clave para ello son *valía personal, autoconfianza, crecimiento* y *contribución*. La etapa de la evolución personal de Glennon tiene estos cuatro ingredientes, por lo que, aunque su decisión de cambiar de vida y su transformación fueron sin duda licuantes e increíblemente dolorosas, al final la llevaron a su realización. Ella comenzó con un fuerte sentido de valía personal, sabiendo que era valiosa tal como era, con o sin matrimonio. Después atravesó la temporada de crecimiento, armándose de valor y aceptando la incertidumbre. Esto genera confianza en uno mismo a lo largo del camino. Cuando se dio cuenta de que ese matrimonio que ella no quería para sus hijos probablemente influiría en el punto de referencia que sus hijos tendrían en el futuro, tomó una decisión que iba más allá y era más grande que ella misma. Esta singular etapa de enorme crecimiento y transformación la llevó a la máxima paz, felicidad y plenitud. Y cuando lo ves desde una perspectiva externa y amplia, puedes ver que todos los ingredientes para la realización definitiva estaban ahí: valía personal, confianza en uno mismo, crecimiento y contribución.

UNA DE MIS mejores amigas, Lia, tiene una historia de lo que es transformarse cuando eres el *primero* en muchos aspectos. Lia se crio en una zona difícil de Filadelfia y pasó su infancia viviendo con su familia entre un albergue para personas en situación de calle y viviendas de interés social. Su madre quería una vida mejor para Lia y sus hermanos, pero no tuvo la posibilidad de mostrárselos. Siempre le decía a Lia: «Tu difícil situación no determina tu destino». A medida que Lia crecía, tenía planes diferentes para ella misma, mientras que otros a su alrededor comenzaron a aceptar las limitaciones de su entorno. Comenzó a soñar con ser la primera persona de su familia en ir a la universidad y tal vez incluso algún día iniciar un negocio. Habló con su madre sobre estas ideas audaces y, a pesar de alentar a Lia todos los años, su madre acabó con sus sueños en un instante. Le dijo a Lia que ir a la universidad era imposible y que no había manera de que pudieran permitirse el lujo de hacer algo así, pero ella decidió no rendirse.

Muchas veces nuestras mayores victorias llegan después de nuestras temporadas de transformación más difíciles.

Desde que era pequeña, y luego de adolescente, Lia tomó la decisión consciente de enfocarse en las palabras positivas que le decían sobre ella misma y permitir que se arraigaran en su identidad en torno a la valía. Rechazaba las negativas y las que estaban llenas de temor. También se apoyó en lo que dice la palabra de Dios sobre nuestra valía y eligió creerlo. Si bien muchas personas, incluyéndome a mí, no éramos siquiera conscientes de esto, y mucho menos capaces de hacerlo sino hasta mucho más tarde en la vida, Lia fue la primera y única en su entorno inmediato que creyó en su propio valor, y la forma en que su camino se desenvolvió después es sencillamente inspiradora.

Lia tenía múltiples trabajos y, al final, pagó sus estudios universitarios; así, se convirtió en la primera, y, hasta el día de hoy, la única persona de su familia y de su familia extendida en asistir a la universidad, ya no digamos graduarse. Su mamá siempre le decía que brillaba y que tenía una luz dentro de ella. Lia asumió esa creencia y comenzó a diseñar joyas. Después de muchos años de reveses y rechazos como empresaria con dificultades, Lia al fin logró hacer despegar su negocio: una marca de joyería, bolsos y estilo de vida llamada Valencia Key®. Y después de unos años de escuchar negativas, al final obtuvo un sí de QVC, luego de participar y ser seleccionada en su concurso nacional llamado *The Find* (El hallazgo). Fue elegida por los jueces entre miles de participantes para presentar sus productos en vivo a más de 100 000 000 de hogares a lo largo de Estados Unidos.

Lia pasó de ser una persona **en situación de calle** a transmitir en vivo a **100 000 000 de hogares.**

Lia es la primera.

Y Lia no será la última. Mientras continúa dando conferencias como oradora principal a nivel mundial y trabaja a diario con gran dedicación para correr la voz sobre Valencia Key, también regresa a refugios para personas en situación de calle, como en el que creció, para hablar con niños pequeños y mujeres, y mostrarles un ejemplo de lo que es posible. Quiere mostrar a los demás que, en palabras de su madre, *su difícil situación no determina su destino.*

Lia puede disfrutar y sentirse realizada en su vida a pesar de los reveses y luchas que aún surgen, porque, al igual que Glennon, pudo combinar la valía personal, la autoconfianza, el crecimiento y la contribución para encontrar la plenitud. Lia decidió creer que era valiosa, merecedora tal como era y digna de sus sueños y anhelos. Después se dedicó a trabajar duro para desarrollar sus habilidades y experiencia, lo que fomentó la confianza en sí misma. Obtuvo un tremendo crecimiento en la búsqueda de ambas. Ahora está sirviendo y contribuyendo más allá de ella misma retribuyendo a las mujeres de los refugios para personas sin hogar, como aquel en el que creció. El negocio de Lia todavía es una *start-up* y ella no sabe con certeza si se convertirá en la empresa que espera que algún día llegue a ser, pero su grado de satisfacción es el más alto que jamás haya tenido.

De hecho, la luz de Lia brilla tanto que este año QVC le pidió que fuera copresentadora en uno de sus nuevos programas. Mi predicción es que las alas de Lia todavía se están secando y no tiene idea de cuán ancho se extenderán en el futuro, cuán hermosos son los patrones que tienen y cuán alto la llevarán.

Tu situación no determina tu destino.
LINDA KEY (madre difunta de Lia)

Hablando de *alturas*, mi amigo Frederick marca esta casilla de muchas maneras diferentes en su camino de transformación. Frederick comenzó a vender drogas con otros miembros de su familia a una edad temprana. Eso era lo más alto que podías volar en el círculo que lo rodeaba. Con el tiempo se alistó en el ejército, y aunque todos los aspectos de su vida parecían ser buenos en el exterior, tras bambalinas continuó dirigiendo su negocio paralelo de venta de drogas. Más tarde, la escala de su negocio de drogas creció y Frederick se convirtió en intermediario de paquetes de drogas mucho más grandes. Los recibía de una fuente y luego conducía, con frecuencia hasta lugares a la mitad de la nada, para encontrarse con una persona no identificada y entregarle el paquete. A medida que su operación se expandió, él y su red comenzaron a resolver el papel de *intermediarios* de otra manera. Comenzaron a enviar los paquetes de drogas a algunos códigos postales específicos y luego sobornaban a una red de repartidores que trabajaban para grandes empresas de reparto. Esos conductores interceptaban los paquetes colocados en sus camiones para entrega y después los entregaban en una dirección diferente a la que estaba escrita en el paquete para que no fuera posible rastrearlos. Frederick enviaba cada paquete desde diferentes buzones de correo en las ciudades cercanas a donde vivía, utilizando un nombre de remitente y una dirección distintos cada vez. Más tarde, cuando temió parecer sospechoso para los dueños de las tiendas de buzones, compró y abrió su propio negocio de paquetería.

Como propietario de su propia tienda, Frederick podía cambiar de modo manual el nombre y la dirección del remitente en la computadora cada vez que un paquete estaba listo para su envío, a fin de lograr un mejor control y certeza del proceso. Es decir, hasta que la policía atrapó a uno de los conductores, quien confesó. Frederick fue arrestado como parte de una importante red de narcotraficantes y estuvo en prisión durante media década.

Mientras pasaba gran parte de sus veintitantos dentro de prisión, Frederick se dio cuenta de que los esfuerzos para prevenir la entrada de contrabando del exterior dificultaban que las familias se comunicaran con los reclusos. Y eso no parecía mejorar por mucho tiempo que pasara. Mientras Frederick se embarcaba en la mejor etapa de licuación y transformación de su vida, también decidió convertir su dolor en propósito y consideró que tal vez los peores días de su vida podrían ser solo el catalizador de los mejores días de la vida que tenía por delante.

Decidió comenzar el trabajo de revaluar su vida y resolver ese problema de comunicación carcelario al mismo tiempo. Cuando Frederick salió de prisión, fundó una empresa llamada Pigeonly, que escanea el correo de los reclusos, lo imprime y se lo entrega de forma más expedita. Esto salva a las prisiones de la molestia del posible contrabando y conecta a los reclusos con sus seres queridos de manera mucho más eficiente. Ahora es el director ejecutivo de Pigeonly, tiene una junta directiva de inversionistas muy experimentados y codiciados, y su empresa tiene una valoración multimillonaria. Frederick también es un amigo amable, generoso y cariñoso, y es el primero de su familia en transformar su vida: el primero en creer que es digno de trabajar duro y tener la determinación para lograr lo que se propone. Él era la oruga que se comía cada hoja que tenía a la vista. Estuvo en el capullo donde se licuó por completo, emergió con las alas mojadas y sobrevivió a la temporada vulnerable. Le preocupaba que su pasado pudiera impedirle volar hacia su futuro, pero decidió creer que era digno de volar y siguió extendiendo sus alas hasta lograrlo.

Viajes de transformación

En nuestros viajes de transformación, nuestro nivel de valía personal siempre se convierte en el límite superior hasta donde nos permitimos volar. Por eso es tan importante adoptar la búsqueda permanente de continuar construyéndola. **Tengo amigos que provienen de familias exitosas que solo sabían «hacer», pero no «ser», y tuvieron que emprender una búsqueda intencional para aprender a creer que merecían descanso y para sentirse completos simplemente por lo que son, no por lo que hacen. Ser seres humanos, no «haceres» humanos.** He tenido amigos que sufrían problemas muy serios de salud física porque le ocultaban su verdadero yo a su familia. Luego su salud física se restauró cuando por fin comenzaron a vivir plenamente y a comunicar su verdad, ya sea al revelar una forma de identificarse que mantenían en secreto o al comunicar que no querían asumir la profesión que sus padres deseaban con desesperación para ellos, o cualquier otro ejemplo. **Ser valientes para asumir su valía y desarrollarla, y luego vivir en auténtica alineación, no fue un proceso exento de dificultades. Pero el verdadero éxito de las transformaciones que emprendemos en nuestra vida no es solo el resultado de estas, sino también la fuerza y la resiliencia que construimos a lo largo del camino.**

Cuando eres el primero de tu familia o grupo inmediato de pares en asumir y emprender un viaje de transformación en tu vida, y cuando la transformación comienza a echar raíces en tu camino, a veces simplemente no puedes describírselo a las personas que te rodean, y por mucho que lo intentes, no lo consigues. Algunas veces puede ser difícil comunicarles tu transformación a los demás, en especial cuando tus palabras aún no han alcanzado a reflejar tus cambios. Y si esto te describe a ti o a alguien más que conozcas que se encuentre en medio de una temporada de transformación (o a punto de convencerse de no hacerlo), compártele este libro o las herramientas que contiene. Hazle saber que no está solo en todas las etapas vulnerables de la transformación. A veces con solo saber que no estamos solos es suficiente para mantenernos en el camino de confiar en nosotros mismos y aceptar nuestra valía innata.

Hay mucho en la vida (desde nuestros sistemas de creencias condicionados por la cultura hasta nuestro grupo de pares y todo aquello de lo que aún no tenemos el privilegio de deshacernos, pero que estamos decididos a hacerlo algún día) que nos mantiene como orugas: en entornos que nos convierten en presas, nos desvían del rumbo o nos hacen creer que nunca merecemos nuestras alas. Cuando te sucedan estas cosas, recuerda las etapas de transformación. Recuerda que con el crecimiento y el cambio a menudo viene la licuación y la vulnerabilidad. Por consiguiente, debemos encontrar nuestra valentía y asumir la incertidumbre.

Puedes ser aquel entre cien que cree, sabe y luego vive la verdad: eres más que digno de extender tus gloriosas alas. Naciste para volar.

PARTE IV

SABER INTERIOR

Eres invencible: está en ti, eres tú

CAPÍTULO 20

TU BOLETO A LA LUNA

Lo más difícil es la decisión de actuar. El resto es tan solo tenacidad.
AMELIA EARHART

—TENGO MIEDO de arriesgarme con todo y luego darme cuenta de que estoy construyendo el cohete equivocado —le dije a mi amigo Jason mientras tomábamos un café.

Él escuchó con paciencia mis lamentos.

—Sigo esperando, luego trato de explicarme y después rezo para pedir claridad. Quiero saber con exactitud en qué dirección ir porque, una vez que lo haga, iré con todo.

Llevaba más de dos años contemplando una decisión profesional importante y todavía no estaba segura de qué dirección tomar.

—Siento que debería saberlo. Y lo sabré con claridad una vez que sea correcto. Así que, si todavía no tengo total claridad, no debo estar preparada.

Si bien Jason no tenía idea de que ese día yo le informaría lo estancada que me sentía (qué suerte tiene, ja, ja), lo que sucedió después lo sentí como un momento orquestado por la divinidad.

—Te traje algo, pero tendré que explicarte un poco —dijo mientras sacaba una caja cuadrada de acrílico transparente de su bolsillo.

La caja estaba forrada con terciopelo azul y tenía lo que parecía ser una pequeña cosa reflejante, cuadrada, dorada y plateada en el centro, del tamaño aproximado de un grano de arroz.

—En el famoso discurso de John F. Kennedy ante el Congreso en 1961, él estableció un plan audaz para que Estados Unidos fuera el primer país en llevar un hombre a la Luna y regresarlo a la Tierra, y proclamó que sucedería dentro de la siguiente década. No tenía idea de cómo sucedería. Solo decidió declararlo por fe y lograr que todos apoyaran su visión. Dio instrucciones para seguir adelante de todos modos, con nada más que una visión.

Asentí con astucia, como si supiera los detalles que mencionaba y traté de ocultar lo confuso de mi recuerdo de algunos de ellos. Continué escuchando.

—¡Y luego, en julio de 1969, lo hicieron! En uno de los mayores logros de la historia de la humanidad, el *Apolo 11* de la NASA alunizó… ¿Recuerdas cuando dijeron: «Un pequeño paso para el hombre, un gran salto para la humanidad»?

—Sí, por supuesto —asentí.

—Dentro de esta caja hay un trozo de papel aluminio real del módulo de mando del *Apolo 11*. Es un fragmento de lámina Kapton que hizo el vuelo en la misión. Quería dártelo, porque puedes ir a la Luna, Jamie. Tal vez no estés segura de cómo hacerlo y no tengas todas las respuestas todavía, pero de todas formas necesitas dar un paso adelante.

Miré a Jason a los ojos y comencé a llorar. Creo que lo tomé con la guardia baja. Está acostumbrado a que yo sea la fuerte para todos los demás y que desempeñe el papel de servir a los demás lo mejor que pueda. Pero en ese momento supo que me estaba sirviendo a mí. ¡Qué regalo! Entendí con exactitud lo que quería decir: no necesitaba esperar a tener una claridad total para dar el siguiente paso. Solo necesitaba dar un paso con fe, ese siguiente paso que me pareciera correcto, y confiar en él. Coloqué la caja con el fragmento del *Apolo 11* en un estante especial en mi dormitorio, en un lugar que con seguridad vería todos los días. Creo con firmeza en el poder de tener recordatorios visuales a mi alrededor que me recuerden personas, sentimientos, momentos o lecciones que llenan mi alma, me inspiran o me empoderan.

Estoy aprendiendo todos los días a permitir que el espacio entre el lugar donde estoy y el lugar donde quiero estar me inspire y no me aterrorice.

TRACEE ELLIS ROSS

Actos de fe

¿Alguna vez has esperado a tener claridad, a saber con exactitud qué hacer y cómo hacerlo con precisión antes de decidir hacerlo? ¿Sientes que necesitas tenerlo todo resuelto antes de continuar?, ¿o que si no puedes hacerlo a la perfección, no estás listo para hacerlo? Lo perfecto no existe.

El perfeccionismo no es algo a lo que se aspira, sino todo lo contrario. Dado que esperar a ser perfecto es algo imposible, se convierte en una justificación interminable de por qué no estamos preparados para avanzar.

El perfeccionismo no es algo a lo que se aspira, sino todo lo contrario. Dado que lo perfecto es imposible, se convierte en una justificación interminable para no avanzar.

¿Crees que lo más inteligente es cubrir todas tus bases, adelantarte a resolver todos los tropiezos y solucionar los posibles problemas que podrías enfrentar antes de intentarlo? Por defecto, yo hago todo esto. Si no tenemos cuidado, las cosas que nos decimos a nosotros mismos como estrategia responsable para el éxito pueden dejarnos estancados y mirando hacia atrás a los días, semanas, meses y años que han pasado en los que todavía no hemos hecho aquello: crear el producto, registrar el negocio, confesarle a esa persona especial que nos interesa ser más que amigos, decirle a aquella persona que la relación ya no es adecuada para nosotros, llamar a un ser querido para hacer las paces, explicarle a un amigo que nuestra amistad necesita nuevos límites. Todavía estamos estancados, porque estamos demasiado ocupados solucionando de antemano problemas en nuestra vida con la esperanza de vivirla algún día.

A veces esperamos que el universo nos dé una respuesta para que la puerta se abra por arte de magia. Creemos que aparecerá si lo imaginamos con suficiente concentración y lo mantenemos en nuestro tablero de visión durante el tiempo suficiente. O rezamos para que ocurra, pidiéndole a nuestro Creador que lo traiga a nuestra vida, y decidimos que, si no ocurre, no está destinado a suceder. Les decimos a nuestros amigos y seres queridos que es claro que Dios no debe querer que esto suceda ahora, o damos ese consejo a otros cuando lo que esperan no sucede. Aunque yo creo de todo corazón en el poder tanto de la manifestación como de la oración, también he aprendido que casi siempre hay que agregar un ingrediente crucial a la mezcla para que cualquiera de ellas se active: la **acción**. El papel que nos toca desempeñar no es el de sentarnos y esperar, sino el de actuar. En concreto: dar un paso hacia lo que queremos. Un paso que se siente más como **el siguiente que es correcto**. Si no estás seguro de cómo saber cuál es el siguiente paso que sientes correcto, quédate quieto, mira hacia tu interior y pregunta. Luego da el siguiente paso que te parezca más cercano a lo correcto. Después de dar ese primer paso, obtenemos la pista, el saber interno de qué paso dar a continuación.

Reza como si todo dependiera de Dios. Trabaja como si todo dependiera de ti.
San Agustín

Al realizar un acto de fe, ponemos en movimiento la energía del milagro en el universo. Al dar ese paso, incluso antes de tener todas las respuestas, le mostramos a nuestro Creador que en verdad tenemos fe. Si tuviéramos todas las respuestas nosotros mismos, no necesitaríamos fe.

Y aquí tienes una idea que quiero que consideres: **tanto la duda como la confianza en uno mismo requieren la misma cantidad de energía para manifestar algo que aún no ha sucedido.**

Tanto la duda como la confianza en uno mismo requieren la misma cantidad de energía para manifestar algo que aún no ha sucedido.

Podemos albergar dudas sobre nosotros mismos, pesimismo y miedo… o podemos tener esperanza, fe y creencia. Ambas posturas tienen la misma confianza en algo que no se ve, que aún no ha sucedido, que no se ha hecho siquiera. En este sentido, tenemos la oportunidad de elegir a cuál darle nuestra energía, porque ninguna de las dos posibilidades ha sucedido, ninguna de las dos está probada. Cuando tenemos dudas sobre nosotros mismos, pesimismo o miedo, es importante recordarnos que se trata de cosas que aún no han sucedido. Se trata de un futuro que nos preocupa, algo en lo que no confiamos o algo para lo que creemos que no somos capaces. Nada de eso está comprobado. Por otro lado, podemos solo tomar la decisión de tener esperanza, fe y creencia. Y sí, tal vez eso tampoco está comprobado, pero requiere la misma cantidad de energía. Así, la actitud a la que le damos nuestra energía puede cambiar toda nuestra vida.

Como seres humanos, cada uno de nosotros está programado para dedicar nuestra energía a actitudes como la duda y el miedo. Pero también tenemos el poder de dirigir intencionalmente nuestra energía hacia actitudes como la esperanza, la fe y el creer. Cuando reunimos la valentía para brindar de forma intencional nuestra energía a la esperanza, la fe y el creer, toda nuestra vida cambia, así como la vida de las personas que nos rodean.

Un inmenso salto al frente

Cuando quieres algo, todo el universo conspira para ayudarte a conseguirlo.
PAULO COELHO

Después de dar el siguiente paso que te parezca correcto, mira a tu alrededor. Lleva tu atención a lo que ves. Ve cómo sientes la brisa desde tu nuevo punto de vista. Observa quién aparece a tu alrededor en este nuevo lugar y cómo se muestra. No te sorprendas si, una vez que hayas dado el siguiente paso correcto, nuevas personas llegan a tu vida en el momento justo y adecuado. Estas pueden ser personas nuevas, viejos amigos, colegas que vuelven a ponerse en contacto contigo, o una señal que te llega en forma de sueño, presentimiento, corazonada, suceso inesperado, o incluso un amigo que te llama para compartir contigo un pensamiento. Mantente abierto a verlo y recibirlo. A veces puede llegar como un susurro, u otras veces en la forma de alguien que te entrega un fragmento del *Apolo 11*. Que no te sorprenda si sientes que cada paso es diferente del anterior, o si te sientes como una persona nueva con cada paso que das. Puede haber momentos o incluso temporadas que parezcan un montón de pasos en falso. Pero si las cosas se desarrollan como deberían, entonces **ningún paso es en falso: te lleva al siguiente destino correcto o te lleva a la siguiente lección correcta.**

No importa qué resultados tengas en cada paso, ya que siempre se sentirá más hermoso y satisfactorio que la angustia, la añoranza y el arrepentimiento de quedarte quieto, dudando aún más.

Es importante estar dispuesto a cometer errores.
Lo peor que puede pasar es que te vuelvas memorable.
SARA BLAKELY

El mismo día que mi amigo Jason me dio ese regalo increíble y significativo del fragmento del *Apolo 11*, decidí tomar una decisión sobre el tema en el que había estado estancada esperando claridad durante los dos años previos. Di el primer paso, y luego, el siguiente paso que me pareció correcto. Seis meses después, me encontré en una situación en la que no estaba segura de haber estado siquiera cerca de sentir todavía el tipo de impulso que esperaba. Me estaba cansando un poco. Todavía no estaba del todo estancada, pero casi.

MÁS O MENOS EN ESA ÉPOCA, iba a participar en un evento de conferencias y me acompañó otro amigo mío, una leyenda viviente, John C. Maxwell. Nos saludamos en el camerino antes de subir al escenario para hablar con el público y él me dijo:

—Te traje un regalo de casa.

En los 75 años que John lleva en esta tierra, ha escrito más de sesenta libros que han vendido más de 35 millones de ejemplares. Siempre que lo veo me trae un libro y lo firma con un mensaje especial en su interior. Valoro mucho estos libros. Esta vez sacó una caja envuelta, del tamaño de un libro, y me la entregó. Cuando comencé a abrirla, muy pronto me di cuenta de que no era un libro. Era una caja con un bolígrafo dentro. Era una pluma estilográfica Montblanc John F. Kennedy de edición especial, diseñada y dedicada a los sueños y anhelos plasmados en el programa espacial Apolo de John F. Kennedy. Noté rápidamente que la punta dorada del bolígrafo tenía grabada una imagen del módulo lunar *Apolo 11*, el mismo del que mi amigo Jason me había regalado un fragmento de aluminio espacial.

Entonces John me dijo con convicción:

—Jamie, puedes ir a la Luna. Tú eres un viaje a la Luna. Estás aquí para hacer grandes cosas.

Me quedé con la boca abierta y se me llenaron los ojos de lágrimas. Qué momento tan increíble y fortuito, justo cuando necesitaba el recordatorio. No sabía con exactitud cuál era el movimiento correcto diez pasos antes, y tampoco podía siquiera predecir cómo resultaría el siguiente paso, pero mi trabajo era confiar en mí misma y dar el que me pareciera correcto, y luego dar el próximo. Puedo ir a la Luna y tú también. Solo tenemos que seguir dando el siguiente paso correcto.

La lección que necesitamos aprender se nos presentará una y otra vez, hasta que al fin la entendamos por completo.

John y Jason no se conocen; nunca les he expresado interés alguno en el espacio a ninguno de ellos, y ninguno tenía idea del regalo que el otro me había dado. Además, tampoco es común que mis amigos me den regalos. Esto era muy pero muy inusual. Algunos podrían solo descartar esto como una coincidencia. Pero yo creo que es sincronicidad y casualidad. **Creo que la lección que necesitamos aprender se nos presentará una y otra vez, hasta que al fin la entendamos por completo**. A veces es un hermoso recordatorio o una lección de aliento como esta lo fue para mí. Otras veces puede ser una lección dura o dolorosa que debemos seguir viviendo hasta que en verdad la aprendamos. Como cuando tenía veintitantos años y seguía saliendo con el mismo tipo de «chico malo» que me había mentido y maltratado. El mismo dolor, la misma desilusión y la misma lección continuaron apareciendo en cada nueva relación, hasta que aprendí la lección de que nos atrae lo que creemos que merecemos. Esa misma lección siguió apareciendo una y otra vez, solo que usando un perfume diferente cada vez, y a veces incluso el mismo aroma. Finalmente, aprendí la lección de una manera que echó raíces en mi vida, es decir, hasta que por fin decidí trabajar en mí misma para cambiar mis propias elecciones y lo que creía que merecía.

Cuando estamos dispuestos a actuar, tener miedo y hacerlo de todos modos, a no saber exactamente hacia dónde nos dirigimos pero saber cuál es el siguiente paso y darlo, entonces creo que siempre aparecerá la siguiente cosa, persona, lección o lección repetida correcta. Lo hará en el momento exacto, cada vez que necesitemos aprender y confiar en la lección, tal como debe ser.

Tu mente generará pensamientos que te darán todas las razones por las cuales no tienes lo necesario o no estás preparado todavía. Tu mente podría insistir en que no tienes suficiente entrenamiento como astronauta para tener derecho a estar dentro del cohete. Pero tú no eres tu mente. Esos pensamientos no son tú. Tú eres mágico, naciste para ser tan brillante, significativo e inspirador como las estrellas. Eres un milagro vivo que respira y está en movimiento. Tu mente siempre querrá analizar el telescopio, los posibles escenarios en cuanto al almacenamiento de combustible y las partes del cohete. Pero **tu alma fue creada para ir a la Luna.** Es tu momento de despegar. ¡Un paso valiente a la vez!

CAPÍTULO 21

¿DE QUIÉN DUDAS *EN REALIDAD*?

La fe es dar el primer paso, aun cuando no se ve toda la escalera.
MARTIN LUTHER KING JR.

TE PROMETÍ QUE me mostraría como mi yo verdadero, aunque a veces siento como si estuviera desnuda. Este capítulo viene con una advertencia: es atrevido. Pero creo que, si no lo compartiera, no te daría mi servicio completo, ni estaría cumpliendo mi promesa de darte todo lo que tengo en nuestro viaje para construir juntos la valía personal, incluyendo lo real, lo crudo y lo vulnerable.

Algo que sé con certeza, y sin lugar a dudas, es lo valioso que eres, ahora mismo, exactamente como eres. Sé que yo también lo soy. Las revelaciones y herramientas de este capítulo han sido las más impactantes en mi propia búsqueda para desarrollar mi valía personal y también en la manera en que aprendí a creer que era digna de los espacios a los que entré y de los negocios, amistades, anhelos y sueños que construí. Si resulta que a medida que avances en este capítulo no te llama la atención, no dudes en saltártelo. Comparto este capítulo contigo por el puro compromiso de brindarte todo lo que tengo, incluidas las revelaciones, los atajos y las herramientas que en verdad me ayudaron a desarrollar una valía personal inquebrantable.

¿TÚ CREES en un poder mayor que tú, por ejemplo, Dios, el universo o tu Creador? ¿Crees en milagros, en la energía divina o en que estamos todos conectados? ¿Alguna vez has considerado cómo lo que crees afecta tu sentido de valía? Quiero compartir contigo una de las revelaciones más profundas que he tenido en lo que respecta a la dignidad. Descubrí que esto es un arma secreta y un atajo instantáneo y poderoso para superar las dudas y creer de verdad que soy valiosa en mi vida. Espero que puedas usarlo en tu vida también, ahora mismo.

Te voy a mostrar esta poderosa lección sobre la valía a través del ejemplo de cómo se aplica a mí en mi relación personal con Dios. Como mencioné, paso mi tiempo de manera intencional tanto con personas con las que comparto mis creencias como con personas que son muy muy diferentes a mí. Y los amo a todos sin condiciones. Mis amigos, mi familia y aquellos con quienes paso tiempo rezan de diferente forma (o no rezan o no tienen una creencia), votan de diferente manera, se identifican de diferente modo y aman de diferente forma. Ni yo los juzgo ni ellos me juzgan. Este capítulo es en verdad una lección y una herramienta poderosa y universal que puedes aplicar a tu vida ahora mismo, sin importar lo que creas. Si te encuentras en una situación en la que sientes que nada de lo que has hecho hasta ahora en la vida te ha llevado a un lugar en el que te sientas digno y realizado a plenitud, este capítulo y las herramientas que contiene pueden ser una completa revelación para ti, ya que se sumerge de verdad en lo único que sé que funciona, tanto para mí como para muchas otras personas que conozco, sea para encontrar la valía o, de forma literal, dar un giro completo a su vida entera. E incluso si no practicas una fe específica, pero tienes amigos, familiares o colegas que sí lo hacen, esta es una poderosa herramienta que puedes tener en el bolsillo para ayudarlos en su viaje de valía personal.

De modo personal, creo que Dios es amor y el amor está en todas partes. Antes de acoger mi relación con Jesús, pasé por una larga temporada de dudas sobre Dios, hasta que comencé a rezar y a decirle a Dios que dudaba de su existencia, pidiéndole que me demostrara que estaba equivocada. Hice esto casi todas las veces que oraba, durante muchos años, hasta que demostró que estaba equivocada.

Ahora sé, sin lugar a dudas, que Dios es real y que, a través de su gracia, los milagros en mi vida se han desarrollado tal como lo han hecho. (**NOTA VALIOSA:** Comparto este viaje a través de décadas de dudar de que Dios existe con más detalle en mi primer libro, *Believe IT*). Algunas creencias religiosas te enseñan que estás hecho por Dios o a imagen de Dios, y que tu Dios te ama. Si crees en el universo, es probable que creas que todo está orquestado por la divinidad y se desarrolla tal como debería hacerlo, y que el universo te respalda. Sin importar qué fe específica sigas, me gustaría pedirte que consideres algunas ideas sobre cómo lo que crees, y si de hecho crees en lo que dices creer, puede ser una herramienta poderosa para construir tus cimientos de valía. *Por favor, ten en cuenta que, aunque yo utilizaré versículos de la Biblia en mis ejemplos, te recomiendo aplicar tus propias creencias y textos espirituales con los que tienes mayor cercanía, con el fin de que puedas emplear ahora mismo esta poderosa herramienta a tu propia vida de una manera que sientas que para ti es verdad.*

Dos de mis versículos bíblicos favoritos, que me inspiran y me fortalecen, son *Todo lo puedo en Cristo que me fortalece* (Filipenses 4:13 *New King James Version* [Nueva Versión del Rey Jacobo, o NKJV, por sus siglas en inglés]) y *Dios creó a la humanidad a su propia imagen* (Génesis 1:27 NKJV).

Dudar de uno mismo y dudar de Dios

Comencemos con estas dos preguntas.

Primera pregunta: Dios dice que estás hecho de forma maravillosa a su imagen y que todo lo puedes en Cristo, quien te fortalece. ¿Lo crees? ¿*En verdad* crees en tu alma que eso es cierto? O, si crees que el universo está orquestado de manera divina, que no hay coincidencias, que el universo siempre te cuida y todo se desenvuelve tal como debería hacerlo, ¿crees *en verdad*, en tu alma, que eso es cierto?

Segunda pregunta: ¿Batallas con la duda de estar *completo*?

Si respondiste que sí a ambas... entonces tenemos una paradoja. Verás, una de ellas no puede ser cierta si la otra lo es. ¿Cómo puedes decir que crees en la palabra de Dios respecto a ti mismo si también dudas de estar completo? Si este es el caso, entonces les estás creyendo a tus propios pensamientos y dudando de Dios. O crees que solo puedes confiar en tu mente humana y no en lo divino.

Así es, dame un minuto para gritarlo desde la azotea: **cuando a algo lo calificas como dudar de ti mismo, lo que en realidad estás haciendo es creer en tus propios pensamientos y dudar de la palabra de Dios.**

Tus pensamientos están en tu mente y tu Creador está en tu alma. Depende de ti decidir en quién confiar cuando se trata de tu valía: tu mente o tu alma. En mi vida, aunque nunca he escuchado a Dios hablarme de forma audible, lo escucho en mi alma, con mi intuición. Y cuando mis creencias enseñadas y condicionadas por la cultura —a menudo tonterías— me hablan, las escucho en mi mente y en mis pensamientos. Ahí es también donde vive la duda. La duda de ti mismo y la falta de valía no provienen de tu alma ni de tu Creador que la llena.

Recuerda la infame línea de la película *No me olvides*, donde el personaje de Reese Witherspoon se debate entre dos amores, y su padre, interpretado por Fred Ward, le dice sin rodeos:

—No puedes montar dos caballos con un solo culo, Sugarbean.

Esta frase se basa en el proverbio centenario británico *No se puede montar dos caballos con un solo trasero.* Lo que significa que no puedes hacer dos cosas completamente distintas a la vez. Entonces, en tu vida, ahora mismo y en adelante, ¿a quién decidirás creerle, a tus pensamientos y creencias limitantes o a Dios y su palabra? Porque cada vez que dudas si estás completo, si tienes lo necesario para lograr lo que buscas, si perteneces a la sala en la que estás o si eres digno de tus metas y sueños, lo que en realidad estás afirmando es que tus pensamientos son verdaderos y la palabra de Dios no lo es.

Cuando llamas a algo dudar de ti mismo, lo que en realidad estás haciendo es creer en tus propios pensamientos y dudar de la palabra de Dios.

Donde vive la verdadera valía

Muchas religiones hablan de la importancia de no adorar ídolos falsos. Nos enseñan que, si adoramos algo sin valor, eso nos deja sintiéndonos desprovistos de valor. Y, sin embargo, vivimos en una sociedad que adora los objetos externos que construyen una confianza en uno mismo temporal y fluctuante, y nada que construya una verdadera valía personal. La forma dominante de adoración en nuestra sociedad se enfoca en obtener cosas como dinero, posesiones materiales, títulos laborales, objetivos de apariencia física y cierta cantidad de seguidores en las redes sociales. Adoramos y colocamos en pedestales a aquellos que acumulan posesiones materiales y elogios, y los recompensamos siguiéndolos en línea y comprando cualquier producto que aparezca con su nombre. Hacemos esto con la esperanza de que nos acerque al sentimiento de plenitud que imaginamos que ellos tienen. Luego, en nuestra vida cotidiana, dedicamos nuestro precioso tiempo, energía y concentración a esforzarnos por conseguir más y más de lo que esperamos que al final nos haga sentir completos. Porque ese mensaje aparece en los anuncios y en las publicaciones en redes sociales que los ídolos a los que a menudo adoramos inconscientemente comparten con el mundo.

Y no importa lo cerca que estemos de conseguirlo todo, nunca parece suficiente. Seguimos sintiéndonos vacíos. Nos decimos a nosotros mismos que es porque no tenemos todavía *suficiente*, y que cuando por fin lleguemos a tener *suficiente*, entonces tendremos la sensación de estar *completos*. ¡Nos convencemos de que esas otras personas de seguro se sienten *completas*, pues parecen tenerlo todo!

Recuerda la diferencia entre la confianza en uno mismo y la valía personal, y cómo la confianza en uno mismo por sí sola no conduce a la realización. Casi todas estas cosas que nuestra sociedad adora de manera religiosa solo conducen, en el mejor de los casos, a aumentar la confianza en nosotros mismos, pero nunca nos llevan a la valía personal.

He tenido la bendición de conocer a algunas de las personas más famosas del mundo, muchas de las cuales reciben millones de «me gusta» en las redes sociales a diario. ¿Y adivina qué? Su vida nada tiene diferente frente a la tuya y la mía en lo que se refiere a la valía personal y la realización. Algunos se sienten realizados y tienen una gran valía personal, y muchos otros no. Sí, se emocionan y su confianza se refuerza con objetos como autos lujosos y estadios con los boletos agotados y llenos de gente que grita su nombre. Pero nada de eso reafirma la verdadera valía personal, y no son más felices ni se sienten más satisfechos debido a la fama, las posesiones monetarias o la adoración externa. Y, de hecho, muchos se sienten extremadamente vacíos, insatisfechos, y tienen una baja valía personal. Puede ser difícil entender cuando una celebridad que parece tenerlo todo lo sabotea, o algo peor. Y aunque muchas celebridades han hablado de que el dinero o la fama no les traen alegría ni satisfacción, todavía estamos en una sociedad y una economía impulsadas por la adoración de todo lo externo.

Ojalá todos pudieran hacerse ricos y famosos y tener todo lo que alguna vez soñaron, para que vieran que esa no es la respuesta.
JIM CARREY

¿Cuánto tiempo y energía dedicas en tu vida a intentar lograr aquello que, en el mejor de los casos, solo te brindará un sentimiento de confianza en ti mismo, pero que no puede brindarte un sentimiento de verdadera realización?

Tomar la decisión de creer en la palabra de Dios de que estás hecho de forma maravillosa y eres completamente valioso tal como eres, en lugar de la idea condicionada por la sociedad de que las cosas materiales pueden brindarte satisfacción y valía, te equipará para tomar decisiones mucho más estratégicas sobre el uso de tu tiempo, la prioridad en tus relaciones, en qué eliges concentrarte y qué experiencias decides tener en esta preciosa y hermosa vida.

Cuando nos damos cuenta de que poner estas cosas externas en un pedestal nunca conduce a sentimientos de valía y satisfacción, y confiar en su palabra sí lo hace, puede ser lo único que cambie todo.

Humpty Dumpty

Quizá te resulte familiar la canción infantil de Humpty Dumpty. Al crecer, yo la leí varias veces en mi libro de rimas infantiles de Mamá Ganso, pero esta rima adquirió un significado nuevo por completo cuando escuché al pastor Albert Tate usar la historia de Humpty Dumpty como analogía en un discurso de apertura que pronunció en la cumbre Global Leadership Summit. En caso de que no estés familiarizado con la rima, la traducción dice así:

> *Humpty Dumpty en una pared se sentó,*
> *Humpty Dumpty de la pared se cayó;*
> *Ni todos los caballos del rey ni todos los hombres del rey*
> *pudieron a Humpty recomponer.*

Como Humpty Dumpty, muchos hemos tenido grandes caídas, y nos esforzamos una y otra vez para recomponernos de nuevo. Yo he tenido muchas caídas importantes en mi vida. Desvié mi rumbo muchas veces en mis años de adolescencia rebelde, caí en depresión cuando tenía veintitantos años, me enamoré de personas que me maltrataban y caí en la trampa de pensar que podía lograr que cambiaran. Descubrí por accidente, cuando tenía veintitantos años, que había sido adoptada. Me embarqué en una agotadora búsqueda de identidad durante varios años, me recetaron antidepresivos, enfrenté el desamor en relaciones y amistades, presencié ciclos de adicción en mi familia, sobrellevé temporadas profesionales que no sentía que fueran a salir bien, estuve mucho tiempo al borde de la bancarrota y, por supuesto, inicié la batalla de toda la vida contra la duda y el esfuerzo por creer que soy valiosa.

Cuando tenemos caídas, luchas, reveses, situaciones injustas, decepciones y congojas, hay numerosas versiones diferentes de cómo intentamos recomponernos. A veces esas versiones comienzan solo intentando no caer más. Esto puede tomar la forma de evitación, anestesiamiento, disociación, modos de supervivencia y métodos de afrontamiento que utilizamos por defecto con la esperanza de no desmoronarnos más. Cuando empezamos a armarnos de nuevo, el crecimiento y la curación pueden adoptar muchas formas diferentes. Por supuesto, esto depende del acceso, los privilegios y otros factores. Si tenemos la suerte de tener acceso a terapia y otros recursos, estos pueden ser increíblemente útiles para recuperarnos. Pero en mi viaje, incluso teniendo una terapia invaluable y realizando una gran cantidad de trabajo de desarrollo personal, nunca pude volver a sentirme completamente entera. Solo logré sentirme totalmente viva cuando comencé a confiar en mí misma y en mi saber interior, profundicé mi fe y mi relación con Dios, y comencé a apoyarme en él.

En la canción infantil, observa que todos los caballos y todos los hombres del rey no pudieron volver a armar a Humpty como antes. No podían hacerlo solos. En mi vida he aprendido que cuando me apoyo de forma exclusiva en los caballos y hombres del rey, o, en otras palabras, cuando solo me apoyo en otras personas o cosas, no es suficiente. Comprendí la rima como si solamente *el mismísimo rey* hubiera podido recomponer a Humpty. Y lo que he aprendido en mi vida es que todas las herramientas creadas por el hombre son útiles de forma increíble. Hasta el día de hoy, me siento tan bendecida y agradecida por el papel que desempeñan en mi vida la terapia, las modalidades de sanación, incluida la meditación, y los recursos de crecimiento personal. Y creo que es posible armarse de nuevo con esto; pero, según mi experiencia, esta herramienta es el último atajo hacia la valía: sin la ayuda del rey —para mí, él es el Dios a cuya imagen estoy hecha, quien reside en mí, en mi alma—, no podría armarme de nuevo por completo, y en definitiva, no tan rápido.

¿Te apoyas y confías en Dios para que te ayude a armarte de nuevo? ¿O dudas de que él pueda hacerlo? Tal vez hoy sea el día en que te des cuenta de que todos los caballos del rey y todos los hombres del rey son agradables, y algunos son incluso superguapos, pero si dependes de ellos exclusivamente, tal vez esa sea la razón por la que todavía no te sientes restaurado por completo.

En lo que a mí concierne, sé con certeza que no hay acción que puedas hacer, ni error que hayas cometido, ni defecto alguno que tengas, ni caída que hayas sufrido, por mucho que te hayas desmoronado, que te descalifique para recibir el amor de Dios. Dios es amor y tú también. Creo que Dios te ama exactamente como eres, sin importar tu estatura, edad, raza, etnia, preferencias sexuales, identidad de género o estructura familiar. Creo que Dios te ama sin importar cuán variadas sean tus creencias actuales o pasadas, sin importar tus errores presentes o pasados, sin importar las decisiones que tomes, sin importar de dónde vengas ni qué etiquetas te coloques a ti mismo o que otras personas te asignen a ti, sin importar dónde te encuentres en todos los espectros de la humanidad, nada te descalifica de su amor.

(Nota: Si quieres iniciar o fortalecer una relación con Dios, lo único que tienes que hacer es pedirle una. Eso es todo. En mi fe, simplemente dices: «Jesús, ven a mi vida». Puedes pensarlo o decirlo en voz alta. Es así de fácil. Y aunque me encanta la experiencia de ciertas iglesias, no creo que tengas que ir a una para experimentar a Dios. Creo que él está a nuestro alrededor en este momento; en la belleza de cada flor; en cada rayo de sol, en cada gota de agua, en cada combinación de los dos que se curva en un arcoíris; en cada oruga, capullo y mariposa; en cada momento de gracia Dios es amor, él está contigo ahora mismo y está en todas partes).

Confía en un poder superior

Cada vez que me pregunto a quién debo amar y durante cuánto tiempo debo hacerlo, Dios continúa susurrándome: a todos, siempre.

BOB GOFF

Bueno, ya me estoy entusiasmando. Escribí este libro para ti si tienes dudas que destruir y un destino que cumplir. Escribí este libro para ti si sabes que en el fondo tienes una luz dentro de ti que está destinada a brillar más de lo que lo ha hecho. No vine aquí para verme linda. Estoy aquí contigo, ahora mismo, si sabes que tienes una belleza, una fuerza y un propósito dentro de ti que están destinados a expresarse como tu más elevada ofrenda al mundo. Y quiero preguntarte algo: ¿a quién vas a decidir creer, a tus pensamientos o a tu alma y tu Creador? Cuando alguien te rompe el corazón y te sientes tentado a sentir que no vales nada, ¿a quién le vas a creer, a tus pensamientos o a Dios? Cuando ese amigo te hiere y no te incluye, y tienes la tentación de cambiar a la persona que eres para encajar, ¿a quién le vas a creer, a tus pensamientos o a Dios? Cuando ese jefe no te da un ascenso ni valora tus ideas, ¿a quién le vas a creer, a él o a Dios? Cuando esa persona con la que saliste te faltó al respeto y te hizo sentir menos, ¿a quién le vas a creer, a ella o a Dios? Cuando el editor, o innumerables editores, rechace tu manuscrito, ¿a quién le vas a creer, a él o a Dios? (Por fortuna, muchos de los autores más vendidos del mundo optaron por creerle a su Creador por encima de los numerosos editores que primero rechazaron sus libros, ahora los más vendidos). Cuando Oprah te entrega su número y dudas si eres digna de ser su amiga, y entonces no la llamas, ¿a quién le vas a creer, a ti o a tu Creador? Yo creí en mis pensamientos durante casi cuatro años y, por fortuna, al final decidí creer lo que él dice sobre mí y lo que mi alma sabe que es verdad sobre mí. Ahora Oprah no solo es una mentora para mí, es una amiga. Gracias, Dios. Gracias, crecimiento. Gracias, valentía.

Así que, si el Hijo os libera, seréis verdaderamente libres.
Juan 8:36 Nueva Versión Internacional (nvi)

Si eres alguien que piensa que tiene una fe fuerte, en los momentos en que dudas si estás completo, le estás creyendo a tu mente y dudando de Dios. Podrías decir que dudas de ti mismo cuando en realidad lo que tienes en esos momentos son dudas acerca de Dios.

Digamos, por ejemplo, que crees en las palabras de Dios de los versículos que cité arriba. De ser así, entonces:

Cada vez que crees que no eres valioso, le dices a Dios: «No te creo».

Cada vez que crees que no eres digno de ser amado, le dices a Dios: «No confío en ti».

Cada vez que dices que tu cuerpo tiene defectos, dudas de su arte y visión. Cuando dices que tu cuerpo tiene defectos, lo que en realidad dices es que él tiene defectos, ya que estás hecho a su imagen.

Cada vez que decides que no estás completo, lo que en realidad estás expresando es: «Dios, creo más en mis dudas de lo que te creo a ti».

Cada vez que sientes que no estás calificado o que no mereces tus anhelos, metas y sueños, decides colocar a las personas y sus opiniones o las tuyas en un pedestal en lugar de colocar ahí a Dios.

Podrías decir que dudas de ti mismo cuando en realidad lo que tienes en esos momentos son dudas acerca de Dios.

¿A quién le vas a creer? ¿En cuáles manos y palabras confiarás tu futuro, en las de otros seres humanos o en las de Dios? ¿A quién confiarás tus anhelos y sueños?

Cuando aprendes a confiar en tu Creador por encima de tus propios pensamientos, entonces, en momentos de duda y falta de valía, podrás preguntarte: «¿De quién dudo en realidad?». Es como tener el ingrediente secreto que resuelve al instante la ecuación. Para mí, es el atajo instantáneo más poderoso y el truco para alcanzar la valía. Y si conoces a alguien que valore su fe pero luche con la confianza en sí mismo y su valía personal, compártele este libro y esta herramienta.

Al reflexionar sobre mi vida antes de tener esta herramienta, pienso que es casi como si fuera un *latte* al que le faltara el café expreso. Imagina que todos estuvieran corriendo con una taza de Starbucks llena con su elección de leche, estevia, incluso un poco de divertida espuma fría de vainilla, jarabe batido de azúcar morena y canela encima, rociado con caramelo, pero que en la taza no hubiera café expreso porque no lo conocían ni creían que existiera. El *latte* seguiría siendo lo mejor para empezar la mañana. Podría tener un sabor un poco soso sin el café expreso, pero te ayudaría. Ahora imagina cuando todos estos bebedores de *latte* inconscientes descubren el café expreso y lo agregan a su bebida favorita, ¡entran en un nuevo universo de poder y bondad! Así es como me siento al aprender a acoger este ingrediente secreto. Confío en la palabra de mi Creador. Intercepto mis dudas y pregunto: «¿De quién dudo en realidad?». Es un nuevo mundo de bondad. Y la mejor parte es que, a diferencia del hábito diario del Starbucks, este ingrediente secreto es gratis.

Es muy fácil creerles a nuestros pensamientos, en especial a los limitantes. Criados en un mundo donde nos enseñan a atenuar la luz propia para encajar, dudar de nosotros mismos es mucho más cómodo que confiar en nosotros mismos. Creer en nuestros propios pensamientos, que escuchamos alto y claro, nos hace sentir más seguros que confiar en nuestro Creador, a quien no podemos ver ni oír con facilidad. Pero cuando se trata de nuestro destino, tenemos tres opciones: **podemos confiar en lo que otras personas dicen sobre nosotros, en lo que nuestros pensamientos negativos nos dicen sobre nosotros o en lo que Dios y nuestra alma dicen sobre nosotros.** Cuanto más confío en la tercera opción, más me siento alineada con mi auténtico poder y destino.

No somos seres humanos que tienen una experiencia espiritual,
sino seres espirituales que tienen una experiencia humana.
PIERRE TEILHARD DE CHARDIN

Aprender a escuchar lo que tu Creador dice sobre ti puede ser el resultado de diferentes prácticas, y algunas pueden resonar en ti más que otras. Podrías recurrir a un texto espiritual y a las escrituras sagradas; o asistir a la iglesia para ver si escuchas o sientes que tu Creador te habla a través del pastor, el mensaje o la música; o simplemente quedarte quieto, meditar u orar, y luego escuchar lo que te llega (esta es una de mis prácticas favoritas). Cuando escucho susurros o sensaciones como de una voz pequeña y muy tranquila (una que no puedo oír, sino solo sentir), confío en ella.

Martha Beck, autora de *El poder de la integridad*, señala: «Cada verdad nos hace relajar los músculos y cada mentira nos hace tensarlos». Una de las estrategias que empleo para distinguir entre algo que estoy pensando y un susurro o un saber interno en el que realmente debería confiar consiste en asegurarme de sentirlo como la verdad en mi propio cuerpo. También es la forma en que distingo si un pensamiento o sentimiento se siente como si proviniera de lo divino o de mi propia cabeza. Cuando nos quedamos quietos y comprobamos algo, nuestra fisiología nos da pistas sobre si es cierto o no. Nuestra alma lo sabe, incluso cuando nuestra mente no. Esta también es una excelente manera de decidir si una iglesia, una religión o una práctica religiosa, o incluso un trabajo, una relación o una amistad, es adecuada para ti. ¿Cómo se siente en tu cuerpo? ¿Tu cuerpo se tensa como en una mentira, o tu cuerpo se relaja y tu sistema nervioso se siente en paz, como cuando es verdad?

Yo creo que dudar de nosotros mismos mata más sueños que casi cualquier otra cosa, y **dudar de nosotros mismos es un arma que hemos creado en nuestra contra**. Cuando permaneces en la fe, *ningún arma forjada contra ti prosperará* (Isaías 54:17 NVI), y **cuando no nos sentimos valiosos, no tenemos fe**. El mundo te ha entrenado toda tu vida para que te digas a ti mismo que no estás completo, pero en una sola oración, en una sola y suave voz, en un solo saber interno, tu Creador y tu alma te dirán que sí lo estás. He oído decir lo siguiente: **Su gran Soy... es mucho más grande que todos nuestros *No lo soy*.**

Nunca te sentirás intimidado al entrar en un espacio si recuerdas con Quién estás entrando.

El Espíritu que vive en vosotros es mayor que el espíritu que vive en el mundo.
1 JUAN 4:4 NUEVA TRADUCCIÓN VIVA (NTV)

Un asunto que se debe considerar...

En tu vida, relaciones, potencial y capacidad para dar un paso hacia tu propósito y llamado, ¿qué costo ha tenido dudar de la palabra de Dios acerca de que estás *plenamente equipado* y *hecho de forma maravillosa*, y en cambio creerles a tus propios pensamientos de duda? Lo sé, lo sé, hay mucho que asimilar. Pero, una vez más, no estamos aquí para jugar a pequeña escala, estamos aquí para generar valor real.

Tu relación con tu Creador es la única manera de descubrir por qué fuiste creado.
SARAH JAKES ROBERTS

Ahora mismo, en mi vida, *cada vez* que empiezo a dudar de mí misma, interrumpo mis propios pensamientos y hago esta pregunta: «¿De quién dudo en realidad, de mí o de Dios?», y casi todas las veces todo se reduce al hecho de que en ese momento dudo de su palabra y confío en mis propios pensamientos limitantes. Entonces, en ese instante, me comprometo a confiar en él y en mi alma, y justo en ese minuto, de forma literal, decido que no importa lo que mi mente me esté diciendo, mi alma le cree a él y, por lo tanto, elijo creer que soy capaz, que estoy calificada, que estoy equipada, que soy graciosa, que soy valiente, que soy inteligente, que soy bondadosa, que pertenezco a la sala, que pertenezco al escenario, que pertenezco al abrazo, que merezco el cumplido. Conozco la respuesta. Estoy lista. Soy suficientemente valiosa. Merezco. Ahora creo y sé que **nunca te sentirás intimidado al entrar en un espacio si recuerdas con Quién estás entrando.**

Jesús los miró y dijo: «Para el hombre esto es imposible,
pero para Dios todo es posible».
Mateo 19:26 NVI

Es incalculable la cantidad de veces que he aplicado esta herramienta de valía. Aun así, hoy en día no puedo creer que tenga la suerte de sentarme a tomar un café con algunos de los amigos más increíblemente bondadosos e inspiradores que jamás pudiera pedir. Y cuando lo hago, uso esta herramienta justo antes de entrar en la cafetería para creer que soy digna de estar ahí. Todavía hoy, cada vez que me piden que hable en el escenario, empiezo a dudar de si lo que diga tendrá suficiente impacto; luego aplico este conocimiento y al instante decido creer que Dios no habría orquestado la invitación a hablar si no estuviera por completo equipada para servir. Hasta el día de hoy, cada vez que me miro en el espejo, mi forma de pensar predeterminada quiere notar todos mis defectos percibidos. Y al instante decido creerle a él, que estoy hecha a su imagen de forma maravillosa. Nunca criticaría la apariencia de Dios, eso es un absurdo total… y es *igual de* absurdo que tú y yo critiquemos nuestra apariencia. Es lo mismo.

Cada riesgo que corro, cada idea que comunico, cada lugar en el que entro y cada expresión de mí misma y de mi alma que pongo en el mundo casi siempre se topan al principio con un momento en el que tengo la tentación de dudar de que esté completa. Casi siempre intercepto ese momento con esta herramienta. Decido dejar de dudar de Dios y decido creerle: soy extraordinaria y maravillosamente hecha a imagen de mi Creador. Y tú también lo eres, tal como eres. **Estás *completo* y eres totalmente valioso y digno de ser amado incondicionalmente en este mismo momento, *tal como* tú eres**. He aprendido que creer en el Creador es el atajo más maravilloso e instantáneo para creer de verdad que soy valiosa.

Es muy probable que Dios te dé más de lo que puedes manejar.
Sin embargo, él no te dará más de lo que él puede manejar.
HODA KOTB

NOTA VALIOSA: Para obtener una colección adicional de algunos de mis versículos bíblicos favoritos sobre la valía, visita <worthybook.com/resources>.

CAPÍTULO 22

SOLOS

No hay errores en la clase de baile, únicamente hay solos.

ANÓNIMO

MI ESPOSO, PAULO, nació en Brasil, un país conocido en parte por sus hermosos ritmos, incluyendo el baile de la samba, el arte marcial capoeira y el hermoso juego de futbol o, como lo llaman los estadounidenses, soccer. Al caminar por las calles de Río de Janeiro, es común escuchar música por todas partes. Paulo dice que los brasileños nacen bailando, directo desde el útero. Es decir, *la mayoría* de los brasileños lo hace. Él es una excepción. Paulo no está seguro de por qué. A pesar de que su madre tiene un ritmo impecable y su hermano tiene talento musical, Paulo no puede mantener el ritmo. No tiene nada de ritmo, ni dos pies izquierdos siquiera; estos al menos estarían sincronizados. Paulo es una de las personas más brillantes, talentosas, bondadosas y divertidas que he conocido en mi vida. Sin embargo, no es un bailarín rítmico.

Para el tradicional primer baile de nuestra boda, decidimos que no íbamos a hacer nada especial. Establecí expectativas bajas, con la esperanza de hacer un baile lento al estilo de la escuela secundaria en el que caminábamos hacia adelante y hacia atrás. Mi único objetivo era que lo hiciéramos con ritmo. Cada vez que él tenía paciencia para intentar esta ambición mía, tal vez durante una pausa comercial mientras veíamos televisión o en un viaje en auto, yo ponía una canción y comenzaba a contar: «Uno, dos, tres, cuatro, cinco, seis, siete, ocho», una y otra vez, luego le pedía que intentara contar a la par del ritmo conmigo. Esta podría ser la actividad que menos le ha gustado entre las que le he pedido que haga. Estoy bastante segura de que él preferiría sacar la basura, recoger las heces del perro del jardín o realizar cualquier otra tarea o actividad que no sea tratar de seguir la cuenta de ocho.

Después de muchas sesiones de práctica en nuestra sala, mi esperanza de un baile lento de dos pasos al estilo de la escuela secundaria estaba disminuyendo con gran velocidad. Tuve que tomar medidas más drásticas. Así que invité a una amiga que era una gran profesora de baile, y los tres nos sentamos en la sala durante muchas sesiones, solo tratando de enseñarle a Paulo cómo escuchar la cuenta de ocho en la música. ¡Logró escucharla! ¡Y contar! El siguiente paso fue agregar movimiento. Primero, comenzamos caminando al ritmo de la música. Como eso no iba muy bien, mi amiga lo cambió por aplausos. Los tres nos quedamos allí escuchando la música y aplaudiendo a la cuenta de dos, cuatro, seis y ocho. Todo iba bastante bien hasta que mi amiga empezó a pedirle a Paulo que lo hiciera solo. Fue entonces cuando las aguas se agitaron. Él aplaudía a medio compás de cualquiera de esos números, todas las veces: dos y medio; luego, al azar, en cinco. Intenté con todas mis fuerzas no reírme ni hacerlo sentir juzgado. Él tenía muchas ganas de hacer el baile para nuestra boda.

¿Alguna vez recordaste algún momento de tu vida y pensaste: *Ojalá hubiera sabido en ese momento lo que sé ahora?* Para mí, intentar enseñarle a Paulo nuestro primer baile de boda es uno de ellos. Él y yo habríamos sido mucho más felices y nos habríamos divertido mucho más si yo hubiera aprendido antes una lección de vida que comprendí en una clase de baile varios años después de nuestra boda.

Fue una lección que me cambió la vida, y ocurrió en medio de una clase de *perreo*. Sí, haciendo *perreo*. (Abuela, ese es un estilo de baile en el que estás inclinada doblando la cintura y giras tu trasero, con toda la intención. Ahora es popular, y hace que los viejos tiempos de los atrevidos giros de cadera de Elvis parezcan ligas menores).

Mis amigas y yo estábamos en una clase de baile, durante un retiro *mindfulness*. La maestra hacía todo lo posible para reunir en formación a un grupo de unas 12 personas, en su mayoría mujeres de diferentes edades, niveles de experiencia en danza y coordinación. En la clase de una hora, se suponía que íbamos a aprender una rutina que duraba unos tres minutos, y luego, al final de la clase, el objetivo era realizar esa rutina al unísono, *perreando* y todo.

Más o menos a los treinta minutos de clase, el grupo se parecía mucho más a una manada de conejos salvajes que a las Rockettes. Nadie saltaba ni pateaba exactamente al mismo tiempo. Noté que una de las mujeres de la clase se sentía en verdad derrotada. Parecía que no importaba cuántas veces la maestra nos hiciera comenzar de nuevo la secuencia de apertura, no podía lograr la parte de transición correcta donde das un paso, otro paso, aplaudes, giras en los primeros cuatro tiempos, luego te balanceas arriba y abajo con rapidez para agacharte y perreo, perreo, perreo, perreo durante los siguientes cuatro tiempos. Ella perdía el equilibrio en el giro y daba un gran paso fuera de la línea. La pared frontal del salón de clase era un espejo gigante, por lo que cada vez que hacíamos la rutina, toda la clase podía ver quién no estaba coordinada con el resto. Después de tres o cuatro errores, parecía que a esta mujer se le llenaban de lágrimas los ojos. Empecé a preguntarme si se iba a salir de la clase.

En ese momento, la instructora detuvo la clase. Con una sonrisa gigante en el rostro y toda la paciencia del mundo, proclamó con orgullo:

—En la clase de baile no hay errores, únicamente hay solos.

Nos encantó la idea y todos nos reímos con alivio. A partir de ese momento, la clase se volvió muy divertida. Cada vez que yo decidía comprometerme por completo con los pasos, incluso los que estaban más allá de mis habilidades y mi coordinación, y no me salía tan bien, gritaba:

—¿Vieron mi solo?

Mis amigas empezaron a hacer lo mismo.

—Ese solo me encantó —le decía una a otra.

—Soy un artista solista —decía otro con una sonrisa.

Tuve un momento, a mitad de la clase, en el que me di cuenta de la belleza y el poder de cómo cambiaba la energía en el salón, todo por un simple cambio de perspectiva. Había asistido a clases de gimnasia y baile cuando era niña, y cuando alguien se salía de la formación o inventaba su propio movimiento de manera intencional, se consideraba un error. Era vergonzoso. El objetivo era asegurarse de que nunca perdieras el ritmo ni la formación. El objetivo era que todo el grupo o clase fluyera en perfecta sincronicidad, que todos fueran iguales.

Pero vi cómo la alegría y la libertad se apoderaban de esa clase de baile para adultos, y tuve un cambio de perspectiva mucho mayor, uno que se extendió mucho más allá de las paredes de ese salón.

En los solos de la vida es donde está la verdadera belleza.
Es en los solos donde surge la creatividad.
Es en los solos donde nacen las ideas.
Es en los solos donde se abren las fortalezas.
Es en los solos donde los ciclos generacionales terminan para siempre.
Es en los solos donde nacen las ideas novedosas.
Es en los solos donde nacen los negocios.
Es en los solos donde tu alma siente su propia expresión.
Es en los solos donde prospera la autenticidad.
Es en los solos donde brilla la autenticidad.
Es en los solos donde suceden los momentos *ajá*.
Es en los solos donde la danza con lo divino es más íntima.
Es en los solos.

Si pasas tu vida en una clase de baile donde no se celebran los solos, en especial los espontáneos o no planificados, es hora de encontrar una nueva clase. **No hay errores en la clase de baile ni en la vida, únicamente hay solos.** Y los solos son los movimientos que solo tú puedes hacer y sentir en cualquier compás de la música de tu vida que elijas.

Nunca fuiste un mal bailarín. Naciste para hacer solos.

¿Alguna vez has notado que rara vez el mejor bailarín en la pista de baile de una fiesta es el que tiene mayor formación técnica? Rara vez

es el que conoce la última tendencia de baile o el que mejor sigue el ritmo. ¡El mejor bailarín en la pista de baile de una fiesta es casi siempre el que se compromete de manera más plena! Ya sea en la fiesta de la empresa, la reunión familiar, una reunión comunitaria o la pista de baile de una boda (ya sabes de cuál estoy hablando). Es el que lo intenta de forma absoluta e inequívoca. No retiene nada y no tiene vergüenza. Y con cada paso y deslizamiento, punto y postura, salto y giro, y expresión del alma, se apodera del espacio con confianza y con una energía palpable, contagiosa y admirable.

Es la persona que todo el mundo más admira y, en secreto, más anhela ser, porque a pesar de su falta de habilidad, de todos modos se muestra en todo su esplendor. Exuda una gran confianza y poca preocupación. Está lleno de alegría y libre de dudas. Es el que está vivo con mayor plenitud: el que es más libre.

Nunca fuiste un mal bailarín. Naciste para hacer solos.

Conviértete en el mejor bailarín de tu vida; el que se compromete de forma más plena con sus sueños; el que siente que se acerca el solo y lo recibe con los brazos abiertos, las piernas moviéndose a un ritmo que solo su alma conoce, y que con un canto salvaje y total entrega baila al son de la belleza de su vida. Baila con todo tu ser.

No necesitas permiso para hacer un solo. Estás en esta tierra para hacer uno. No necesitas a un profesor que lo evalúe, pues solo tu alma está calificada para hacer eso. No necesitas una clase de baile para bailar, porque el mundo entero es tu pista de baile.

CAPÍTULO 23

ERES INVENCIBLE: TU VUELTA DE HONOR COMIENZA AHORA

Que la vida me perdone las veces que no la viví.
ANÓNIMO

EN DOS MOMENTOS diferentes, mi mamá Nina cambió mi vida entera. El primero, cuando me adoptó el primer día de mi vida; el segundo, e igual de poderoso, 45 años después, en el último día de la suya. Me dijo palabras que me impactaron hasta lo más profundo, y me dio una lección por la que supe en ese instante que mi vida nunca volvería a ser la misma después de aprenderla.

Te daré algo de contexto. Verás, creo en el poder de ser un estudiante de por vida, de aprender, crecer y servir siempre a los demás, y de dar, crear, idear y evolucionar, todo con la intención de, como diría Oprah, convertirte en la «expresión más elevada y verdadera» de ti mismo. Y para sentirnos satisfechos a plenitud, siempre tenemos que crecer nosotros mismos y dar nuestra contribución a los demás, al menos en alguna área de nuestra vida.

Mi mamá, Nina, pronunciaba su nombre como «Naina». Desde el día en que nací, ella fue mi superheroína en la vida real. Fue ella quien mantuvo todo en su lugar cuando mi padre adoptivo no lo hizo. Ella fue la piedra angular durante la batalla de él a lo largo de varias décadas contra el alcoholismo, el juego y la infidelidad. Y aunque mi padre adoptivo Mike tenía numerosas cualidades admirables y me amaba con toda la capacidad que tenía para amar, fue la capacidad de mi mamá Nina de amar en grande, y mucho más allá de ella misma, lo que más me bendijo durante toda mi vida. Yo tenía 6 años cuando ella decidió que ya había soportado suficientes promesas incumplidas y por fin se divorció de mi padre. Fue el primer ejemplo que presencié de una persona que decidió que merecía algo más y tomó la difícil decisión de hacer algo al respecto. Más tarde se casó con mi padrastro Dennis, quien se convirtió en otra piedra amorosa en mi vida. Mi mamá fue quien me enseñó el valor del trabajo duro y que todo es posible cuando trabajas lo suficiente y tomas la decisión de creer que, de hecho, es posible. Durante toda mi infancia, ella trabajó mucho, con frecuencia los siete días de la semana.

Al crecer, yo solía fantasear con que algún día ganaría tanto dinero que mi mamá no tendría que trabajar tan duro; que podría hacerme cargo de ella, de la forma en que ella había trabajado tan duro para cuidarme. Toda mi vida quise hacerla sentir orgullosa. Mi papá Mike no quería que yo supiera que había sido adoptada, así que nunca me lo dijeron… hasta que lo descubrí por accidente a los 27 años. Después de años de procesarlo todo, mi amor por mi mamá Nina solo se hizo más profundo. Ella me quería. Ella me eligió. Ella es la persona más cercana a mí en todo el mundo, y le hice saber que siempre la elegiría a ella también.

Cuando alcancé el éxito profesional construyendo IT Cosmetics y pude permitirme ayudarla a jubilarse, ella ya había pasado décadas de su vida trabajando demasiado duro, lo cual había impactado en gran medida en su salud. Le diagnosticaron esclerodermia, una enfermedad autoinmune, además de otras dolencias. En lugar de la vida de jubilación que yo había soñado para ella, el objetivo se convirtió en encontrar los mejores médicos y la mejor atención médica posible. Durante su última década, mi madre dividió su tiempo entre la sala de emergencias, la unidad de cuidados intensivos (UCI), el hospital y la recuperación en casa.

Si alguna vez has tenido un padre enfermo, tal vez puedas identificarte con el momento en que los papeles se invierten. De repente, somos nosotros los que estamos despiertos toda la noche preocupándonos, en lugar de al revés, como era cuando crecíamos; el cambio de papeles puede ser abrumador. Hice todo lo que estuvo en mi poder y gasté cada centavo que pude tratando de luchar por mi mamá, intentando alargar su vida, tratando de hacer todo lo que pudiera ayudarla a sentirse lo mejor posible. En los últimos años, muchas veces pasaba más días en el hospital que fuera de él. Yo me aferraba a la esperanza cada vez, y ella salía adelante y regresaba a casa. Ella seguía diciéndome que quería luchar más para vivir; que no quería dejar a Dennis, de quien seguía profundamente enamorada después de cuarenta años de matrimonio. Quería ver crecer a sus nietos. Ella quería seguir luchando, así que luchamos juntas, y fue difícil, muy muy difícil. Cada vez los médicos me recordaban la situación:

—Sabes que tu mamá no va a mejorar, ¿verdad?

Yo solo les respondía:

—¿Qué podemos hacer para cambiar eso?

Y:

—Eso no es cierto si ella tiene algo que decir al respecto.

La esperanza, el valor y la pura voluntad de vivir alimentaron su luz, incluso cuando su cuerpo se estaba desmoronando.

En 2022, yo pasé cada momento que pude en el hospital a su lado. Cuando llegó el momento en que los médicos dijeron que solo le quedaban unos días y que esta vez no había forma de evitarlo, decidimos llevarla a casa e instalamos una cama de hospital en su sala para que pudiera ver la luz del sol a través de la ventana. Por la noche, Dennis dormía en el sillón reclinable de la misma sala. Acomodé varias sillas del comedor en fila para dormir en ellas, justo al lado de su cama, y poder tomar su mano toda la noche. Cuando hacía contacto visual conmigo, yo sonreía, y solo cuando ella miraba hacia otro lado, me permitía llorar. Ella era mi mami, quien me eligió el día que nací, y no quería dejarla ir. El dolor de dejarla ir a veces resultaba insoportable. Mi identidad siempre fue ser *la fuerte*, la que hablaba con cualquiera que fuera necesario en los hospitales para asegurarse de que la atendieran, la fuerte en tantas áreas de mi vida. Pero ahora me sentía como la más débil, la que estaba en absoluta angustia, sin control sobre nada, perdiendo a la persona que más he amado en toda mi vida, quien más me amó en toda su vida; me hizo caer de rodillas.

Yo sabía, por haber hablado con trabajadores de cuidados paliativos y con muchos médicos, que era importante hacerles saber a tus seres queridos que está bien que se vayan. De lo contrario, las personas siguen luchando, a veces con gran dolor, porque están tratando de aferrarse a la vida en ese momento solo por sus seres queridos. Si obtienen la bendición de sus seres queridos, estarán en mejores condiciones de realizar una transición pacífica. Dennis y yo hicimos esto con ella, cada uno por su cuenta. Supe cuando lo había hecho porque salió de la habitación llorando de angustia. Nunca lo había escuchado hacer sonidos como esos.

En sus últimos días, filmó con alegría algunos dulces mensajes en video para sus nietos y yo le hice todas las preguntas que se me ocurrieron. Cuando tenía la energía, sostuvimos conversaciones profundas sobre su vida. Sobre todo, traté de consolarla como pude. Durante un momento en el que parecía estar alerta y enérgica, me miró profundamente a los ojos y yo le hice esta pregunta:

—Mamá, ¿cuáles son tus anhelos y sueños para mi futuro? ¿Qué es lo que más esperas de mí?

Anticipé que ella me recordaría que todo es posible, que podía hacer cualquier cosa que me propusiera y que esperaba que continuara trabajando duro, impactando e inspirando a otros, y criando a mis hijos con grandes valores y con un gran ejemplo. Anticipé que ella compartiría su esperanza de que yo lograra todas mis metas y sueños. Pero eso no fue en absoluto lo que me dijo. De hecho, en cierto modo, dijo todo lo contrario. Cuando le pregunté: «Mamá, ¿cuáles son tus anhelos y sueños para mi futuro? ¿Qué es lo que más esperas de mí?», ella me miró directo a los ojos y una sensación de conocimiento supremo, confianza total y verdad absoluta llenó el aire.

—Espero que no cambies —dijo—. Ese es mi mayor deseo para ti. Sería terrible que alguna vez cambiaras.

Sin siquiera un momento para procesar estas palabras, «no cambies», las lágrimas comenzaron a correr por mi rostro. Mi mamá me decía alto y claro:

> Nunca cambies tu verdadero yo. Estás completa y eres valiosa tal como eres. Todo lo demás (metas, sueños, crecimiento, logros) está muy bien y es una parte emocionante del viaje, pero lo único que en realidad importa en esta vida es la verdad de tu hermosa alma, la verdadera tú. Y tu verdadera tú, tu alma, es todo lo que importa.

Nunca en toda mi vida me había sentido de verdad completa, tal como era, hasta que me encontré allí, una mujer de 45 años, llorando cuando mi madre, al saber que su tiempo en esta tierra estaba terminando, dijo esas palabras.

Esto fue un avance total para mí: un momento en el que mi verdadero saber interno superó a mi sistema de creencias condicionado y aprendido. Mi alma anuló a mi mente. Sabía que lo que ella me decía era verdad. Soy valiosa y suficiente tal como soy, sin tener que haber hecho, ni necesitar hacer, jamás otra cosa, y tú también lo eres.

Durante mi vida entera, solo quise enorgullecer a mi mamá. Más tarde, quería enorgullecer al mundo entero, y luego, a Dios. Toda mi vida confundí aprobación con amor, logro con amor, afecto con amor, aplausos con amor, y la definición mundial de éxito con amor. Pero en un solo momento, mi mamá enfatizó que nada de eso importa. Sabía que ella estaba diciendo: «Sí, claro, sigue creciendo en las áreas que quieras, carrera profesional, metas, sueños y anhelos, pero no cambies tu corazón, porque tú, sola, realmente eres y siempre has sido suficiente». Ella conocía mi verdadero yo, incluso las partes que yo había ocultado en el pasado o que había considerado vergonzosas, y estaba diciendo que no cambiara mi verdadero yo: **la yo que soy está completa**, sin esforzarme, lograr o realizar algo. Su mayor esperanza para mi futuro es que no cambie lo que *soy*. Ella no tiene otros anhelos para mí. Nada más. «Espero que no cambies. Ese es mi mayor deseo para ti. Sería terrible que alguna vez cambiaras».

Una larga pausa llenó el aire. Solo podía sentir, no pensar. Y entonces dije:

—Está bien, mami, no lo haré. Lo prometo —y levantó la vista para ver las lágrimas que ya no podía contener—. Voy a compartir estas palabras con muchas otras personas también, ¿de acuerdo?

Intenté con todas mis fuerzas hacerle sentir que aquellas lágrimas eran de una gratitud abrumadora, y no de miedo. Apoyé la barbilla en nuestras manos entrelazadas. Durante sus últimos días, solo soltaba su mano si era absolutamente necesario.

—Mami, gracias por amarme, incluso en los tiempos en que yo no era tan fácil de amar. Gracias por adoptarme el día que nací. Gracias por elegirme. Te amo. Muchísimo.

Esta revelación, «No cambies», me llegó hasta lo más profundo de mi corazón. Desde entonces he estado procesándola todos los días. Se siente como si un peso de mil millones de kilos de expectativas y de sentirme insuficiente que había puesto sobre mis hombros toda mi vida se estuviera levantando. Sigo teniendo las mismas ambiciones, anhelos, sueños, metas, inspiraciones y motivaciones, pero ahora no los veo vinculados a mi propio valor. Los veo como la alegría del viaje, como acompañamientos. Son el llamado de mi Creador *hacia*

dentro y a través de mí; no obstante, no son lo que vale *de* mi persona. Esta revelación canta como la luz del sol a mi alma. Sabe a verdad. Se siente como libertad.

Soy alguien que en el fondo valora y celebra el crecimiento y el cambio. Es hermoso y poderoso tener una misión de por vida para crecer, impactar, servir y cambiar en todas las formas que mejoran nuestra vida, la vida de los demás y el mundo que nos rodea. Pero cuando se trata del núcleo de quien eres en realidad —tu alma, tu verdadero tú—, ya eres plenamente valioso y ya eres amor. No hay algo que debas cambiar. Así que esta podría ser la primera vez en toda mi vida que deseo esto para mí o para otra persona, pero ahora mismo lo deseo para mí y para ti. Cuando se trata de tu verdadero yo: no cambies. Ya eres todo lo que necesitas ser: amor completo, valía completa.

En su último día, mientras yo seguía reproduciendo las canciones favoritas de mi madre en una lista de reproducción sin fin que había preparado para ella, se despertó con una gran sonrisa en el rostro. Me apretó la mano con fuerza y me dijo:

—Jay, Jay, todo es tan hermoso.

Parecía como si estuviera trascendiendo más allá de lo que Dennis y yo podíamos ver o entender.

—¿Qué quieres decir, mami? —pregunté.

—Ojalá hubiera sabido esto antes —dijo—. Todas las cosas por las que la gente pelea; nada de eso importa. Es todo tan, tan hermoso.

Después de decir esas palabras, parecía haber una paz a su alrededor que llenaba la sala.

—¿Cómo te sientes? —le pregunté.

Ella solo me sonrió, pero no respondió.

Luego dije:

—¿Tienes algo de miedo, mamá?

Ella sonrió, sacudió la cabeza de un lado a otro y dijo que no. Yo sabía que ese momento era diferente. Descansó un rato y, cuando se despertó la siguiente vez, se esforzó por susurrarme:

—Te amo. Y es un amor que nunca desaparecerá.

Un rato después, mientras yo sostenía su mano con fuerza de su lado izquierdo y Dennis estaba de su lado derecho con la mano en la frente de ella, dio su último aliento en esta tierra.

Sentí las palabras de mi mamá, «No cambies», como la verdad, como un poema de amor de su alma a la mía. Y las comparto contigo como un poema de amor de mi alma a la tuya.

No estoy segura de por qué en sus 74 años esta fue la primera vez que me dijo estas palabras. Quizá sea porque fue la primera vez que le pregunté. O tal vez sea porque ahora estaba trascendiendo hacia una mayor comprensión de lo que en realidad importa y lo que es cierto.

A mi mamá Nina le encantaba el color amarillo. Le encantaban los colibríes y las mariposas, y los dulces See's. Ella creía en mí, incluso en los días en que yo no creía en mí misma. Pasé la mayor parte de mi vida tratando de hacerla sentir orgullosa, sin darme cuenta de que ya lo estaba, de la única manera que importaba. He pasado la mayor parte de mi vida tratando de enorgullecer a Dios, y ahora sé, sin lugar a dudas, que nada puedo hacer para que él no lo esté. Asimismo, he pasado la mayor parte de mi vida tratando de sentirme orgullosa, valiosa y amada, sin darme cuenta de que no puedo hacer, lograr o atraer nada que logre producir alguna vez ese sentimiento duradero. **La única manera de lograr ese sentimiento duradero de amor y valía es saber que ya existe dentro de nosotros. En pleno poder, en nuestro núcleo, *somos* nosotros**. Lo diré de nuevo: **amor es lo que realmente eres. Ya está todo dentro de ti y eres tú**. El resto es solo la experiencia humana, la aventura que emprendemos, y si tenemos suerte, con el tiempo nos llevará a lo único que ya somos.

Mi mamá me dio todo lo que tenía en ella, toda su vida. Hizo todo lo posible para criar a su único bebé vivo lo mejor que pudo. Por todo el corazón y el alma que había derramado en mí durante toda su vida, en ese momento, cuando me dijo las palabras «no cambies» e impartió la lección de que tú, tal como eres, sin importar nada más, estás completo, sentí como si experimentara su ***vuelta de honor*** en su viaje de elegirme y criarme como su hija. Simplemente fue así: una vuelta de honor que ni siquiera pretendía o planeaba.

La lección definitiva llegó a través de ella durante sus últimos momentos en esta tierra, y me la dejó a mí. Yo la mantendré viva. A través de mí y ahora, si así lo eliges, a través de ti. No importa la relación que tengas o no con tu mamá en este momento, si mi Nina estuviera aquí ahora mismo, te envolvería en sus brazos y te diría estas mismas palabras también. Con pleno amor inquebrantable por ti, tal como eres…

Espero que no cambies. Ese es mi mayor deseo para ti.
Sería terrible que alguna vez cambiaras.
Nina Marie Daugs (mi difunta mamá)

Tu victoria es saber que eres suficiente

Cuando perdemos a un ser querido, en cierto modo nos hace pensar no solo en la muerte, sino también en la vida y en lo que en realidad importa: cómo queremos vivir el resto de nuestros preciosos días en esta tierra. El diccionario define la *vuelta de honor* como una vuelta adicional de celebración por la pista o campo deportivo, realizada por el ganador o el equipo vencedor después de la conclusión de una carrera. Después de esta experiencia con mi mamá, mi alma tomó, literalmente, el control de mi mente, y ahora sé que algo es cierto: **cuando nos damos cuenta y creemos que somos verdaderamente valiosos tal como somos, ganamos en ese momento**. Se levanta el peso incesante y absolutamente agotador de la falta de valía que muchos de nosotros hemos cargado durante toda nuestra vida. En ese momento, nos abrimos para recibir la infinita y expansiva alegría, el amor y las posibilidades que la vida tiene para ofrecer. Así, cuando sabemos que es verdad y comenzamos a aceptar nuestro valor innato, nuestra vuelta de honor en la vida puede comenzar. Es el momento en que nos damos cuenta de que obtuvimos la victoria por dentro. Y ahora podemos ser aún más poderosos en todo lo que queremos hacer en el exterior.

Cuando consigues la victoria en tu interior, eres infinitamente más poderoso en todo lo que quieres hacer, crear, dar, servir, construir, idear, amar, cambiar e impactar en el *exterior*.

El término *vuelta de honor* por lo general se aplica a algo que ocurre *después* de ganar, o al *final* de algo. Pero ¿qué pasa si hay una segunda manera, e incluso más poderosa, de definir una vuelta de honor? Verás, yo ahora creo que en el momento en que das el primer paso para levantar la pesada carga de la falta de valía y comienzas a creer, entonces debes saber que eres por completo digno, ¡y tu vuelta de honor *para toda la vida* puede comenzar! En lugar de esperar hasta el final para correr una, ¿qué pasaría si pudiéramos hacer que toda nuestra vida, desde este momento en adelante y durante las próximas décadas, se sintiera como una vuelta de honor?

Cuando nos damos cuenta y creemos que somos verdaderamente valiosos tal como somos, ganamos en ese momento.

Comienza tu vuelta de honor ahora, con el objetivo de seguirla durante décadas y décadas por venir. Esto no significa que la vida no seguirá siendo dura y a veces demasiado difícil. No significa que no tropezarás, caerás y enfrentarás reveses, o que ya no seas ambicioso. Tampoco significa que estés siquiera cerca de hacer, dar, servir, crear, construir u ofrecer todos tus talentos, dones, pasiones, negocios e ideas al mundo que todavía planeas. Solo significa que cuando haces todas estas cosas como parte de tu vuelta de honor, ya no estás intentando cargar con el peso de mil millones de kilos de falta de valía al mismo tiempo. Cuando sabes que estás completo tal como eres, tu valía personal está segura. Ahora persigues tus anhelos y sueños desde un lugar de seguridad y libertad. Así, cuando en realidad te sientes digno y tienes una valía personal sólida, esto se convierte en la base que alimenta tu resiliencia para seguir adelante cuando te caes y en la fuerza para saber que, ya sea que tropieces y el mundo te humille, o que logres algo y te inunde la adoración del mundo, nada afecta tu inquebrantable valía interna de que tú, independientemente de todo, eres valioso.

La vida es muy hermosa, y puedes luchar aún más duro por lo bueno y recuperarte aún más rápido de lo malo cuando no tienes sobre tus hombros el peso de la falta de valía. Seguirás encontrando una gran confianza en ti mismo al esforzarte para convertirte en la versión más elevada y verdadera de ti mismo, mientras que tu valía personal estará intacta a pesar de todo.

Cuando comenzamos a nutrir y hacer crecer nuestra valía, y el peso insoportable de *sentirnos insuficientes o incompletos* que hemos estado cargando toda nuestra vida se disipa poco a poco, hemos dado el primer paso en la pista para correr la vuelta de honor. En consecuencia, nuestro futuro, con todos sus altibajos, parece menos confuso, más claro e infinitamente posible. Porque nuestro saber interno ahora sabe con certeza, e incluso con sorpresa, que alguna vez lo dudamos; de hecho, somos dignos de todos nuestros mayores anhelos, de nuestros sueños más descabellados y de todo el amor incondicional del mundo. Darte cuenta de que eres valioso no disminuye tu hambre ni tu impulso, sino que te permite sentirte realizado y disfrutar aquello hacia lo que te diriges y logras. Y aunque probablemente todavía tengas un fuego incesante en tu interior por todo lo que aún deseas hacer en este mundo durate las próximas décadas, correrás desde la libertad de la *Pista de la vuelta de honor*, y no desde la *Caminadora de sentirte insuficiente.*

Al final de su vida, mi mamá me dio el regalo de saber que no tengo que esperar hasta el final de la mía para aprender esta lección. No esperemos hasta el final de nuestra vida para acoger o compartir este regalo. Primero, permitamos que arraigue en lo más profundo de nosotros mismos. Luego compartámoslo con otra persona que tenga algunas dudas que destruir y un destino hermoso y poderoso que cumplir. Comencemos a correr nuestra vuelta de honor en la vida sabiendo que hoy somos valiosos en todo nuestro ser... y cuando lo hagamos, tendremos un camino mucho más largo por delante que podremos recorrer por el resto de nuestra vida. La mayor victoria es darnos cuenta de que nada tiene que cambiar para que podamos asumirla plenamente.

La vuelta de honor vendrá de todas formas con altibajos, con momentos que nos derribarán o momentos que nos dejarán sin aliento por su belleza. Pero cuando nos damos cuenta de que somos valiosos de forma plena tal como somos, vivimos en paz, sabiendo que **pase lo que pase *a nuestro alrededor*, tenemos un valor inquebrantable *dentro de nosotros*.**

Cuando sabes lo que vales, te mueves diferente.
ANÓNIMO

¡Solo recuerda esto: ahora estás comenzando tu vuelta de honor y no hay reglas! Puedes bailar un solo con total compromiso y celebración de que eres uno de los que son *libres* en la pista. Corres a tu propio ritmo y con toda la gracia, aun cuando puedas desviarte del camino, tropezar y caer, o empezar a correr hacia atrás por un minuto. Está bien si a veces caminas o incluso te arrastras. También se permiten siestas en la vuelta de honor. En esta vuelta no necesitas a otra persona para sentirte completo, pero tampoco estarás solo, nunca. Sentirás a tu Creador contigo, en la brisa sobre tu piel, la luz del sol en tu rostro, el viento a tu espalda, las hojas del pasto y las flores silvestres al lado de la pista, y en el espíritu que llena el alma y que sabe a propósito divino cada vez que ayudas a otro corredor a levantarse de una caída o a recordar que es visto, valioso y completo tal como es. En cuanto a mí, también estaré corriendo mi vuelta contigo. Si quieres tomar un descanso para comer chocolate o Cheetos, o acurrucarte debajo de una manta solo para disfrutar de la vista, compartiré contigo mi acogedora manta favorita, en cualquier momento. Podemos tomar café o té juntos, o incluso beber juntos un poco de vino de celebración en nuestras tazas de café INVENCIBLES (sin juzgar).

Y en nuestra vuelta de honor, mientras todos corremos a nuestro propio ritmo en nuestra propia carrera, también corremos todos juntos, con amor pleno. La parte más hermosa es que cada uno de nosotros tiene el poder de pasar la estafeta e invitar e inspirar a otros a comenzar su propia vuelta de honor, sabiendo que son valiosos tal como son. Tenemos estafetas ilimitadas que pasar, e invitamos de forma continua a otros corredores a la vuelta de honor de su vida, en la que se dan cuenta de su *completud* innata. Y cuando hacemos eso, nuestra propia carrera se vuelve aún más decidida. Demos la bienvenida a tantos otros como podamos a la pista de honor.

Juntos, con todas nuestras fuerzas, no dejemos atrás a ninguna niña, mujer o persona.

Quizá toda tu vida sentiste que la victoria era algo que les sucedía a otras personas, pero a ti no. Tal vez hayas sentido que tienes un largo camino por recorrer y mucho más que demostrar, que tienes que llegar a ser mucho más inteligente y trabajar más duro antes de siquiera considerar la idea de que ya ganaste. Pero todo eso son mentiras. Mentiras que nos mantienen esforzándonos sin parar por alcanzar un camino imposible de alcanzar y siempre insatisfactorio que no lleva a ninguna parte. Las mentiras nunca conducen al amor, pero la verdad sí. Y la verdad es esta: **tú, tal como eres, eres la victoria**.

Tú, tal como eres, eres la victoria.

¡Tienes el poder de deshacerte para siempre del peso de sentirte *insuficiente* y empezar a correr tu vuelta de honor desde hoy! Tal vez tu vuelta de honor comience cuando decidas no esconderte a simple vista, creyendo en tu nueva definición de rechazo, que dice: «Oye, Rechazo, podrías estar tentado a subestimarme, pero permíteme ahorrarte algo de tiempo... no lo hagas». ¡Quizá tu vuelta de honor comience hoy al decidir que no estás loco, que solo eres el primero y que hay grandeza dentro de ti! Tal vez comience cuando, al perdonar a esa persona que te lastimó o perdonarte a ti mismo y asumir de forma plena que no eres tus errores del pasado, decidas liberarte de la jaula para empezar a formar un nuevo círculo; o cuando decidas desaprender una de esas mentiras de no valía que te han estado frenando. ¡Quizá comience al dejar de esperar a llegar a tu peso ideal, o al dejar de esperar a que aparezca el héroe o la heroína y darte cuenta de que ese eres tú! Tal vez tu vuelta de honor empiece cuando decidas decir tu verdad y compartir tu arte, ideas, mensaje e historia con el mundo, a fin de dejar de cancelar tu vocación, dar el siguiente paso correcto en tu misión personal a la luna y comprometerte por completo en esa pista de baile durante el hermoso solo de tu vida. Quizá empiece cuando uses un traje de baño y sacudas tu celulitis con confianza y alegría, o cuando ingreses a la aplicación de citas, o cuando te hagas un tatuaje de la palabra que elijas creer como tu nueva etiqueta. Tal vez empiece con la decisión de comenzar una nueva rutina por la mañana en la que te miras a los ojos frente a un espejo y dices: «Eres valioso y te amo».

En este momento, es muy poderoso aceptar que todo lo que pasó antes en tu vida estaba sucediendo *para* ti y que todo estaba divinamente orquestado, incluso las partes difíciles y aquellas que no querrías volver a experimentar. Pero lo lograste. Ahora quizá puedas ser un ejemplo vivo de sabiduría, perseverancia y fortaleza sobre cómo otros también pueden superar situaciones similares. Creo que llegarás a muchas más cimas victoriosas en tu viaje que celebrará el mundo que te rodea, pero en el fondo sabrás que debes disfrutar la alegría con mucho entusiasmo. Asimismo, reconocerás que tu valía no vacila ante la celebración y aprobación del mundo, así como tampoco lo hace ante el juicio, la crítica o la humillación del mundo. Tu alma, tu verdadero yo, está separado, sin ataduras y sin sujeción, y es independiente y libre de todo aquello. Eres valioso sin medida, con o sin aquello.

Tú eres valioso. Eres amor. Ya eres tú, el verdadero tú, tal como eres: tu alma, tu cualidad innata. Esto es así desde el momento en que naciste. No es algo que tengas que ganar, buscar fuera de ti o adquirir, a pesar de todas las veces que el mundo te diga lo contrario. Tampoco es algo que puedas perder, aunque tengas miedo de no encontrarlo nunca y de perderlo, aunque esto es imposible, porque te diste cuenta de que **ya lo eres.**

Cuanto más sepas que esto es cierto, más se expandirá el poder *dentro* de ti y *desde* ti.

¿Qué harás con el poder que eres tú?

No puedo esperar ni un minuto más para animarte mientras vives esa respuesta, plenamente, con el alma por delante.

Te veo. Creo en ti. Te amo. Tú eres amor.

Eres… ¡INVENCIBLE!

De mi alma a la tuya.

Tu compañera en la vuelta de honor para toda la vida, desde este momento,

Jamie

SER INVENCIBLE NO TERMINA AQUÍ

INVENCIBLE NO TERMINA AQUÍ. ¡Ahora somos compañeros de la vuelta de honor para toda la vida! Si estás en las redes sociales, salúdame. ¡Me encantaría escuchar tu historia! Por favor, publica y comparte tu cita, herramienta, lección o conclusión favorita del libro, y asegúrate de etiquetarme, junto con los *hashtags* #WorthyBook y #JamieKernLima, para que yo pueda volver a publicarla en mi página. Si deseas recibir inspiración y aliento cada semana en tu camino hacia la valía, me encantaría invitarte a que te unas a mi boletín informativo gratuito en <jamiekernlima.com>.

¡Y juntos, prometamos que esto es solo el comienzo! Con la intención de que ninguna niña, mujer y persona se quede atrás en saber que es invencible, te paso la batuta para impactar de manera positiva la vida de alguien compartiéndole este libro. Si le das *tu* ejemplar a otra persona, o si compras y regalas uno, ¡recibiremos cada uno una tarjeta de la vuelta de honor completa! (Llamada Victory Lap Card, ¡encuéntrala al final de tu libro!). Inspirada en una tarjeta de biblioteca tradicional (donde agregas tu nombre y la fecha en que sacas un libro), contiene una lista y celebra a todas las personas a las que les pasas la batuta, quienes leerán este libro después de ti. Pídele a cada persona a la que le prestes tu libro que agregue su nombre y fecha debajo del tuyo, y luego que comparta el libro, como una batuta en su próxima vuelta de honor. Si deseas conservar este ejemplar para ti y pedir uno para otra persona, puedes escribir a mano el nombre de cada persona a la que le «pasas» el ejemplar en tu Victory Lap Card. Si eliges enviar uno o más a una organización a la que le encantaría recibirlo y compartirlo, puedes agregar también su nombre a tu tarjeta. Juntos, podemos cambiar el mundo, una niña, una mujer, una persona que sabe que es valiosa a la vez.

Y recuerda, tú también puedes pasarte la batuta a ti mismo. Me encanta leer un libro más de una vez, ya que siempre descubro cosas diferentes. También me encanta releer un libro unos meses después de la lectura inicial, ya que una gran señal de crecimiento se presenta cuando lees el mismo libro más de una vez y obtienes una experiencia diferente porque ya cambiaste y creciste.

Siempre leo un libro al menos dos veces. La primera vez lo subrayo.
La segunda vez el libro me subraya a mí.
JOHN C. MAXWELL

NOTA VALIOSA: Para obtener recursos valiosos adicionales, incluidas herramientas gratuitas, hojas de trabajo, meditaciones y más, visita <worthybook.com / resources>.

NOTA VALIOSA: Disfruta la experiencia de la versión en audio / video [en inglés] de mi lectura de este poema, de mi alma a la tuya, en <WorthyBook.com / Poem>, o escanea este código.

No estás loco, solo eres el primero

Quién crees que eres, dicen ellos.
Eso no es para gente como nosotros.
¿Por qué vas por la vida cambiando?
¿Planeas dejarnos en el polvo?

¿Olvidas de dónde vienes?
¿Ya no somos lo suficientemente buenos?
Y así, la tentación de jugar a la vida en pequeño
se siente más cómoda que antes.

Si dudas de estar completo…
Tus pensamientos, sus palabras, te han deprimido…
Es hora de que tu alma le diga a tu mente
que hay un nuevo jefe en la ciudad…

Verás, no hay nadie más como tú
en el universo entero…
Y lo que tu alma sabe es…
Que no estás loco, simplemente eres el primero…

El primero en tener tus sueños y anhelos.
El primer *tú* que jamás ha existido.
Así que no te sorprendas si no te entienden
o tratan de avergonzarte para que encajes…

Te llaman raro, extraño, diferente
Por tener sueños más grandes de lo que pueden ver.
Y como esos sueños no les fueron dados a ellos,
los ven a través del miedo y la ansiedad.

E incluso las personas bien intencionadas,
que te aman hasta la médula,
pueden verte persiguiendo tus sueños como recordatorio
de que ellas no cumplieron los suyos.

Si a la gente le gustan las personas que son como ellos,
ocultar tu verdadero yo es una zona de confort.
Pero un llamado no expresado dentro de ti
te deja sintiéndote angustiado y solo.
Incluso...
En el interior...
De tu propia casa...

Te ponen nombres como *loco*, y dicen
Nos mantenemos unidos, para bien o para mal.
Pero lo que tu saber interno entiende es
que no estás loco, solo eres el primero.

El primero en iniciar el negocio,
en desempolvar tus sueños y tomarlos del estante.
El primero en creer que eres digno
de apostar por ti mismo.

El primero en vencer la adicción,
vivir la vida sobrio y despierto.
El primero en poner fin al ciclo generacional
que sabes que naciste para romper.

El primero en empezar a sanar.
El primero en perdonar para ser libre.
El primero en amar a los demás por lo que son,
no por quienes desearías que fueran.

El primero en ser visionario,
en soñar el guion que escribirás.
El primero en reconocer tus dones
y dejar de esconderte a plena vista.

El primer hombre de tu familia que diga
También me ocupo de las dudas de mí mismo.

La primera mamá en decir *No, no estoy bien,*
y no sé qué hacer.

El primero en generaciones en amar tu cuerpo
y demostrarlo celebrándolo con alegría.
Saber que es un milagro en movimiento
y qué regalo es moverlo.

El primero en arriesgarse al rechazo,
para decir tu verdad con vigor,
sabiendo que la oposición podría ser grande,
pero tu Creador es más grande.

El primero en animarte
y en creerlo de verdad, no solo fingirlo,
sabiendo que la mayoría de la gente no te animará
hasta que lo logres.

En clase te escogían al final...
Y ahora ellos se lo pierden...
Porque en lugar de llamarte empleado,
ahora te llaman jefe.

El primero en defender a los marginados
y decir *Deja de bromear, simplemente no lo haré...*
Podrías tener la tentación de subestimarme,
pero déjame ahorrarte algo de tiempo... no lo hagas.

El primero en decir *Me rompiste el corazón...*
Me abandonaste por algo más...
Y me tomó un tiempo saber que soy digno
de creer en mí mismo

Y lo que sé es que sí, me lastimaste
Pero no soy rechazado, verás...

Dios solo te ocultó mi valor porque
no estás asignado a mi destino.

El primero en reconocer que tu círculo
se parece mucho más a una jaula.
El primero en decir, *papá, ¿me amarás por la persona que soy?*
Y *abuela, así nací.*

El primero en convertir tu dolor en tu propósito
con las partes que eran más ásperas,
para ayudar a guiar a otros en su viaje
de sentirse menos solos y más completos.

El primero en decir *Acordemos estar en desacuerdo.*
Todos tenemos derecho a la libertad de expresión también.
Deja de intentar cancelar y odiar a los demás
solo porque tú también sufres.

El primero en creer en tus sueños,
aun cuando otros no te entienden;
luego, un día los amarás de cualquier forma,
cuando se jactan ante la gente de cómo te conocieron.

El primero en desaprender la mentira de que *no estás completo,*
a menos que sigas esforzándote y teniendo logros.
Esa es una mentira que no lleva a ninguna parte,
y es hora de dejar de creerla.

La verdad es que los logros son grandes,
pero no los necesitas para saber que eres invencible.
Y cuando sabemos que algo es verdad,
se siente como alegría y sabe a libertad.

Tú no eres tus éxitos.
No eres cuántas veces fallas o caes.
Eres lo mucho que amas…
Y el amor es gratis para todos…

Verás, cuando tememos no estar completos
y tememos aún más no ser amados,
es muy tentador reducir nuestro tamaño
y cambiar nuestro propósito por sus abrazos.

Cuando sientas que no encajas
o que nunca perteneces del todo,
tu singularidad será tu superpoder;
tu verdad nunca se equivoca.

Y cuando te critiquen para frenarte,
porque tus sueños no son a lo que están acostumbrados,
y temen que los superes,
los dejes atrás y te pierdan.

Deja de pedirles consejos
si ellos mismos nunca han estado ahí.
Cuando complaces a los demás,
terminas traicionándote a ti mismo.

Cuando la duda te tiente a disminuir tu luz,
recuerda siempre este verso…
Tu alma sabe que fuiste hecho para más…
Con tanto propósito que podría estallar…

Naciste con grandeza en ti,
y si es una bendición o una maldición…
El mundo no será mejor
hasta que tu grandeza se esparza.

Verás, solo hay un tú
en todo el universo,
y tu saber interior sabe, *en el fondo*,
que no estás loco… Solo eres el primero.

AGRADECIMIENTOS

La creación de este libro no habría sido posible sin el amor, la contribución y el apoyo de tantas personas. Primero, gracias a los amores de mi vida, Paulo, Wonder y Wilder. Y a mi familia (adoptada, nacida, extendida y elegida). Y en especial a mi difunta mamá Nina, gracias por adoptarme el día que nací. Gracias por amarme. Gracias por enseñarme que todos somos valiosos exactamente como somos, una lección que cambió toda mi vida y que ahora perdura a través de este libro y de las vidas de todas las personas a las que toca. Gracias a mis amigos y familiares mencionados en las historias de este libro, y a los muchos más que no lo son, pero a quienes de igual forma debo agradecer por ser parte de mi historia, mi fuerza, mi carácter y mi corazón. Los quiero y estoy agradecida por tener el regalo de vivir la vida con ustedes. Gracias por amarme. Los amo.

Este libro es el resultado de que muchas personas mostraran su creencia en esta *VALIOSA* misión y en mí a través del regalo más preciado que podía pedir: su tiempo. Me gustaría agradecer en específico a las siguientes personas por su tutoría, su liderazgo, su amistad y su apoyo hacia mí y mi intención de que este libro llegue a tantas vidas como sea posible: gracias, Oprah Winfrey, por la bendición de tu tiempo, tus comentarios siempre sinceros y tu invaluable tutoría. Gracias por mostrarme cómo es la fuerza, la resiliencia, la intención y el vivir en alineación divina. Un agradecimiento especial por su apoyo, sabiduría, amistad y aliento a Ed Mylett, Robin

Roberts y Amber Laign, Prince EA, John Maxwell, Ellen DeGeneres y Portia de Rossi, Brendon Burchard, Joel y Victoria Osteen, Tony y Sage Robbins, Steven y Holly Furtick, doctora Nicole LePera, Mel Robbins, Kate Redding y Aaron Silverman, Mallory Ervin, Danielle Canty, Lisa y Tom Bilyeu, Glo Atanmo, Craig y Amy Groeschel, Trevy Wragg, Rory y AJ Vaden, Craig Clemens y Sarah Anne Stewart, Sarah Jakes Roberts y Toure Roberts, Maria Shriver, Bob y Maria Goff, Erwin y Kim McManus, Glennon Doyle, Sara Blakely, Darrin Powell, Dean y Lisa Graziosi, Jenna Kutcher, Jon y Kathryn Gordon, Joel y Kat Marion, Trent Shelton, Natalie Ellis, Jim Kwik, Randy Garn, Mel Abraham, Kacia Ghetmiri, Mally Roncal, Miles y Vanessa Adcox, Brooke Thomas, Karissa Kouchis, Erin Skye Kelly, Edward Enninful y Alec Maxwell, Margaret Riley King, Jen Hatmaker, Rachel Luna, Russell Brunson, Lori Harder, Candy Valentino, Dan Fleyshman, Jason Jaggard, Koya Webb, James Clear, Lewis Howes y Martha Higareda, Matthew Hussey y Audrey Le Strat, Sarah Robbins, Don Miller, Michael Hyatt, Luvvie Ajayi Jones, Isabel Alysa, Heidi Powell, Emily Ford, Amy Porterfield, Jasmine Starr, Paula Faris, Evan Carmichael, Drew Hitchcock, Jay Shetty y Radhi Devlukia-Shetty, Denise White, y a mis compañeros de la familia Henry Crown Phoenix Class, los amo.

Y un agradecimiento muy especial a mi equipo y amigos cercanos que leyeron más borradores de *Invencible* que para lo que se apuntaron: Sarah Witt, Jacquie Finnan, Lia Key, Desiree Zirolli y Olivia Daugs. Y completando el equipo original de Worthy Circle y Worthy Weekend, un agradecimiento especial a Trevy, Summer, Danielle y Olivia A. A mi Lost Valley Circle of Trust, Paula, Annie, Hillary, Danielle, Candace, Rachel, las amo. A los numerosísimos amigos (demasiados para enumerarlos) que me han ayudado a escribir este libro, gracias por compartir su aliento, ideas, inspiración, contactos, consejos, respaldos, oraciones y, sobre todo, gracias por su confianza en mí.

La creación y el lanzamiento de este libro solo fue posible gracias a un verdadero equipo de ensueño. Gracias a Dupree Miller, en especial a Jan y Shannon. Gracias a Nicole Perez-Krueger, Diandra

Escamilla, Taylor Rodriguez, Gabby Yuen y todo el equipo de Align PR. Gracias a Trevina Wragg, Elizabeth Kadar, Zazu Larrinaga, Janna Yu y todo el equipo social de Prestige. Gracias, Hilary Liftin, por tu abundante talento y colaboración. Cuando las dos entramos en un bar hacemos magia, es un regalo entrar en cualquier bar contigo. Gracias, Daniel Decker, por tus consejos, pasión, amistad, liderazgo y experiencia. Gracias, Kelly Madrone, por tu investigación, y gracias, Pete Garceau, por la hermosa portada de *Invencible*. Gracias a mi familia IT Cosmetics, somos familia para siempre. Y gracias a los numerosos socios comerciales y minoristas por creer en IT Cosmetics, en especial a L'Oréal, QVC y ULTA Beauty, por su compromiso con la inclusión, la diversidad y la celebración de la belleza en cada persona.

Gracias a mi editor, Hay House, al legendario Reid Tracy por creer en mí y en *Invencible*, y a mi increíble editora Anne Barthel. Gracias a todo el equipo de Hay House por su pasión, talento y por creer en *Invencible*, incluidas Margarete Nielsen, Patty Gift, Lizzi Marshall, Lindsay McGinty, Diane Hill, John Tintera, Betsy Beier, Monica O'Connor, Tricia Breidenthal, Julie Davison, Kirsten Callais, Marlene Robinson, Danielle Monaco, Celeste Johnson, Kathleen Reed, Lisa Bernier, Brianne Bardusch, Toisan Craigg y Devon Glenn. Y a todas y cada una de las personas que, de muchas maneras, grandes y pequeñas, contribuyeron con su talento al libro, ¡gracias!

Si no incluí a alguien que haya contribuido a *Invencible*, me aseguraré de actualizar los agradecimientos con cada reimpresión del libro. Y GRACIAS, desde el fondo de mi corazón, a todas y cada una de las personas que han sido parte de mi viaje hasta ahora, parte de este libro y parte de la VALIOSA misión.

BIBLIOGRAFÍA

Adam, Jamela. «What Is Toxic Positivity and How Is It Bad for Your Workplace?», *U.S. News*, 15 de marzo de 2023. <https://money.usnews.com/careers/articles/what-is-toxic-positivity-and-how-is-it-bad-for-your-workplace>.

«Advancing the Future of Women in Business: The 2020 KPMG Women's Leadership Summit Report», KPMG, 2020. <https://info.kpmg.us/content/dam/womens leadership/pdf/2020/2020wlsstudy.pdf>.

Alavi, Hamid Reza. «The Role of Self-Esteem in Tendency Toward Drugs, Theft and Prostitution», *Addiction and Health* 3, núms. 3-4 (verano-otoño de 2011): 119-124. <https://www.ncbi.nlm.nih.gov/pmc/articles/PMC3905528/>.

«Amelia Earhart-Quotes», Goodreads, consultado el 21 de agosto de 2023. <https://www.goodreads.com/quotes/123820-the-most-difficult-thing-is-the-decision-to-act-the>.

Angelou, Maya (@drmayaangelou). «Nothing will work unless you do», Publicación en Twitter. 13 de enero de 2017, 2:33 p. m. <https://twitter.com/DrMayaAngelou/status /820021073727160320?lang=en>.

Ballard, Jamie. «Women Are More Likely than Men to Say They're a People-Pleaser, and Many Dislike Being Seen as One», YouGov, 22 de agosto de 2022. <https://today.yougov.com/topics/society/articles reports/2022/08/22/women-more-likely-men-people-pleasing-poll>.

Beck, Martha. «How to Know It's Real Love», Oprah.com, 15 de marzo de 2002, <https://www.oprah.com/relationships/how-to-know-ITS-real-love-advice-from-martha-beck/all>.

Branch, Marsha. «Loving Me! – May the Space Between Where You Are and Where You Want to Be Inspire You!», Marsha Branch, consultado el 21 de agosto de 2023. <https://marshabranch.wordpress.com/2014/01/05/may-the-space-between-where-you-are-where-you-want-to-be-inspire-you/>.

Brown, Brené. «In You Must Go», Brené Brown, 4 de mayo de 2018. <https://brenebrown.com/articles/2018/05/04/in-you-must-go-harnessing-the-force-by-owning-our-stories/>.

Butler, Kristen. *3 Minute Happiness Journal*. Carlsbad, California: Hay House, 2023.

Camus, Albert. *Summer*. Nueva York: Penguin, 1995.

Carter, Christine. «What We Get When We Give», *Greater Good* [revista], 18 de febrero de 2010. <https://greatergood.berkeley.edu/article/item/what_we_get_when_ we_give>.

«Catechism of the Catholic Church», *Catholic Culture*, consultado el 24 de septiembre de 2023. <https://www.catholicculture.org/culture/library/catechism/cat_view.cfm?recnum=7199>.

«C. G. Jung-Quotes-Quotable Quote», Goodreads, consultado el 17 de agosto de 2023. <https://www.goodreads.com/quotes/10933615-the-world-will-ask-who-you-are-and-if-you>.

Chapata, Billy (@iambrillyant). «being loved feels warm. loving yourself feels like/the entire sun inside of you». Publicación en Twitter. 9 de agosto de 2021, 9:06 a. m. <https://twitter.com/iambrillyant/status/1424748858614108165>.

Coelho, Paulo. *El alquimista*. México: Grijalbo, 2022.

_______. (@paulocoelho). «If you live to please others, everyone will love you except yourself». Publicación en Twitter. 2 de junio de 2013, 6:55 a. m. <https://twitter.com/paulocoelho/status/344800100599623680?lang=en>.

Davis, Tchiki. «Four Steps to Feeling Better About Yourself», *Greater Good* [revista], 19 de octubre de 2016. <https://greatergood.berkeley.edu/article/item/four_steps_to_feeling_better_about_yourself>.

Dickrell, Stephanie. «More Than 1 in 2 Americans Will Get STD in Lifetime», *SC Times*, 22 de agosto de 2015. <https://www.sctimes.com/story/life/wellness/2015/08/21/americans--get-std-lifetime/32123427/>.

Doyle, Glennon. *Indomable.* México: Urano, 2021.

_______. «IF YOU DON'T KNOW WHAT TO DO – START HERE. HERE'S WHAT TO DO», Instagram. 26 de mayo de 2022, consultado el 21 de agosto de 2023. <https://www.instagram.com/p/CeBpLTzlK-J/?hl=en>.

Economy, Peter. «17 of the Most Inspirational Quotes from Beyoncé-Business Genius and Music Superstar», *Inc.*, 4 de junio de 2019. <https://www.inc.com/peter-economy/17-of-most-inspirational-quotes-from-beyonce-business-genius-music-superstar.html>.

_______. «Sara Blakely's Most Inspiring Quotes for Success», *Inc.*, 20 de marzo de 2015. <https://www.inc.com/peter-economy/sara-blakely-19-inspiring-power-quotes-for-success.html>.

Gibson, James L. y Joseph L. Sutherland. «Keeping Your Mouth Shut: Spiraling Self-Censorship in the United States», *Political Studies Quarterly* 2023 (1.° de junio de 2020). <http://dx.doi.org/10.2139/ssrn.3647099>.

Gillett, Rachel, y Madison Hoff, «Gender Bias Could Make It Harder for Women to Become CEO, According to a Recent Study», *Business Insider*, 17 de abril de 2020. <https://www.businessinsider.com/why-women-almost-never-become-ceo-2016-9>.

Goff, Bob (@bobgoff). «Every time I wonder who I should love & for how long I should love them, God continues to whisper to me: Everybody, always», Publicación en Twitter. 2 de julio de 2018, 11:39 a. m. <https://twitter.com/bobgoff/status/1013839515088138241?lang=en>.

Graham, Steven M., y Margaret S. Clark. «Self-Esteem and Organization of Valenced Information About Others: the 'Jekyll-and-Hyde'-ing of Relationship Partners», *Journal of Personality and Social Psychology* 90, núm. 4 (abril de 2006): 652-665. <https://doi.org/10.1037/0022-3514.90.4.652>.

Gray, Emma. «11 Ways Maya Angelou Taught Us to Be Better Women», *HuffPost*, 28 de mayo de 2014. <https://www.huffpost.com/entry/maya-angelou-women-quotes_n_5404284>.

Gross-Loh, Christine. «How Praise Became a Consolation Prize», *The Atlantic*, 16 de diciembre de 2016. <https://www.theatlantic.com/education/archive/2016/12/how-praise-became-a-consolation-prize/510845/>.

Hanh, Thich Nhat. *The Art of Power*. Nueva York: HarperOne, 2007.

Heggeness, Greta. «44 Ellen DeGeneres Quotes to Make You Laugh, Cry & Stay Motivated», Yahoo!, 11 de octubre de 2022. <https://www.yahoo.com/video/44-ellen-degeneres-quotes-laugh-161600383.html?guccounter=1>.

Homer, Nakeia. *All the Right Pieces*. Nueva York: Thought Catalog Books, 2022.

«How to Feel Better About Yourself», interview by Dacher Keltner, 22 de junio de 2023, en *The Science of Happiness*, pódcast, <https://greatergood.berkeley.edu/podcasts/item/how_to_feel_better_about_yourself_rene_brooks>.

Kaur, Rupi. *milk and honey*. Kansas City, Misuri: Andrews McMeel Publishing, 2018.

King, Martin Luther, jr. «Martin Luther King's Sermon: The Drum Major Instinct», filmado el 4 de febrero de 1968, YouTube, 2 de abril de 2018. <https://www.youtube.com/watch?v=Mefbog-b4-4>.

Knight, Rob. «Eight in 10 Young Adults Feel They Are Not Good Enough, Poll Claims», *The Independent*, 1.° de noviembre de 2019. <https://www.independent.co.uk/news/uk/home-news/millennials-mental-health-love-young-adults-social-media-poll-alpro-a9181296.html>.

Kotb, Hoda. *I Really Needed This Today: Words to Live By*. Nueva York: G.P. Putnam's Sons, 2019.

Lachmann, Suzanne. «10 Ways Low Self-Esteem Affects Women in Relationships», *Psychology Today*, 17 de diciembre de 2013. <https://www.psychologytoday.com/us/blog/me-we/201312/10-ways-low-self-esteem-affects-women-in-relationships>.

Leary, Mark. «Emotional Responses to Interpersonal Rejection», *Dialogues in Clinical Neuroscience* 17, núm. 4 (diciembre de 2015): 435-441. <https://doi.org/10.31887/DCNS.2015.17.4/mleary>.

Lynch, Alison. «80% of British Women Don't Feel Good Enough, According to New Survey», *Metro*, 25 de agosto de 2015. <https://metro.co.uk/2015/08/25/80-of-british-women-dont-feel-good-enough-according-to-new-survey-5360444/>.

Mann *et al.* «Self-Esteem in a Broad-Spectrum Approach for Mental Health Promotion», *Health Education Research* 19, núm. 4 (agosto de 2004): 357-372. <https://doi.org/10.1093/her/cyg041>.

«Martin Luther King, Jr. – Quotes», Goodreads, consultado el 21 de agosto de 2023. <https://www.goodreads.com/quotes/16312-faith-is-taking-the-first-step-even-when-you-can-t>.

Maryfield, Keyanna. «77 Know Your Worth Quotes and Sayings to Boost Your Confidence, Happiness and Success», Inspired Life, consultado el 21 de agosto de 2023, <https://www.inspiredlifehq.com/know-your-worth-quotes/>.

Maxwell, John C. *The Power of Significance: How Purpose Changes Your Life*. Nueva York: Center Street, 2017.

McManus, Erwin Raphael. *The Way of the Warrior: An Ancient Path to Inner Peace*. Colorado Springs, Colorado: WaterBrook, 2019.

«Mindy Kaling – Quotes», Goodreads, consultado el 17 de agosto de 2023. <https://www.goodreads.com/author/quotes/194416.Mindy_Kaling?page=16>.

«Misty Copeland – Quotes», Goodreads, consultado el 21 de agosto de 2023, <https://www.goodreads.com/author/quotes/7155409.Misty_Copeland>.

«New Dove Research Finds Beauty Pressures Up, and Women and Girls Calling for Change», PR Newswire, 21 de junio de 2016. <https://www.prnewswire.com/news-releases/new-dove-research-finds-beauty-pressures-up-and-women-and-girls-calling-for-change-583743391.html>.

Okura, Lynn. «Iyanla Vanzant on Breaking the Body-Shaming Cycle and Accepting Your Lumpy, Bumpy Body», *HuffPost*, 6 de diciembre de 2017. <https://www.huffpost.com/entry/iyanla-vanzant-help-desk_n_5813356>.

Orth, Ulrich, Richard W. Robins y Keith F. Widaman, «Life-Span Development of Self-Esteem and Its Effects on Important Life Outcomes», *Journal of Personality and Social Psychology* 102, núm. 6 (junio de 2012): 1271-1288. <https://doi.org/10.1037/a0025558>.

Oxford English Dictionary, consultado el 23 de agosto de 2023, <https://www.oed.com/search/dictionary/?scope=Entries&q=impostor%20syndrome>.

Palmer, Mario. «5 Facts About Body Image», Amplify, consultado el 24 de febrero de 2014. <http://amplifyyourvoice.org/u/marioapalmer/2013/05/21/byob-be-your-own-beautiful>. Citado en «11 Facts about Body Image», DoSomething.org, s. f. <https://www.dosomething.org/us/facts/11-facts-about-body-image>.

Pandya, Charmaine. «The 17 Second Rule That Changed My Life», Charmaine Pandya, consultado el 21 de agosto de 2023. <https://www.charmainenlp.com/single-post/2016/02/15/The-17-second-rule-that-changed-my-life>.

Parton, Dolly (@dollyparton). «Find out who you are and do it on purpose. #Dollyism». Publicación en Twitter. 8 de abril de 2015, 1:40 p. m. <https://twitter.com/DollyParton/status/585890099583397888?lang=en>.

Pentreath, Rosie. «What Are the Origins of 'Humpty Dumpty Sat on a Wall' and What Do the Lyrics Mean?». Classic FM, 30 de julio de 2021. <https://www.classicfm.com/discover-music/humpty-dumpty-sat-on-a-wall-lyrics-history/>.

Petrocchi, Nicola, Cristina Ottaviani y Alessandro Couyomdjian. «Compassion at the Mirror: Exposure to a Mirror Increases the Efficacy of a Self-Compassion Manipulation in Enhancing a Soothing Positive Affect and Heart Rate Variability», *The Journal of Positive Psychology* 12, núm. 6 (julio de 2016): 525-536. <https://doi.org/10.1080/17439760.2016.1209544>.

Robbins, Mel. *The High 5 Habit: Take Control of Your Life with One Simple Habit*. Carlsbad, California: Hay House, 2021.

«Salma Hayek-Quotes», Goodreads, consultado el 24 de septiembre de 2023, <https://www.goodreads.com/quotes/109192-people-often-say-that-beauty-is-in-the-eye-of>.

Schnall, Marianne. «Dolly Parton on Her Latest Projects, the Power of Love and More», *HuffPost*, 29 de noviembre de 2016. <https://www.huffpost.com/entry/interview-with-dolly-parton-on-her-latest-projects_b_583da37ee4b0bb2962f178cb>.

«Sexually Transmitted Infections Prevalence, Incidence, and Cost Estimates in the United States», CDC, 25 de enero de 2021. <https://www.cdc.gov/std/statistics/prevalence-2020-at-a-glance.htm>.

«67 Maria Shriver Quotes on Parenthood, Motherhood and Inspiration», Quotes.pub, consultado el 24 de septiembre de 2023. <https://quotes.pub/maria-shriver-quotes?page=2>.

«Spiritual Awareness / Awakening Quotes», Xavier University, consultado el 21 de agosto de 2023, <https://www.xavier.edu/jesuitresource/online-resources/quote-archive1/spiritual-awareness-quotes>.

«Steven Furtick—A Troubled Mind and an Open Door», Sermons.love, consultado el 17 de agosto de 2023. <https://sermons.love/steven-furtick/8712-steven-furtick-a-troubled-mind-and-an-open-door.html>.

Stone, Jay. «Carrey-Being Rich Not the Answer», *The Ottawa Citizen*, 16 de diciembre de 2005. <https://quoteinvestigator.com/2022/11/09/rich-famous/#f+442218+1+1>.

«The Confidence Kit», Dove, consultado el 23 de agosto de 2023. <https://assets.unileversolutions.com/v1/81511615.pdf?disposition=inline>.

«13 Times Taylor Swift Was the Wisest», *Marie Claire UK*, 16 de octubre de 2015. <https://www.marieclaire.co.uk/entertainment/music/best-taylor-swift-quotes-33427>.

Thomas, Brooke. «Your Predicament Does Not Determine Your Destiny – with Lia Valencia Key, Ep 215», *The Live Out Loud Show*, consultado el 21 de agosto de 2023. <https://www.brookethomas.com/your-predicament-does-not-determine-your-destiny-with-lia-valencia-key-ep215/>.

@tinybuddha. «If speaking kindly to plants helps them grow, imagine what speaking kindly to humans can do». Publicación en Twitter. 25 de junio de 2021. 11:30 a. m., <https://twitter.com/tinybuddha/status/1408477701585899526?lang=en>.

Twain, Mark. *Mark Twain on Common Sense: Timeless Advice and Words of Wisdom from America's Most-Revered Humorist*, Stephen Brennan, ed. (Nueva York: Skyhorse, 2014).

«Ulta Beauty Launches the Joy Project to Ignite a Movement for the Next Generation», *Business Wire*, 25 de septiembre de 2023. <https://www.businesswire.com/news/home/20230925298587/en/>.

Weiner, Brian. «Lessons from the Mountain», Brian Weiner, 18 de febrero de 2022. <https://brianweiner.com/the-only-people-who-get-upset-about-you-setting-boundaries-are-those-who-are-benefitting-from-you-having-none/>.

Williamson, Marianne. *Everyday Grace: Having Hope, Finding Forgiveness, and Making Miracles.* Nueva York: Riverhead Books, 2004.

Williamson, Marianne. *Volver al amor. Basado en los principios de Un curso de milagros.* México: Urano, 2021.

Winfrey, Oprah, y Bruce D. Perry. *¿Qué te pasó? Trauma, resiliencia y curación.* México: Diana, 2023.

Zorn, Eric. «Without Failure, Jordan Would Be False Idol», *Chicago Tribune*, 19 de mayo de 1997.

VICTORY LAP CARD

¡ERES INVENCIBLE!

DE	PARA	FECHA
Jamie Kern Lima